KB264807

하나님의 성전(聖戰)

이충식 목사

좋은 책으로 하나님의 사람을 만들어가는

엘맨

하나님의 성전(聖戰)

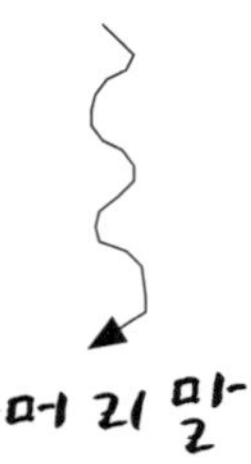

머리말

　오늘날 각 교회들이 많은 부분 분열과 상처들을 경험하고 있는 것이 사실입니다.

　외부로 드러나지를 않아서 그렇지, 앞으로의 목회는 더 힘들고 더 많은 분열 현상들이 나타날 것이라고 예측합니다. 예전에 제가 부목사로서 사역할 때 그 교회 역시 목사님과 장로님들의 심각한 분열 양상들이 있었는데, 그 때에 설교하기에 참 어려움들이 많았었습니다. 그 어느 쪽에도 비중을 둘 수가 없는, 그러나 반드시 하나님의 말씀대로만 선포해야 하는 설교자의 고충은 이루 말할 수가 없었습니다. 그 와중에 설교자가 어떻게 설교를 하느냐는 그 교회의 방향을 크게 달리할 수 있다고 생각합니다.

　본인은 '어떻게 설교해야 하는가?'에 초점을 맞추기 보다는 '하나님께서 우리에게 무엇을 요구하시는가?'에 대해 먼저 귀를 기울이고자 노력을 하였습니다. 나름대로 기도하면서 최선을 다한 설교이나 아직도 부족한 점이 많이 있습니다.

　다만 ‘이런 설교들도 분열있는 교회에 적용하기에 좋지 않겠나?’ 생각하는 마음으로 본 설교집을 냅니다.
　살펴 보시고, 주님 안에서 모든 교회가 건전하고 강건해지기를 기도하는 마음 간절합니다.

목양실에서
이흥식

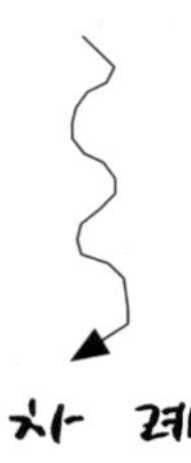

차 례

일반설교

1. 선악과는 왜 만드셨나요? (창 2:7-9) · *11*

2. 그 땅에 기근이 있었다 (창 12:1-20) · *23*

3. 여호와를 온전히 좇았은즉 (민 14:13-25) · *35*

4. 쳐다본즉 살더라 (민 21:4-9) · *46*

5. 하나님의 성전(聖戰) (수 5:6-15) · *57*

6. 요담의 나무들 (삿 9:7-21) · *71*

7. 하나님께 열심이 특심한 사람들 (왕상 19:1-10) · *84*

8. 하나보다 나은 둘 (전 4:9-12) · *96*

9. 대가를 치르는 제자의 길 (마 8:18-22) · *111*

10. 죄인을 부르러 왔노라 (막 2:13-17) · *122*

11. 선한 이웃이란? (눅 10:25-37) · *136*

12. 변화되는 그리스도인 (눅 11:14-26) · *149*

13. 영생하는 샘물 (요 4:13-26) · *159*

14. 꿈이 있는 그리스도인 (행 1:1-8) · *173*
15. 하나님을 경외하는 가정 (행 10:1-8) · *183*
16. 사랑이 없으면 (고전 13:1-3) · *196*
17. 다른 복음은 없나니 (갈 1:1-10) · *208*
18. 때를 얻든지 못 얻든지 (딤후 4:1-8) · *220*
19. 화평함과 거룩함을 좇으라 (히 12:14-17) · *234*

신년초

19. 어떻게 사용할 것인가? (눅 19:11-27) · *249*

가정의 달

20. 불행을 행복으로 (1) (룻 1:11-18) · *263*
21. 불행했으나 복된 가정 (2) (룻 1:11-18) · *276*
22. 다른 세대는… (삿 2:1-10) · *288*

헌신예배

<교사 헌신예배>
23. 여호와께서 들으셨다 (삼상 1:1-20) · *301*
<일반 헌신예배>
24. 위대한 신앙, 멋진 삶 (수 14:6-15) · *312*

성탄절

25. 동방에서 그의 별을 보고 (마 2:1-12) · *325*

일반설교

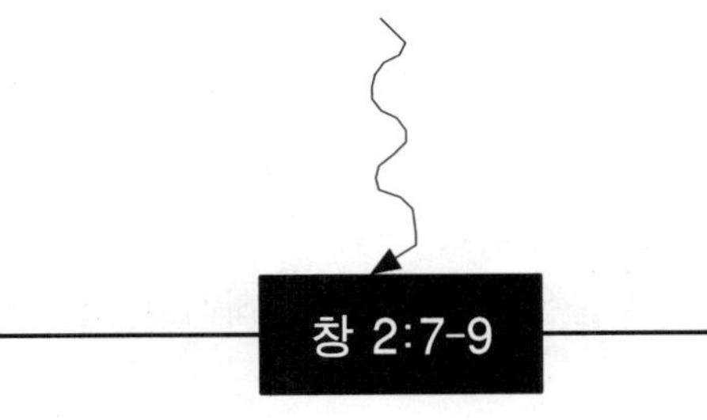

선악과는 왜 만드셨나요?

"여호와 하나님이 흙으로 사람을 지으시고 생기를 그 코에 불어넣으시니 사람이 생령이 된지라 여호와 하나님이 동방의 에덴에 동산을 창설하시고 그 지으신 사람을 거기 두시고 여호와 하나님이 그 땅에서 보기에 아름답고 먹기에 좋은 나무가 나게 하시니 동산 가운데에는 생명나무와 선악을 알게 하는 나무도 있더라" (창 2:7-9)

본문 7-9절 초두에 보면, '여호와 하나님이…' 라는 말이 거듭 거듭 등장을 합니다.

여호와 하나님이 흙으로 사람을 지으셨습니다. 여호와 하나님이 그 코에 생기를 불어넣으심으로 사람을 여호와 하나님 당신의 형상과 모양을 지닌 생령이 되게 하셨습니다. 여호와 하나님이 에덴 동산이라고 하는 삶의 환경들을 설정하셨고 여호와 하나님이 그 지으신 사람을 거기 두셨습니다. 여호와 하나님이 그들에게 온갖 과실들을 허락하시어 그들이 그 복을 누리면서 살 수 있게 하셨습니다.

'여호와 하나님이…' 그분은 절대적인 주권을 가지고 계신 분입

니다.

어떻게 보면 내가 스스로의 힘으로 살아가고 있는 것 같지만, 그렇지를 않습니다.

내가 죽고 사는 것과 앉고 일어서는 모든 것들이 다 그분의 손에 달려 있습니다. 매 순간 우리는 주님 주시는 은혜로 말미암아 하루 하루를 살아갑니다. 그분은 내 삶을 주장하시고, 섭리하시는 분이십니다.

하나님이 지으신 에덴 동산은 하나님 보시기에 "심히 좋은"(창 1:31) 동산이었습니다. 보시기에 심히 좋았다는 것은 하나님께서 '만족하셨다'라는 말입니다.

하나님이 만족하신 동산, 그분의 거룩한 목적이 반영되어진, 그 안에서 하나님의 의지가 반영되어져야만 할 거룩한 동산이었습니다.

하나님은 아담과 하와에게 복을 주사, 그들에게 말씀하셨습니다.

"생육하고 번성하여 땅에 충만하라, 땅을 정복하라, 바다의 고기와 공중의 새와 땅에 움직이는 모든 생물들을 다스리라."(창 1:28)

여기서 '땅을 정복하고 다스리라'는 명령은 땅을 지배하고 마구 파괴하라는 명령이라기보다는, 하나님이 주신 에덴 동산을 잘 관리하고 그 가운데 하나님의 뜻을 온전히 성취하고 반영하라는 뜻입니다.

아담과 하와가 수행해야 할 일들, 그들은 이를 잘 수행하여서 피조세계에 하나님의 영광을 나타내야 할 책임을 지니고 있습니다.

소위 **'문화 명령'**이라고 부릅니다.

아담과 하와 뿐만 아니라, 하나님의 구주로 고백하는 모든 하나님의 백성들이 다함께 수행해야 할 명령들인 것입니다.

그래서 '문화'라고 말할 때 영어로 'Culture'라고 부르죠. '경작하다', '개간하다' 라는 의미입니다.

하나님의 통치가 피조 세계에 잘 반영되어질 수 있도록 그분의

말씀으로 잘 개간하고 경작하는 임무, 그것이 곧 그리스도인들이 지닌 문화 사명들인 것입니다.

아담과 하와는 이 명령들을 수행해야만 할 책임이 있는 존재들이었습니다. 그런데 그들이 이 명령을 잘 수행하였나요? 잘 수행하는 듯 하다가 삼천포로 빠지는데 그것은 하나님이 금하신 선악과를 따먹어 온 인류를 범죄에 빠지게 했다는 겁니다. 그래서 우리들에게 얼마나 많이 욕을 먹습니까? 따먹지 않았으면 우리들도 지금 에덴동산에서 축복을 누리며 살았을텐데 말이죠.

그러면 우리는 흔히 생각합니다.

하나님이 전능하신 하나님이요 **절대 예지**(豫知)를 가지고 계신 하나님이시라면 아담과 하와가 선악과 따먹을 것을 뻔히 다 아셨을텐데, 왜 선악과를 만들어 놓아서 사람으로 범죄의 자리에 빠지게 만들었는가? 그렇다면 하나님이 범죄의 동인(動因), 원인 제공자가 아닌가? 하나님 잘못이라는 말이지요.

그렇잖아요?! 하나님이 살아계시다면 ○○교회에서 ○○사건이 일어날 수 있느냐 말입니다. 이 세상에 악인들이 그렇게 많이 득세하면서 살아가는데 하나님은 왜 그들에게 징벌을 내리시지 않는가? 이 모든 문제가 선악과의 문제에 축약이 되어져 있습니다.

'왜 하나님은 선악과를 만드셨는가?'

완전하지는 않지만 부분적으로 본문을 통해서 살펴볼 수 있습니다.

본문 9절을 살펴 보십시다.

하나님이 그들에게 허락하신 삶의 에덴 동산은, 하나님께서 설정하신 동산입니다. 거기에 아담과 하와의 모든 행복과 미래, 축복들이 담겨져 있습니다.

우리는 흔히 선악과에다만 모든 생각들을 고정시키기 쉽습니다.

그래서 하나님께 대하여 원망하며 그분께 불만이 가득한 눈으로 바라봅니다. "나는 정직히 믿는다고 나름대로 최선을 다했는데, 하나님은 왜 내게 이런 어려움들을 주시나요?" "주시지도 않을 걸 선악과는 왜 만드셨나요?"

'왜 만드셨나요?' 원망하고 불평하기 쉬운데, 실상 그것은 우리가 하나님의 본래적인 뜻을 발견치 못했기 때문인 경우가 많습니다.

한 번 자세히 살펴 봅시다.

하나님이 창조하신 에덴 동산에는 비단 선악과만 있었던 것이 아닙니다. 그 안에는 다른 여러 과실들이 함께 존재했습니다.

특별히 에덴 동산에는 세 종류의 나무가 있었습니다.

9절을 보면, 첫째로 **'보기에 아름답고 먹기에 좋은 나무'**를 주셨습니다. 보기에 아름답고 먹기에 좋은 나무들이 산재해 있어서, 어디로 가든 그 열매들을 따먹을 수가 있었고 그 축복의 열매들을 누릴 수 있게 하셨습니다.

하나님이 주신 환경·건강·물질·직장과 자녀들. 매 순간 나를 눈동자처럼 보호하시고 믿음의 동료들도 허락하시며, 내 발이 미끄러진다 할 때에 순간순간 지켜 주시는 것을 경험하며 삽니다. 하나님의 은혜지요. 그래서 어디로 가든지 간에 이러한 과실들을 따먹고 배불릴 수가 있었습니다.

그리고 또 무슨 과실 나무를 주셨습니까?

9절 후반을 보면, 동산 가운데에 하나님의 말씀으로 상징되어지는 '생명나무'와 또 '선악을 알게 하는 나무', 다시 말해 선악과가 있었습니다.

여러분, 생명나무가 하는 역할이 무엇입니까? 무슨 역할을 하죠? 말 그대로, 아담과 하와가 그 나무의 과실들을 따먹을 때마다 그들의 유한한 생명을 계속적으로 연장을 시켜주는 과일입니다. 따라서 그것을 계속적으로 따먹어야만 합니다.

그렇잖습니까?! 우리가 아무리 건강하고 물질을 많이 벌어도, 그것 가지고 영생할 수 있습니까? 아니죠. 오직 말씀으로 상징되어지는 생명나무 앞으로 나아와 그 열매들을 따먹어야만 살 수가 있습니다. 그래서 아담과 하와가 범죄하고 난 직후, 하나님께서 그들을 에덴 동산에서 쫓아아내시며 이런 말씀하시죠.

"여호와 하나님이 가라사대 보라 이 사람이 선악을 아는 일에 우리 중 하나같이 되었으니 그가 그 손을 들어 생명나무 실과를 따먹고 영생할까 하노라."(창 3:22)

그리고 동산에 그룹들과 두루도는 화염검을 두어서 생명나무의 길목을 지키게 하셨다고 기록하고 있습니다. 생명나무 실과를 못 따먹게 하셨다는 말입니다. 영생하지 못하도록!

반면에 **선악과**는 무슨 역할을 합니까? 그것을 따먹는 날에는 정녕, 정녕? '정녕 죽으리라'고 하는 열매였습니다.

이것을 따먹는다는 것은, 곧 죽음을 의미합니다.

이것은 하나님이 금하신 '금단의 열매', 하나님의 법도와 그 율례를 상징합니다. 그런데 아담과 하와가 그것을 따먹었다는 것은, 결국 무슨 의미가 되어집니까?

하나님의 명령과 법도들을 거역했다는 말이지요. 하나님 명령대로 못 살겠다고 하는 말입니다. "내 생명, 내 의지, 내가 내 마음대로 살겠다는데 뭐가 그리 잔소리가 많냐? 하나님의 말씀이나 규례 따위는 내 삶에 더이상 아무런 의미나 영향력을 주지를 못한다!? 신앙의 올무에 더이상 얽매이기 싫다?!"

그러자 마귀가 그들을 유혹합니다.

마귀가 뭐라고 말합니까?

너희가 선악과를 따먹는 날에는 너희 눈이 밝아져 누구처럼 된다고요? '여호와 하나님처럼' 하나님처럼 눈이 밝아진다고 유혹을 합니다.

하나님이 허락해 주신 것보다는, 금하신 것 하나만을 바라보게 될 때 그들에게 불평과 원망이 일어나기 시작했습니다.

그런 마음으로 선악과를 바라보자, 그들의 눈에 선악과가 어떻게 보입니까?

"먹음직도 하고 보암직도 하고 지혜롭게 할만큼 탐스러워 보였다."(창 3:6) 이에 따먹고, 자기와 함께한 남편에게도 주어서 함께 범죄의 자리에 빠집니다.

우리들도 마찬가지입니다. 하나님이 우리에게 주신 환경들이 있습니다. (가정·학교·직장·교회…) 그런 환경들을 어디 100% 만족하며 사는 사람이 있겠습니까? 그럼에도 불구하고 우리는 자족하며 감사하는 법을 배워야 한다는 겁니다. 우리에게 주시지 않은 것들만 자꾸 바라보고 불평하게 되어진다면 우리 역시 동일한 범죄의 자리에 빠질 수밖에 없음을 기억해야 합니다.

그러면, 왜 동산 가운데에 두셨을까?

눈에 잘 안 띄는 장소에 두시거나, 아니면 저 가장자리·○○가 앉아 있는 자리에 놓아두면 잘 안 보일텐데…. 그러면 범죄할 기회도 없었을텐데, '왜 하필이면 동산 중앙에다 두셨을까?' 생각해 보셨습니까?

여기서 생명나무와 선악과를 '동산 가운데' 두셨다는 말은 매우 의미가 깊습니다.

우리가 에덴 동산이 얼마나 넓은지는 잘 모르겠지만, 아담과 하와가 그 동산들을 거닐면서 생명나무와 선악과를 쉽게 볼 수 있었을 것이라는 사실은 추측할 수 있습니다.

왜냐하면 그것이 동산 중앙에 있었고, 그들이 생명을 연장받기 위해서는 생명나무의 열매를 항상 따먹을 수밖에 없었다는 사실을 생각해야 합니다. 그들은 항상 그 실과들을 볼 수가 있었습니다. 그런데 문제는 생명나무와 선악과가 함께 중앙에 있어 같이 눈에 들어오는 거라. 두 나무가 한눈에 들어오는데, 그들이 그것을 보면서 과연 무슨 생각을 했을까요?

쉽게 추측할 수 있는데, 뻔합니다.

그들이 동산을 거닐 때마다, 또 생명을 계속 이어가기 위해 그 열매들을 따먹을 때마다 그들은 보면서 생각했을 것입니다.

'내 생명·내가 누리고 있는 축복, 이 모든 것이 다 하나님의 은혜요 축복이라. 하나님께서 허락해 주셔야만 되는구나!'

반면에 선악과를 쳐다보면서, 동일하게 생각했을 것입니다.

'나는 하나님의 말씀과 율례, 그분의 계명을 지켜야만 살 수 있는 존재로구나. 내가 하나님의 말씀을 떠나서는 단 한 순간도 살 수가 없다. 그것은 곧 죽음을 의미한다.'

하나님은 생명나무와 선악과를 허락하시면서, 그들 스스로가 그것을 보고 하나님 알아가기를 원하셨던 것입니다.

일종의 시청각 교육이죠. 하나님이 어떤 분이신지, 그들의 인생에 있어 어떠한 위치를 점유하고 계신 분이신지, 내가 어떠한 모습으로 살아가야 하는지, 마음 중심에 분명히 인식시키기를 원하셨던 것입니다.

비록 그 안에 선악과가 있고 뱀이라고 하는 악의 요소가 함께 있었지마는, 그곳은 하나님이 우리에게 허락하신 하나님 보시기에 '심히 좋은'(창 1:31) 동산이었다는 것을 기억해야 할 필요성이 있습니다.

멸망시키고 파멸시키기 위해 주셨던 것이 결코 아닙니다. '너네들

이것 따먹고 죽어라. 어디 당해봐라. 어휴 고소해~' …아니라는 겁
니다.

도리어 하나님은 "모든 사람이 구원을 받으며 진리를 아는데 이르
기를"(딤전 2:4) 원하시는 분이십니다.

누구나가 주의 도(道)를 들어 생명 얻기를 원하시고, 누구나 다
교회에 나아와 십자가의 복음과 크신 사랑 깨닫기를 원하시는 분….
그것은 선물이요 그분의 크신 은혜입니다. 이것을 생명나무와 선악
과가 시청각적으로 보여 주고 있다는 것입니다. 그분의 율례와 법
도, 그 계명들을 지키고 준행함으로 그 도를 행하는 자마다 다 복을
받으라고 주신 것… 은혜지요. 은혜, 할렐루야!

신명기 6:4-9절을 보면 "이스라엘아 들으라 우리 하나님 여호와
는 오직 하나인 여호와시니, 너는 마음을 다하고 성품을 다하고 힘
을 다하여 네 하나님 여호와를 사랑하라. 오늘날 내가 네게 명하는
이 말씀을 너는 마음에 새기고 네 자녀에게 부지런히 가르치며 집에
앉았을 때에든지 길에 행할 때에든지 누웠을 때에든지 일어날 때에
든지 이 말씀을 강론할 것이며, 너는 또 그것을 네 손목에 매어 기
호를 삼으며 네 미간에 붙여 표를 삼고 또 네 집 문설주와 바깥 문
에 기록할지니라."

이 말씀을 부지런히 가르치고 집에 행할 때에나, 길을 다닐 때에
나 '앉으나 서나 당신 생각'이 아니고 앉으나 서나 말씀 생각, 항상
그 말씀을 생각하고 묵상하여서 내 손목에 매어 기호를 삼고, 눈과
눈 사이 미간에도 붙여서 표를 삼아라. 더 나아가 문설주에다 말씀
을 붙여서 들어가며 나가며 항상 그 말씀을 생각나게 해라….

결국 무슨 말입니까?

**말씀을 마음에 중심에다 새기고 삶의 중심에다가 심으라는 말
이지요.**

성경 전체의 내용이 모두 이러한 것을 말하고 있다 해도 과언이 아닙니다.

신명기는 모세가 가나안 땅에 들어가기 바로 직전, 새로 태어난 이스라엘 자손들을 앞에 놓고 율법을 재강론한 것입니다.

"너희가 가나안에 들어가거든 이방의 풍속이나 우상들을 섬기지 말고 여호와만을 섬길 것이고 너희가 등 따뜻해지고 배부르거든 여호와를 잊을까 주의하라. 너희가 여호와의 말씀에 순종하고 복종하는 삶을 이루어 나간다면 너희가 나가도 복을 받고 들어가도 복을 받고 떡 반죽 그릇이 다 복을 받을 것이지마는, 그러나 만약 너희가 여호와께 순종치 아니하고 그 말씀에서 떠나게 되어진다면 나가도 저주를 받고 들어가도 저주를 받으며 하는 모든 일마다 다 저주를 받을 것이라. 아무리 노력하고 힘쓴다고 할지라도 너희가 결코 형통치 못할 것이다."

우리의 삶도 하나님께서 인도하셔야 가능한 것 아닙니까?

내가 아무리 열심히 노력하고 움직인다고 해도 하나님이 건강을 주시고, 지혜를 주시고, 그것을 성취할 기회를 주셔야지요.

이것을 깨닫지 못하니까 열심히만 노력하면 되는 줄 알고, 하나님은 안중에도 없이 자기 일들로 분주할 수밖에 없는 것입니다.

이것을 깨닫고 행하는 자가 복이 있는 줄로 믿습니다.

여러분, 이 사실을 믿으십니까? 아멘?!

하나님을 경외(敬畏)하고 사랑한다는 것은 우리가 말로 고백하는 것 이상의 어떤 의미를 지닙니다.

그것은 단순히 주일 출석하고, 십일조 드리는 것만을 의미하지는 않습니다.

모든 것이 여호와를 경외하는 마음에서 삶의 중심에서 나와야만 합니다. 예배하는 것도, 드리는 것도, 봉사하는 것도 마지못해 억지로 하는 그런 신앙이 되어서는 아주 곤란하죠.

예전에는 이스라엘 백성들이 하나님의 규례들을 십계명이라는 돌판을 받아서, 그 율법의 행위대로 지키려 애를 썼습니다. 그러나 그것은 너무나도 불완전 했습니다. 아무리 열심히 그 율법들을 지켜 행하려고 노력을 했지만, 그들의 마음들까지 온전히 드려지지를 않았습니다. 그것은 너무나도 힘든 일이었습니다. 그래서 이 율법의 거친 돌에 얼마나 많은 사람들이 넘어졌는가 모릅니다.

그러나 예수 그리스도께서 오사 율법의 온전한 성취를 이루신 뒤에는, 이제 율법의 외적인 형태만이 아니라 율법이 지향하는 바 그 온전하신 뜻을 향해 나아갑니다.

예레미야 선지자는 말합니다.

예레미야 31:33절. "나 여호와가 이같이 말하노라. 그러나 그 날 후에 내가 이스라엘 집에 세울 언약은 이러하니, 곧 내가 나의 법을 그들의 속에 두며 그 마음에 기록하여 나는 그들의 하나님이 되고 그들은 내 백성이 될 것이라."

"내가 그들에게 한 마음과 한 도를 주어 자기들과 자기 후손의 복을 위하여 항상 나를 경외하게 하고"(렘 32:39).

이제 여호와의 율법을 어디에다가 새기겠다…?! 마음에다.

그래서 예수님도 말씀하시잖아요. 가장 크고 첫째 되는 계명을 묻는 율법학자에게 뭐라고 말씀하셨습니까?

"네 마음을 다하고 목숨을 다하고 뜻과 정성을 다하여 주 여호와 너희 하나님을 사랑하라 이것이 가장 크고 첫째되는 계명이다."(마 22:37-38)

우리의 외적인 행위도 행위지만 먼저, 마음으로 하나님께 나아가야 합니다. 옷을 찢기보다는, 마음을 찢고 눈물이 없는 행위는 공허하고, 감격이 없는 봉사는 외식에 불과합니다. 마음과 정성이 들어가 있어야 한다는 겁니다.

하나님은 마음의 중심에 당신의 법도(法道) 새긴 사람에게 긍휼을 베푸십니다. 말씀과 율례를 마음에 각인하는 이런 모습이 꼭 필요하다 하겠습니다.

말씀을 맺겠습니다.

신명기 8장에 이런 말씀이 있습니다.

"네 하나님 여호와께서 이 사십 년 동안에 너로 광야의 길을 걷게 하신 것을 기억하라. 이는 너를 낮추시며 너를 시험하사 네 마음이 어떠한지 그 명령을 지키는지 아니 지키는지 알려 하심이라. 너를 낮추시며 너로 주리게 하시며 또 너도 알지 못하던 네 열조도 알지 못하던 만나를 네게 먹이신 것은 사람이 떡으로만 사는 것이 아니요 여호와의 입에서 나오는 모든 말씀으로 사는 줄을 너로 알게 하려 하심이니라."(신 8:2-3)

이스라엘로 광야 40년 간을 걷게 하신 것이 하나님께서 그들의 마음을 시험하기 위한 것이었다는 말입니다. 그래서 그 어려움들 가운데에서도 그들의 마음이 과연 주의 명령을 지키는지 아니지키는지 알려 하심이니라. 때로 먹을 양식이 떨어져 주리며, 때로는 물이 없어 고생하고, 때로 광야 사막에서 뜨거운 모래바람과 뙤약볕으로 숱하게 고생한 적이 있었는데 그것 역시 다 하나님의 시험이었다는 겁니다. 우리에게 주어진 여러 환경과 어려움들, 그 고난들은 때로 주께서 우리의 마음을 측정하시기 위한 한 방편이 될 수가 있다는 사실을 기억해야 합니다.

우리는 오늘날 아담과 동일하게 말씀 안에서 생명나무 실과를 취할 수도 있고, 반면 선악과를 바라봄으로써 동일한 범죄의 자리에 빠질 수도 있습니다.

상황은 다르지만, 시험의 내용들은 다 똑같습니다. 삶의 상황이나 어려움들을 불평하지 마십시다. 그것은 나로 하여금 '정복하고 다스리라'고 주신 땅과 기업들입니다. 어찌보면 문화 명령들을 수행해야할 사명의 터전들이죠. 믿음의 조상들도 다 이러한 과정들을 거쳤고, 이것에서 옳다 인정함을 받았던 사람들이었음을 기억해야 합니다. 나에게 주어진 환경, 그것이 하나님께서 만족하신 최선의 땅으로 알고, 하나님의 뜻과 의지들을 삶 가운데 철저히 반영시켜 나가야만 합니다.

사람이 떡으로만 살 수는 없습니다. 아무리 물질이 많이 있어도, 아무리 건강하게 산다고 할지라도, 그 부요함이 하나님을 떠나게 만들고 그 규례를 잃어 버리게 만든다면 그것은 분명 저주가 될 것이고…. 내게 주어진 어려운 환경들이 나로 하여금 하나님께 더 가까이 나아가게 만들고 기도하게 만든다면 그것은 분명 축복이 될 것입니다. 생활이 어려운데 직업(맞벌이)도 소중히 여겨야 하겠고, 학교 등록금이 200만원·300만원 하는데 아르바이트(부업)도 해야겠지요. 그러나 하나님의 법이 우선입니다. 나의 직장과 사업보다는 하나님이 우선이고, 내 관심사보다는 하나님의 관심사가 항상 우선이되어야 합니다. 그것을 우리는 그분의 율례들(주일성수, 정직, 헌신…)을 지킴으로 고백하게 되어지는 것입니다.

그분의 율례와 법도를 우리의 마음 중심에 새기십시다.
매 주일 교회에 나와 말씀을 들으며 그 속에서 생명의 꼴도 얻으시고, 그 속에서 여호와의 규례들을 깨달아 알아가십시다. 그리하여 말씀 앞에서 모두가 영생 얻으시는 자들이 다 되어지기를 바라고, 하나님께서 위탁하신 환경·최선을 다함으로 여러분의 삶 속에서 기대 이상의 큰 결과들 돌려 드릴 수 있는 여러분들이 되시기를 주님의 이름으로 축원 드립니다.

그 땅에 기근이 있었다

"여호와께서 아브람에게 이르시되 너는 너의 본토 친척 아비 집을 떠나 내가 네게 지시할 땅으로 가라 내가 너로 큰 민족을 이루고 네게 복을 주어 네 이름을 창대케 하리니 너는 복의 근원이 될지라 너를 축복하는 자에게는 내가 복을 내리고 너를 저주하는 자에게는 내가 저주하리니 땅의 모든 족속이 너를 인하여 복을 얻을 것이니라 하신지라 이에 아브람이 여호와의 말씀을 좇아 갔고 롯도 그와 함께 갔으며 아브람이 하란을 떠날 때에 그 나이 칠십 오세였더라 아브람이 그 아내 사래와 조카 롯과 하란에서 모은 모든 소유와 얻은 사람들을 이끌고 가나안 땅으로 가려고 떠나서 마침내 가나안 땅에 들어 갔더라 아브람이 그 땅을 통과하여 세겜 땅 모레 상수리 나무에 이르니 그 때에 가나안 사람이 그 땅에 거하였더라 여호와께서 아브람에게 나타나 가라사대 내가 이 땅을 네 자손에게 주리라 하신지라 그가 자기에게 나타나신 여호와를 위하여 그곳에 단을 쌓고 거기서 벧엘 동편 산으로 옮겨 장막을 치니 서는 벧엘이요 동은 아이라 그가 그곳에서 여호와를 위하여 단을 쌓고 여호와의 이름을 부르더니 점점 남방으로 옮겨 갔더라 그 땅에 기근이 있으므로 아브람이 애굽에 우거하려 하여 그리로 내려갔으니 이는 그 땅에 기근이 심하였음이라 그가 애굽에 가까이 이를 때에 그 아내 사래더러 말하되 나 알기에 그대는 아리따운 여인이라 애굽 사람이 그대를 볼 때에 이르기를 이는 그의 아내라 하고 나는 죽이고 그대는 살리리니 원컨대 그대는 나의 누이라 하라 그리하면 내가 그대로 인하여 안전하고 내 목숨이 그대로 인하여 보존하겠노라 하니라 아브람이 애굽에 이르렀을 때에 애굽 사람들이 그 여인의 심히 아리따움을 보았고 바로의 대신들도 그를 보고 바로 앞에 칭찬하므로 그 여인을 바로의 궁으로 취하여 들인지라 이에 바로가 그를 인하여 아브람을 후대하므로 아브람이 양과 소와 노비와 암 수 나귀와 약대를 얻었더라 여호와께서 아브람의 아내 사래의 연고로 바로와 그 집에 큰 재앙을 내리신지라 바로가 아브람을 불러서 이르되 네가 어찌하여 나를 이렇게 대접하였느냐 네가 어찌하여 그를 네 아내라고 내게 고하지 아니하였느냐 네가 어찌 그를 누이라 하여 나로 그를 취하여 아내를 삼게 하였느냐 네 아내가 여기 있으니 이제 데려가라 하고 바로가 사람들에게 그의 일을 명하매 그들이 그 아내와 그 모든 소유를 보내었더라" (창 12:1-20)

"교회에 출석하면 내 삶이 좀 달라지겠지 좀 더 풍요로워질거야." 나름대로 기대감 속에 교회 출석을 시작했지만, 복(福)은 커녕 뜻하지 않은 여러 난관에 부딪쳐 어려움을 겪을 때가 있습니다. '예수 믿으면 다 복 받는다'는 말을 듣고 예수 믿기 시작했는데 전혀 기대치 않은 재난을 당할 때, 신앙생활 시작한 것 자체가 후회스럽게 느껴지는 성도님이 계십니까?

기도 드리고 예배 드리고 시작한 일이었는데, 실패의 고통으로 인해 하나님이 원망스럽고 삶이 피곤하여서 '신앙이란게 정말 의미있는 것일까?' 그래서 하나님의 존재 자체까지도 의심하는 분들이 혹 계십니까? 오늘 본문의 메세지는 그런 분들을 위한 것입니다.

본문은 이렇게 시작합니다. **"그 땅에 기근이 있었다."**

아브람이 가족과 친지, 물질들을 버리고 하란을 떠나, 약속의 땅까지 찾아올 때 그에게 얼마나 커다란 기대와 소망이 있었겠습니까? 그가 이 약속의 땅 팔레스타인에 도착하기까지 겪은 숱한 위험과 고난들을 용케 견딜 수 있었던 것은, 아마 이 젖과 꿀이 흐르는 땅에 대한 기대 때문이었을 것입니다. 그 땅에 들어가 축복을 누리고자 함일텐데, 그런데 이게 웬 일입니까? 약속과 땅 가나안에 들어가 감격의 첫 제단을 쌓은 것이 어제 같은데, 오늘 때아닌 기근으로 생존 그 자체가 위협을 받게 되어졌다는 것입니다. 그래서 아브람이 애굽으로 내려갑니다.

종종 일부 성경학자들은 **'아브람이 애굽으로 간 행동'**에 대해 그가 잘한 것이냐 못한 것이냐를 놓고 논쟁을 합니다. 별 잘못이 아니라는 측의 말을 들어 보면, 아브람이 애굽으로 내려간 그 자체에 대해 하나님이 책망하신 사실이 성경에 없지 않느냐는 것입니다.

이에 반해 아브람이 애굽에 내려간 것을 잘못이라고 주장하는 사람들은, 성경에서 애굽이라는 것이 언제나 죄악된 세상의 상징하는 것인데 아브람이 애굽으로 내려갔다는 것은 결국 세상과 타협한 것이라고 주장합니다.

우리가 이 문제를 풀기 위해서는, 본문의 상황을 좀 더 살펴볼 필요가 있습니다. 우선 아브람이 애굽에 내려간 그 행동 자체가 시시비비의 초점이 되어서는 안된다고 생각합니다. 만약 그것이 하나님의 명령이나 섭리에 의한 것이라면, 그가 애굽에 내려간 것은 명령에 대한 순종이요 오히려 잘한 일입니다. 역사 속에 그런 때가 있었죠.

요셉이 하나님의 섭리 가운데 애굽 땅에 먼저 내려가 결국은 자기의 형제들과 가족을 구출하게 된 사건이라든지, 혹은 아기 예수님이 헤롯의 위협을 받았을 때 그 육신의 부모로 하여금 애굽에 피신토록 지시하신 그러한 사건들의 경우입니다. 아브람이 처음 소명을 받고, 가나안 땅을 향해 첫 발을 내딛은 때도 이런 경우였죠.

창세기 12:24절 말씀. "이에 아브람이 여호와의 말씀을 좇아 갔고, 롯도 그와 함께 갔으며". 롯은 아브람을 뒤를 따라갔는지 모르겠으나, 아브람은 분명 하나님의 말씀을 따라 가나안 땅을 향해서 나아간 것은 분명합니다.

그의 행동은 분명 말씀의 지시를 따른 순종의 행위였습니다. 그런데 본문에는 그런 아브람의 순종이 나타나지를 않고 있다는 것입니다.

본문 10절에 "그 땅에 기근이 있으므로 아브람이 애굽에 우거(寓居)하려 그리로 내려갔다. 이는 그 땅에 기근이 심하였다.'라고 하였습니다.

아브람의 애굽행에 '하나님의 말씀을 따라 이루어졌다'라는 말이 전혀 없습니다. 결국 그는 하나님의 명령과는 아무런 상관없이,

그 자신의 생각과 의지대로, 상황에 이끌려 애굽에 내려간 것이 분명합니다. 그의 행동은 아무래도 경거망동한 행동이 아닐 수 없습니다. 그가 분명 하나님의 말씀을 따라 움직였다면, 다시 말씀이 "다른 곳을 가라" 지시하실 때까지 끝까지 순종하는 모습을 지켰어야만 합니다. 더군다나 그는 이미 하나님의 약속을 받은 바 있습니다.

7절을 보면, 하나님께서 아브람에게 나타나서 이렇게 말씀하시죠. "내가 이 땅(가나안 땅)을 네 자손에게 주리라."

아브람은 하나님의 거룩하신 명령을 따라, 그분의 백성으로서 가나안 땅에 하나님의 율법을 알리며, 그분의 의지를 반영해야 할 사명이 있는 인물입니다.

이를 위해 부르셨습니다. 그래서 이스라엘 자손뿐 아니라 이방인들 역시 그분을 알게 하고, 그들로 하나님의 법도를 지키게 하여 하나님 안에 감추어진 복에 함께 참예할 수 있도록 돕는 것이 그의 일차적인 책임입니다. 그래서 그를 "복의 근원이 되게 하겠다."(2절) 말씀하지 않으십니까?! 그러나 이러한 말씀을 받은지 얼마 되지도 않아, 다시 보따리를 싸들고 애굽을 향해 발걸음을 돌리고 있다는 것입니다.

가나안 땅에 기근이 찾아왔다는 건대… 적어도 아브람의 애굽행은 자기에게 닥쳐온 어려움들을 모면하기 위한 도피로밖에 달리 해석할 수가 없습니다. 그러나 계속되는 본문의 이야기를 읽어 보면, 도피가 결코 인생의 문제들에 대한 해결 방법일 수 없다는 사실을 발견하게 될 것입니다.

애굽이 점점 가까워지자, 아브람에게는 또 하나의 걱정거리가 더 생기게 되었습니다.

그의 아내 사래 때문입니다. 아마 굉장히 예뻤던 모양인데, 예쁜 아내를 데리고 사는 사람들은 불안하죠?!

아브람은 애굽 사람들이 자기의 예쁜 아내를 탐내어 자신을 죽일지 모른다는 막연한 불안감에 사로잡혔습니다. 그럴만도 한 것이 당시 애굽의 사료(史料)에 의하면, 목적달성을 위해서라면 살인도 예사로이 행하던 시대인지라 더욱 불안했을 것입니다.

그래서 그가 한 가지 꾀를 냅니다.

12절. "애굽 사람이 그대를 볼 때에 이르기를 이는 그의 아내라 하고 나는 죽이고 그대는 살리리니, 원컨대 그대는 나의 누이라 하라. 그리하면 내가 그대로 인하여 안전하고 내 목숨이 그대로 인하여 보존하겠노라."(12-13절)

아브람의 이기심이 그대로 노출된 대목입니다. 그는 거짓말의 결과로 자신의 생명은 보존할 수 있었을는지 몰라도, 사래의 순결에는 신경을 써주지를 않았습니다. 그걸 남편이라구…. 어쨌든 마누라야 어찌되든 말든 오직 자기의 생명에만 관심이 있었습니다.

사실 사래는 무방비 상태에 방치되어졌다고 해도 과언이 아닙니다. 절대군주가 다스리던 시대에 왕이 데려가면 그만입니다. 아브람의 태도는 하나님을 의뢰치 아니하는 자가 드러내는 불신앙적인 모습과 조금도 다를 바가 없습니다. 만약 그가 하나님의 권능과 그분의 보호를 여전히 믿고 있었더라면, 그러한 부질없는 행동들을 결코 하지 않았을 것이라는 사실입니다.

어쨌든 결국 믿음이 없었다는 이야기인데, 평소에는 잘 모릅니다. 그러나 위기를 만나고, 어려운 일에 맞닥뜨려보면 그 사람의 진면목이 나타나게 되어 있습니다. 사람이 어려움에 부딪치게 되면, 본능적으로 몸을 도사리게 됩니다. 그래서 많은 사람들이 그러하듯, '어디 피할 길 없나. 이 난국을 벗어나야 할텐데, 어디 좋은 방법이 없을까?' 기발한 머리를 굴립니다. 그러다가 절대적으로 불리한 상황에 처하면 치사한 생존본능을 드러내죠. 살아남기 위해서, 때로는

손해보지 않기 위해서 그리스도인이라는 신분까지도 다 벗어 던져
버립니다.

거짓말하고, 헐뜯고, 온갖 거짓과 중상모략으로, 자기의 목숨을
위해서라면 다른 사람들이야 죽든 말든 전혀 개의치를 않는 아브람
의 모습으로 나타납니다.

우리는 이 말을 들으며, "믿음의 조상 아브람도 별 수 없는 인간
이로구나. 별 수 없는 평범한 사람"이라는 것을 재삼 확인하게 되어
집니다. 애굽을 향해 발걸음을 되돌리고 있는 우리들의 모습이기도
합니다. 그런데 보십시오. 지금 이 사건 속에서 잘못을 범하고 있는
사람이 누구입니까? 물론 아브람입니다. **그러나 주목해 볼 것은 하
나님의 재앙이 아브람의 집에 내려지고 있는 것이 아니라, 바로
의 집안에 내려지고 있다는 사실입니다.**
어떤 재앙인지는 모르겠으나, 하나님께서는 사래를 궁으로 들이자
마자 바로에게 커다란 재앙을 내리셨습니다. 그래서 웬일인가 하고
추적했더니, 자기가 후궁으로 데려온 그 여인이 이미 남편 있는 여
자였기 때문이라는 것입니다. 그래서 바로가 사래를 다시 아브람에
게 돌려보냅니다.

우리는 이 사건을 보면서 한 가지 질문을 던지게 됩니다. 그렇다
면 이것이 아브람의 애굽행을 정당화시켜 주는 한 증거가 되지 않겠
는가? 하나님 앞에서 그의 범죄가 잘못되지 않았다는 증거로 해석되
어도 좋지 않겠는가? 그러나 분명한 것은, 그 어떠한 경우라도 아브
람의 잘못된 행동 그 자체가 정당화될 수 없다는 사실입니다.
주님과 의논치 않고 벌인 행동이라든지, 거짓말을 했다든지, 아내
의 마음에 못을 박은 이러한 모든 행동들은 절대로 잘못된 모습이었
습니다.

그렇다면 하나님께서 왜 이런 상황으로 이끄셨을까요?

두 가지 관점에서 우리가 본문을 접근할 수 있다고 생각합니다.

첫째로, 사래의 입장입니다.

17절에 "여호와께서 아브람의 아내 사래의 연고로 바로와 그 집에 큰 재앙을 내리신지라."

이 사건 중에 가장 무고한 희생자가 있다면 바로 사래입니다. 그녀는 아직까지 열국의 어미 "사라"가 아니라 아직 "사래"입니다.

더 많은 훈련들을 받아야 했고, 앞으로 장차 약속의 자녀를 낳을 열국의 어머니로서 신앙의 더 깊은 자리에 이르러야 할 사람입니다(창 17:16).

하나님은 긍휼과 자비하심으로 이 사건에 개입하셨습니다. 비록 못난 남편의 불신앙적인 행동으로 인해 자신의 모든 권리를 빼앗겼다고는 하나, 하나님께서는 그녀가 바로의 첩으로 전락되는 것을 결코 방치하지 않으셨습니다.

그렇습니다. 나를 사망의 음침한 골짜기와 극한 수렁에서 건지신 하나님, 오늘도 상황 가운데 성도들이 고통 당하며 울부짖는 기도를 외면치 아니하시고, 연약한 자들과 억울한 사람들의 편에 계셔서 그들의 삶을 진전시키시는 하나님. 이 하나님의 놀라운 사랑을 발견하게 됩니다.

둘째로, 아브람의 편에서 조명해 볼 때 책망받아 마땅한 아브람을 오히려 축복하신 하나님의 의도는 무엇일까요?

그것은 아마도 때리는 방법보다 잘못한 아들을 후하게 대접함으로 자기의 잘못을 더 뼈저리게 느끼게 하려는 하나님의 섭리에서 나온 것이 아닐까 생각합니다.

어떻게 알 수 있는가 하면, 창세기 13:4절에 보시면 이 사건 바로 뒤에 아브람이 다시 약속의 땅 가나안으로 돌아옵니다.

그가 벧엘로 돌아와서 제일 먼저 한 일이 무엇입니까?

"(단을 쌓고) 거기서 여호와의 이름을 불렀더라." 여호와의 이름, 그분과의 언약을 다시 회복했다는 것입니다.

애굽 땅에 있었을 때에는 아브람이 여호와의 이름을 불렀다는 기록이 없었습니다. 오직 불순종의 세월 속에 제단을 쌓았다는 기록이 없습니다.

우리가 하나님을 불순종하고 있을 때에 우리는 예배를 상실하게 됩니다. 1·2부 예배에는 참석하고 있을지는 몰라도, 그것은 참다운 예배가 아닙니다.

죄가 우리의 마음을 지배하고 있을 때에 찬양이 제대로 되던가요? 제일 먼저 기도가 막히게 될 것이고, 말씀도 귀에 잘 들어오지를 않을 것입니다. 남은 모릅니다. 그러나 자기 자신은 압니다. 혹 양심에 거리낌이 있는 사람이 있다면 회복해야만 하고, 기도와 찬양·제단 없는 애굽에서의 삶에서 돌이켜야만 합니다.

아브라함은 합니다. 그래서 그가 돌아오자마자 제일 먼저 한 것이 하나님의 이름을 다시 부르기 시작했다는 것입니다.

그는 애굽의 경험을 통해서, 하나님을 깨달은 것이 많습니다.

상황 속에 개입하시고 역사하시는 놀라우신 하나님, 나의 잘못에도 불구하고 나에게 구원을 베푸시는 하나님, 나의 소중한 아내를 다시 회복케 하시는 하나님, 이 하나님의 놀라운 섭리를 통해서 그는 하나님을 분명하게 체험했던 것입니다.

아브람은 첫 번째 제단을 쌓았던 벧엘로 돌아와, 하나님께 드려졌던 첫사랑의 감격을 다시 회복하며 많은 회개의 눈물을 뿌렸을 것입니다. 마치 돌아온 탕자처럼 온 재산을 다 날리고, 초췌한 모습으로 거지꼴이 되어 돌아온 아들의 모습으로 섰을 것입니다.

아버지가 싫다고 집나갔다 돌아온 아들을 아무런 조건 없이 맞으시는 아버지 앞에서 이 둘째 아들이 얼마나 괴로웠겠습니까? 눈물도 나고, 미안하기도 하고, 아버지 얼굴 바라보기가 민망했을 것입니다. "아버지, 잘못했습니다. 용서해 주십시오. 다시 시작하겠습니다." 그 것이 아브람의 심정이 아니었겠습니까?

하나님 앞에서 성도들의 마음이 이와 같아야 할 것입니다. 차마 고개를 들지 못하는 아들의 마음을 먼저 읽은 아버지, 그를 품에 안고 종들에게 말합니다. "제일 좋은 옷을 내어다가 입히고 손에 가락지를 끼우고 발에 신을 신기라. 그리고 살진 송아지를 끌어다가 잡으라 우리가 먹고 즐기자. 이 내 아들은 죽었다가 다시 살아났으며, 내가 잃었다가 다시 얻었노라"(눅 15:22-24).

이 아들을 다시 끌어안는 아버지의 모습에서 우리는 어떤 하나님을 발견합니까? 하나님을 벼락만 내리시는 진노의 하나님으로만 생각하지 마십시오. 진노보다 더 크신 사랑, 이 사랑을 먼저 깨달아야 합니다. 때려서 깨닫게 하기보다 그가 스스로 잘못을 뉘우치고 회개하기를 원하시는 하나님, 그리고 회개하고 돌아올 때에는 감싸 안으시며 "아직도 나는 너를 사랑한다. 이제 속히 죄에서 돌이키고 돌아오너라. 나의 자녀로서, 마땅히 성결한 모습을 이루며 살아라." 말씀하시는 이 하나님, 이 하나님을 발견하십니까? 반드시 발견해야만 합니다.

아브람은 애굽을 내려간 이 사건을 통해 적어도 두 가지 교훈을 깨달았을 것입니다.

첫째로, 하나님에 대한 깨달음입니다.

하나님은 어떤 분이신지 비록 보이지는 않지만, 우리의 삶 속에 살아 계셔서 간섭하시고 인도하시는 하나님. 죄악 된 누룩은 반드시 징계하시고 처리하시되, 징계보다 더 크신 사랑으로 한 번 더 회개할 기회를 주시는 하나님. 이 하나님을 깨달았을 것입니다.

둘째, 자신에 대한 깨달음입니다.

그는 찬송과 기도를 잃어버리고 하나님께 죄악을 저지르며 살았던 애굽의 밤중에서도, 변함없이 사랑하시고 그를 건지시고 회복시키시는 하나님을 이 사건을 통해서 발견하게 됩니다. 그는 하나님을 체험적으로 알게 되었던 것입니다. 그래서 그 하나님의 거룩한 역사를 바라보며 다시 제단을 쌓습니다.

이제 그는 여호와의 이름을 부르며 새로운 삶을 결단합니다. "주님, 이제부터는 제 마음대로 살지 아니하고 하나님의 뜻대로만 살겠습니다. 제 마음 속에는 오직 하나님만이 주인이십니다."

삶의 한복판에 제단을 세우고, 다시 하나님을 찬양하고 기도하며 주님의 말씀으로 새로운 삶을 살기로 작정하고 떠나가는 아브람. 이 아브람에게 있어서 가나안 땅의 기근은 아주 유익한 경험이었던 것입니다.

그리스도인의 삶에 있어서도 가나안의 기근은 찾아옵니다.

내가 그리스도인이라고 해서 어려움이 전혀 안 찾아오는 것이 아닙니다. 그리스도인이나 이방인이나 환난의 때를 겪을 때가 있습니다. 다만 차이가 있다면, 그것을 극복하는 방법이 서로 다르다는 것뿐입니다. 성도는 갑자기 닥쳐온 기근을 보며 '하나님께서 왜 이 기근을 보내셨을까? 내 삶에 무엇이 잘못되었길래 이런 어려움이 찾아오는가?' 곰곰히 생각해 볼 줄 아는 지혜가 있어야 합니다.

'내가 정말 하나님의 말씀대로 따르고나 있는 것인가?' 자기의 행위에 대한 점검을 행해 보십시오. 그 출발과 진행에 있어 이 신앙적인 점검과 반성들이 없다면 그것처럼 어리석은 일이 없을 것입니다. 바사의 장관 하만은 모르드개를 죽이려 했던 그 장대에 자신이 매달리는 순간까지도 사태를 정확히 파악할 줄 아는 영적인 눈이 전혀 없었습니다. 주위 사람들이 그를 얼마나 말렸습니까? 끝까지 이스라엘을 도말시키려다가 자신이 장대에 달려서야 비로소 뉘우치니 그때는 너무 늦어버린 거라. 결과가 어떻게 되겠다고 하는 최소한의 지혜라도 있어야 하지 않겠습니까?

여러분, 목회자들이 여러분의 구원을 전적으로 책임져주는 그런 사람으로 착각하시면 아주 곤란합니다.

우리는 여러분들의 신앙적인 성숙을 위한 영적인 도우미에 불과한 사람이고, 이를 위하여 목사의 직분에 세워진 사람들입니다. 여러분들이 아무 말이나 다 "예, 예." 하고 좇아가는 것이 아니라, 여러분들에게 영적인 분별력을 심어 주어서 여러분들 스스로가 자신들의 구원을 완성할 수 있도록 도와 주는 자들입니다. 신앙의 홀로서기를 돕는 '보조자'라는 말입니다. 남들은 잘 모르겠으나, 저는 힘들지만 전할 말 다 전했습니다. 나중에 하나님의 심판대 앞에 섰을 때 그 순종에 대한 책임여부는 여러분들 스스로가 져야 할 것이고, 아무도 이 일에 대하여 "난 못 들었다. 잘 몰랐다." 핑계할 수 없을 것입니다.

현재 ○○교회에서도 영적인 기근들이 있죠.

여러분은 교회에 나오면서 나름대로 위로와 마음의 평안을 기대했을 터인데, 여러분들의 신앙 앞에 찾아온 이러한 기근 앞에서 여러분은 어떻게 반응하시겠습니까?

더 많이 기도하시고, 더욱 더 하나님의 음성에 귀를 기울이시기를 바랍니다. 그래서 오늘 여러분의 인생 앞에 닥친 영적인 기근의 때를 하나님 잘 의지해서 믿음으로 극복하시기를 기도합니다.

우리 모두가 다 똑같이 부족한 모습들이지만, 하나님께 훈련받고 가다듬어지기를 원합니다. 아브라함을 훈련시키셔서 위대한 인물로 만들어 가셨던 하나님, 참 좋으신 하나님을 느끼기를 원합니다.

키를 흔들어 알곡과 쭉정이를 가르시는 하나님, 환난을 당할 때에 주님 앞에 더욱 가까이 나아가는 저희들이 되게 하옵소서.

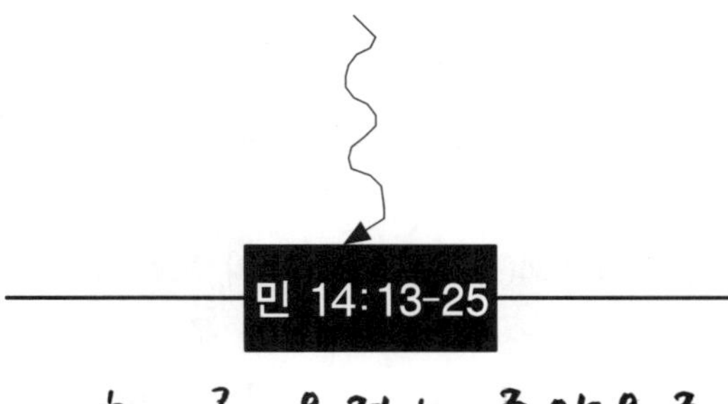

여호와를 온전히 좇았은즉

"모세가 여호와께 여짜오되 애굽인 중에서 주의 능력으로 이 백성을 인도하여 내셨거늘 그리하시면 그들이 듣고 이 땅 거민에게 고하리이다 주 여호와께서 이 백성 중에 계심을 그들도 들었으니 곧 주 여호와께서 대면하여 보이시며 주의 구름이 그들 위에 섰으며 주께서 낮에는 구름기둥 가운데서, 밤에는 불기둥 가운데서 그들 앞에서 행하시는 것이니이다 이제 주께서 이 백성을 한 사람 같이 죽이시면 주의 명성을 들은 열국이 말하여 이르기를 여호와가 이 백성에게 주기로 맹세한 땅에 인도할 능이 없는 고로 광야에서 죽였다 하리이다 이제 구하옵나니 이미 말씀하신대로 주의 큰 권능을 나타내옵소서 이르시기를 여호와는 노하기를 더디하고 인자가 많아 죄악과 과실을 사하나 형벌 받을 자는 결단코 사하지 아니하고 아비의 죄악을 자식에게 갚아 삼사대까지 이르게 하리라 하셨나이다 구하옵나니 주의 인자의 광대하심을 따라 이 백성의 죄악을 사하시되 애굽에서부터 지금까지 이 백성을 사하신 것 같이 사하옵소서 여호와께서 가라사대 내가 네 말대로 사하노라 그러나 진실로 나의 사는 것과 여호와의 영광이 온 세계에 충만할 것으로 맹세하노니 나의 영광과 애굽과 광야에서 행한 나의 이적을 보고도 이같이 열 번이나 나를 시험하고 내 목소리를 청종치 아니한 그 사람들은 내가 그 조상들에게 맹세한 땅을 결단코 보지 못할 것이요 또 나를 멸시하는 사람은 하나라도 그것을 보지 못하리라 오직 내 종 갈렙은 그 마음이 그들과 달라서 나를 온전히 좇았은즉 그의 갔던 땅으로 내가 그를 인도하여 들이리니 그 자손이 그 땅을 차지하리라 아말렉인과 가나안인이 골짜기에 거하나니 너희는 내일 돌이켜 홍해 길로 하여 광야로 들어갈찌니라" (민 14:13-25)

이스라엘이 가나안 땅을 정복하기 위한 방법으로 열 두 정탐꾼을 택했던 적이 있습니다.

그래서 이스라엘 각 지파마다 유능하고 건장한 젊은이 한 명씩을 뽑았는데, 이때 유다 지파와 에브라임 지파의 대표로 나온 사람이 '갈렙'과 '여호수아'입니다. 그리하여 갈렙을 위시한 열두 사람이 가나안 땅에 몰래 들어가 40일 간을 그 땅의 모든 정세들을 정탐하고 돌아왔습니다. 그런데 돌아온 후에 심각한 문제가 발생했습니다. 그것은 열두 명의 보고가 서로 만장일치 되지 못하고, 사태를 바라보는 시각이 각기 두 갈래로 나누어져 버렸다는 것입니다. 잘 아는 바와 같이, 믿음없는 열 명의 정탐꾼들이 먼저 보고를 합니다.

민수기 13장이죠. "과연 그 땅은 젖과 꿀이 흐르는 땅입니다. (따온 포도송이를 보이며) 이것이 그 땅의 실과니이다. 그러나 그 땅 거민은 강하고 성읍이 견고하고 크며 거기서 아낙 자손을 보았습니다(거인 족속이거든요). 그 땅은 그 거민을 삼키는 땅이요, 우리가 우리 스스로 보기에도 우리가 메뚜기 같더이다." 그래서 온 백성을 기가 질리게 하고 낙담케 만들어 버립니다. 그도 그럴 것이 방금 출애굽한 이스라엘 백성이 군사 훈련을 받았겠습니까? 그렇다고 무슨 변변한 무기인들 있겠습니까? '도저히 역부족입니다.'

이런 불신앙적 보고를 접하자 백성들은 마음에 심한 동요를 일으켰습니다.

자신들의 힘으로는 도저히 가나안에 들어갈 수 없다고 생각했습니다. "이젠 죽었구나!" 온 회중이 소리를 높여 밤새도록 부르짖으며 곡하고, 모세와 아론 더 나아가 하나님까지도 원망을 했습니다.

여호와가 자신들을 그 땅으로 인도하여 칼에 망하게 하고, 처자식들을 포로로 잡히게 하려 한다는 것이었습니다(신 14:3). 그리고 한 장관을 세워 다시 애굽으로 돌아가려 하였습니다. 명백한 하나님께 대한 불신이었습니다.

하나님은 분명 이스라엘을 가나안 땅에 인도하여 들이시려고 바로의 칼에서와, 광야의 죽음과 갈증, 기아로부터 고비 때마다 구원하여 주셨습니다.

이 사실을 익히 알고 있었던 그들이었지만, 정탐꾼들의 부정적인 견해들을 듣고 하나님을 오히려 적대자요 살인자로 매도하고 있다는 것입니다.

그러나 여호수아와 갈렙은 달랐습니다.

그들은 이스라엘이 하나님의 믿고 순종하기만 하면 얼마든지 가나안 땅을 정복할 수 있다고 믿었습니다. 그렇다고 그들이 현실 상황들을 인정하지 않았다는 말이 아닙니다. 그들 눈에도 역시 성읍이 크고 견고하다는 것, 거인 같은 아낙 자손들과 가나안 민족들이 보였습니다. 그러나 그들이 본 것은 하나님의 시각이었습니다.

열 명의 정탐꾼들은 완전 인간적인 판단을 내렸지만, 여호수아와 갈렙은 믿음과 하나님 시각으로 사물을 바라보았습니다. 그들이 믿음없는 백성들을 향하여 담대히 외칩니다.

민수기 14:9절입니다. "오직 여호와를 거역하지 말라. 또 그 땅 백성을 두려워하지 말라. 그들은 우리 밥이라. 그들의 보호자는 그들에게서 떠났고, 여호와는 우리와 함께 하시느니라."

그러나 아무런 소용이 없었습니다. 실의에 빠진 백성들은 모세와 아론은 물론, 그들에게 올바로 충고하는 여호수아와 갈렙까지도 돌로 치려고 하였습니다.

백성들에게는 더 이상 하나님의 약속이나 말씀이 없었습니다. 얼마나 어려운 상황이었는지 모릅니다. 금방 돌로 칠 기세였습니다.

이때 하나님께서 영광 가운데 회막에 임하사 이스라엘에게 진

노하십니다.

11절입니다. "여호와께서 모세에게 이르시되 이 백성이 어느 때까지 나를 멸시하겠느냐? 내가 그들 중에 모든 이적을 행한 것도 생각하지 아니하고 어느 때까지 나를 믿지 않겠느냐? 내가 전염병으로 그들을 쳐서 멸하고 너로 그들보다 크고 강한 나라를 이루게 하리라."(민 14:11-12).

하나님께서 이스라엘 백성에게 이렇게 진노를 발하셨던 까닭은 그들의 계속되는 불순종과, 베푸신 구원에 대한 거부 때문이었습니다. 결국 그들은 하나님께 죽어 마땅한 존재들이었습니다.

이런 위기의 순간에 민족의 지도자 모세가 그들을 위하여 중보 기도합니다.

"여호와께서 주의 능력으로 애굽에서 이스라엘을 이끌어 내시며 구름기둥과 불기둥으로 인도하여 내셨거늘, 이 땅 거민들이 다 들었나이다. 만약 주께서 이 백성들을 다 죽이시면 주의 명성(名聲)이 어찌 되겠습니까? 부디 주의 인자(仁慈)를 따라 이 백성의 죄악을 사하여 주시기를 원합니다."

그의 기도는 결코 이기적인 기도가 아니었습니다. 그것은 하나님의 언약이 먼저 이루어지기를 위한 기도였고, 나의 안전보다는 하나님의 영광이 침해되어지지 않기를 위한 기도였습니다. 철두철미 하나님 중심적인 기도였다는 말입니다.

우리가 가끔 어떤 중대한 위기에 봉착하거나, 아니면 하나님께서 이것만은 꼭 응답해 주셔야만 한다고 생각했을 때 우리는 거의 절규에 가까운 기도를 드리게 됩니다. 그러나 생각해 보아야 합니다. '이것이 과연 하나님이 원하시는 뜻인가?'

이런 예화를 읽은 적이 있습니다.

미국의 남북전쟁 당시, 노예제도를 옹호하는 남부 연방군의 고오든(Gordon)이라는 장군이 있었습니다. 그의 회고담입니다.

"샤프스버그(Sharpsburg) 전투가 시작되기 전날 밤, 우리는 남군의 승리를 위해 장교와 사병들은 열심히 기도했습니다. 다들 간절히 기도했기에 우리는 하나님께서 반드시 응답해 주실 것이라 확신했습니다. 그러나 다음 날 전투의 결과는 전혀 뜻밖이었습니다. 나 자신은 다섯 군데나 총상을 입었고, 병사들은 그 전투 이후 전의를 완전히 상실하고 말았습니다. 기도가 간절했던 만큼, 하나님께 대한 원망도 컸습니다. 하나님은 약한 자의 편이 아니라 강한 자의 편이라는 생각도 들었고, 몇몇 장교들은 기도하는데 시간을 소모하느니 차라리 그 시간 가지고 화약과 탄알을 만드는 게 더 낫겠다는 불평의 소리가 나오기까지 했습니다. 하지만 그 전투가 끝난지 수년이 지난 지금 생각해 보니, 당시 남군이 드렸던 기도에 대한 하나님의 최선의 응답은 패배였다고 생각됩니다. 만약 그때 우리들의 소원대로 남군이 워싱톤을 정복하고 북군을 패배시켰더라면, 오늘날 우리 조국은 지구상에서 가장 나약한 나라의 대열에 끼어 있게 되었을 것이 분명하기 때문입니다." 자기들이 기도한 것이 틀렸었다는 거죠.

우리는 우리 스스로의 기도들을 살펴 보아야 합니다.

남군이 자기들이 승리를 위해 열심히 기도했었으나 그것이 하나님의 뜻과는 전혀 상관없는 기도를 드렸듯이, 때로 내가 하는 기도와 행동들이 하나님의 뜻과는 전혀 별개일 수도 있다는 것입니다.

먼저 하나님의 시각으로, 그분의 뜻, 그분의 의중(意中)을 살펴야 합니다. 결국 모세의 중보 기도로 죄 사함을 받기는 하나, 하나님께서 말씀하십니다.

22절입니다. "그래, 내가 네 말대로 사하노라. 그러나 나의 영광과 애굽과 광야에서 행한 나의 이적을 보고도 이같이 열 번이나 나를 시험하였은즉 내 목소리를 청종치 아니한 그 사람들은 내가 그 조상들에게 맹세한 땅을 결단코 보지 못하리라."(20-23절)

반면 갈렙에게 말씀하십니다.

24절입니다. "오직 내 종 갈렙은 그 마음이 그들과 달라서 나를 온전히 좇았은즉, 그의 갔던 땅으로 내가 그를 인도하여 들이리니 그 자손이 그 땅을 차지하리라."

여러분 '열 번이나 나를 시험했다'는 말과 '온전히 나를 좇았다'는 말의 뜻을 서로 비교해 보면, 이 두 말씀이 서로 반대가 되는 내용이라는 것을 금방 알 수 있습니다.

이스라엘과 갈렙의 태도는 서로 극단적인 대조를 보입니다. 갈렙은 하나님을 온전히 좇는 자였으나, 이스라엘 백성은 하나님을 열 번이나 시험하는 자들이었습니다.

이스라엘 백성은 하나님의 이적과 그분의 도우심을 체험할 때에는 잘 순종했습니다. 출애굽하여 종의 신세를 벗어나고, 홍해 바다를 건널 때에는 정말 신이 났습니다. '나 같은 죄인 살리신' 하나님의 은혜를 소리높여 찬양했었습니다. 그러나 얼마 지나지 않아 마라를 만났을 때, 그들은 마실 물이 없다고 불평을 늘어 놓으며 하나님이 살았나 죽었나 원망하고 대드는 모습을 살펴볼 수 있습니다.

굶주린 그들에게 만나를 내리실 때에는 감사하는 척했지만, 조금 후에는 또 까맣게 잊고 이제 고기를 먹고 싶다고 또 다른 불평을 하기 시작했습니다. 그래서 애굽에서 살았으면 좋겠다느니, 괜히 광야로 따라나와서 고생을 한다느니 끝없는 불평을 쏟아 놓았습니다. 그리고 입만 열면 '죽고 싶다'라는 말을 되뇌이었습니다(출 14:11; 16:3). 이른바 열 번이나 하나님을 시험한 자들인 것입니다.

'열 번이나 하나님을 시험했다'는 말은 상황에 따라 신앙이 바뀌어졌다는 것입니다. 상황에 따라서 변하는 믿음, 형편따라서 친분따라서 그 색깔이 달라지는 믿음, 이것이 바로 하나님을 시험하는 믿음입니다.

반면에 갈렙을 보십시오. 그는 대다수 열 명의 결정을 택하는 것이 아니라, 하나님 편을 택하고 있습니다.

하나님은 그를 보시며 그가 **'온전히 좇았다'** 말씀하고 계십니다. 그렇다면, '온전히 좇는다'는 것이 무엇인가?

모든 사람들이 뭐라 얘기하고 다 반대를 한다 할지라도, 내가 믿고 있는대로 그대로 밀고 나가는 것이 온전하게 좇는 것인가? 무조건 충성스럽게 일하기만 하면 되는 것인가?

헬라어 원어를 살펴 보면, '온전하다'는 말에 쓰인 단어가 'מלא(말레)'라는 단어입니다. 이 말이 무슨 뜻이냐 하면, '가득 채우다, 충만하다, 만족시키다, 아무 결점이나 흠이 없다'라는 말입니다.

무언가 열심히 움직이기만 한다고 해서 되는 것이 아니라 하나님의 영광을 먼저 생각하고, '그분의 원하시는 뜻이 무엇인가?' 고민하며, 조그마한 결점이나 흠들이 나타나지 않도록 행하는 것, 그것을 온전히 좇는다 말합니다.

상황에 따라 변하는 믿음은 온전한 신앙인의 모습이 아닙니다.

형통할 때만 신앙생활 하고, 하나님이 자기의 기도를 들어 주시고 축복해 주실 때에는 주님 위해 산다고 열심히 충성을 합니다.

그러나 예수를 믿어도 축복이 뒤따르지 않고 사람들과의 관계가 영 불편해지면, 평소에 그렇게 하나님의 뜻대로 살아간다는 사람들이 사람들을 대하는 태도가 확 달라집니다. 왜 그럴까요? 그것은 온전치 못하기 때문입니다.

갈렙은 인생에 있어 낮이 오나, 밤이 오나, 오늘처럼 비가 술술 와도 오직 하나님만을 생각하는 사람이었습니다. 그는 사람이나 환경의 조건 여하에 따라 좌우되지 않는 초지일관의 신앙을 가지고 있었습니다. 물론 갈렙이 이같이 여호와를 온전히 좇기로 결심하게 될 때에는 막대한 대가를 지불해야만 했습니다. 사람들이 던지는 돌에 맞아 죽을지도 모릅니다. 그러나 반대 세력들이 그를 집어삼키려는 위협 가운데서도 하나님을 향한 그의 믿음을 소신 있게 펼쳐 나갈 용기와 각오가 있었습니다. 그가 하나님을 온전히 좇지 않았다면 결코 불가능한 일이었을 것입니다.

온전히 좇는다는 것이 결코 쉽지는 않죠.
친분이 걸리고 혈연이 걸리고…. '평소 내게 그렇게 잘해 주었는데, 내가 어떻게 그런 일을 할 수 있나?' 하나님께 잘못된 것인 줄 뻔히 알면서도 '그래, 덮어두자.'
하나님을 '아는 것'과 '믿는 것'에는 엄청난 차이가 있습니다. 내가 성경 지식을 많이 안다. 아니면 내가 오랫동안 믿었다?! 그것은 참 믿음이 아닙니다.
참 믿음은 그 성경 지식이, 또 오래 믿은 신앙의 연륜이, 그 지식적인데 머무르지 않고 삶의 올바른 행동으로까지 연결이 되어져야 비로소 얻어지는 것입니다.

오늘날 교회 안을 둘러봐도, 하나님을 온전히 좇는 사람은 극히 소수에 불과하다고 말할 수 있습니다.
말들은 많습니다. 교회가 이러면 안된다느니, 교회가 좀 개혁되어야 한다느니, 그러면서도 내 명예와 자존심은 다 찾기를 원하며 내가 좀 손해보는 것은 싫고…. 차라리 말이나 하지 않았으면 좋겠습니다.
저는 '십자가를 진다는 것이 무엇인가?' 생각해 봅니다. 남들에게는 십자가를 지라고 숱하게 설교하면서, 과연 내 자신은 얼마 만

큼 십자가를 지고 있는가? 과연 내게 지금 주어진 십자가는 무엇인
가? 잘못하면 성도들이 던지는 돌에 맞아 죽을 수도 있고, 목사님이
나 장로님들에게 미움을 받을 수밖에 없는데. 그렇잖아요. 아무리
중립에 서고 성경적으로 말한다 할지라도, 어느 한 편에게 불리하게
될 수밖에 없습니다. 아니, 성경대로 말하면 말할수록 더 한 편으로
치우칠 수밖에 없습니다. 그 길이 참으로 위험한 길이요, 또 위로해
주는 친구 하나 없는 외로운 길입니다. 그러나 그럴지라도 목자된
자의 심정으로 말씀을 따라 양들에게 나아갈 바른 길을 제시하기를
원합니다.

우리 교회 성도님들 가운데 갈렙 같은 분들이 좀 많이 있어지기를
원합니다. 그 길은 분명 험난한 길이고 또 내 모든 기득권들을 기꺼
이 내어놓아야만 하는 길입니다. 이런 까닭에 하나님을 온전히 좇는
사람이 그리 많지를 않습니다. 모두 넓은 길들로만 가려 하기 때문
입니다.

젊은 분들께 말씀드리고 싶습니다.
여기서 젊다는 것은 나이를 말하는 것이 아니라 생각과 의식이 젊
다는 말입니다. 지금까지 여러분의 삶은 항상 자신만만하고 평탄한
길들을 걸어왔는지 모릅니다. 그러나 하나님 앞에 보다 온전해지고
의로운 신앙생활을 하려면, 여러분들의 삶을 결코 평탄해질 수가 없
습니다.
여러분, 하나님의 섭리와 그분의 뜻을 따른다는 말이 무엇입니까?
하나님의 뜻이, 그분의 움직임이 이렇게 움직이는구나. 그 움직임을
발견하고 가만히 관망하는 것이 순종하는 것입니까? 아니면 그 하나
님의 뜻을 발견하고 그 뜻이 우리 가운데 어서 속히 이루어지기를
마음으로 나를 드리고 그 일을 위해 힘쓰는 것이 순종입니까? 후자

라고 생각합니다.

하나님의 뜻을 발견하셨다면, 여러분들의 삶을 주님께 내어놓아야 할 것입니다. 이것을 내놓지 않고서는 아무도 하나님과의 온전한 관계를 이루어 나갈 수 없습니다. 어떤 때는 모든 것을 내려놓고 제2선에 앉아야 될 때도 있고, 때로는 내 직분과 명예들이 깨어진다 하더라도 의를 위해 참아야 할 때가 있고, 또 하나님을 위해 내 혈연이나 친분 관계들을 다 단절해야 할 때가 있습니다. 이럴 때 결단하는 것입니다. '내가 하나님을 위해 살 것인가? 나를 위해 살 것인가?'

하나님은 당신을 온전히 좇는 갈렙을 보시고, 두 가지 놀라운 축복을 해 주셨습니다.

24절입니다. "오직 내 종 갈렙은 그 마음이 그들과 달라서 나를 온전히 좇았은즉 그의 갔던 땅으로 내가 그를 인도하여 들이리니 그 자손이 그 땅을 차지하리라."

하나님께서 약속하신 것은 첫째 그의 전생애가 하나님의 인도를 받게 될 것이라는 사실과, 둘째 그의 자손들이 약속의 땅 가나안을 차지하게 될 것이라는 보장입니다. 하나님이 이 모든 것을 보장해 주셨으니 그의 마음이 얼마나 평안했겠습니까? 지칠 줄 모르는 열심으로 주님께 헌신했을 줄 압니다.

우리는 무의식 중에 우리 행동들에 대해 너무 무감각해져 가고 있습니다. 그래서 하나님께 무엇이 옳은 것인지, 무엇이 그른 것인지, 그것 자체를 생각지 않으려고 합니다. 몰라서 그러는건지 알고 그러는건지. 아니, 애써 외면하려 한다는 것이 더 정확한 표현일 것입니다. 잘못된 것인 줄 알면서 애써 외면한다?! 하나님을 시험하는 사람들입니다.

이 시대에는 살아있는 그리스도인들을 필요로 합니다.

우리 ○○교회 역시 살아있는 그리스도인을 필요로 합니다. 하나님이 원하시는 것이 무엇이고, 무엇이 그분의 요구인지 분명히 아는 사람, 그래서 끊을 것을 끊을 줄 알고, 주를 위해 내 직분과 명예쯤은 기꺼이 희생할 줄 아는 그런 사람들을 하나님께서 사용해 주십니다. 그러면 남은 생애와, 나의 자녀들, 모든 것들을 다 책임져 주실 것입니다. 흠과 티가 없는 온전한 성도님들 다 되시기를 주님의 이름으로 축원합니다.

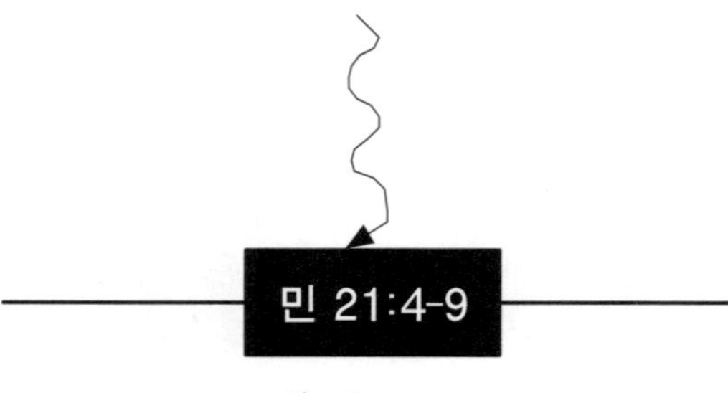

쳐다본즉 살더라

> "백성이 호르산에서 진행하여 홍해 길로 좇아 에돔 땅을 둘러 행하려 하였다가 길로 인하여 백성의 마음이 상하니라 백성이 하나님과 모세를 향하여 원망하되 어찌하여 우리를 애굽에서 인도하여 올려서 이 광야에서 죽게 하는고 이곳에는 식물도 없고 물도 없도다 우리 마음이 이 박한 식물을 싫어하노라 하매 여호와께서 불뱀들을 백성 중에 보내어 백성을 물게 하시므로 이스라엘 백성 중에 죽은 자가 많은지라 백성이 모세에게 이르러 가로되 우리가 여호와와 당신을 향하여 원망하므로 범죄하였사오니 여호와께 기도하여 이 뱀들을 우리에게서 떠나게 하소서 모세가 백성을 위하여 기도하매 여호와께서 모세에게 이르시되 불뱀을 만들어 장대 위에 달라 물린 자마다 그것을 보면 살리라 모세가 놋뱀을 만들어 장대 위에 다니 뱀에게 물린 자마다 놋뱀을 쳐다본즉 살더라" (민 21:4-9)

이스라엘의 광야 40년 간의 방랑은 결코 쉬운 길들이 아니었습니다. 뜨거운 뙤약볕과 모래폭풍, 먹을 것과 마실 것. 기나긴 방랑생활로 인하여 이스라엘 백성들은 이제 마음과 육체가 지칠대로 지쳐 있었습니다.

더군다나 본문을 보면 가나안 땅을 앞에 두고 에돔 땅을 통과하면 상당히 빨리 갈 수 있는 길을 하나님께서 에돔을 치지 말라고 하시니, 가까운 에돔 땅을 눈 앞에 두고 삥 돌아 먼 길로 진행해야만 했습니다.

'에돔'이 누군지 아시죠.

야곱의 형 에서의 별명이었죠. 에돔은 그의 후손들입니다. 이들이 이스라엘로 하여금 왕의 대로를 통과할 수 있도록 허락을 해 주었으면 좋았을텐데, 그러면 이스라엘이 굉장히 빠른 지름길로 가나안 땅에 들어갈 수 있을 터인데 허락을 안해주는거라. 다른 이방 민족들 같으면 씨를 말려버리겠지만, 이스라엘의 가까운 혈족들이었기에 하나님은 그들을 치지 말라고 명령하셨습니다. 그렇지 않아도 힘들어 죽겠는데 더 멀고 거친 길로 돌아가야만 하는 백성들의 마음은 이만저만이 아니었습니다.

본문은 이스라엘 백성의 마음이 '몹시 상하였다'라고 기록하고 있습니다. 더군다나 본문 바로 직전의 사건을 보니까, 지름길인 에돔 땅을 놔두고 삥 돌아가다가 적군의 기습 공격으로 이스라엘 사람 몇몇이 포로로 잡혀가기까지 했었습니다. 물론 하나님의 은혜로 다시 물리치긴 했지만 말입니다.

그러자 백성들 여기 저기서 불평들이 터져 나오기 시작하였습니다.

5절을 보면 "백성이 하나님과 모세를 향하여 원망하되 어찌하여 우리를 애굽에서 인도하여 올려서 이 광야에서 죽게 하는고. 이곳에는 식물도 없고 물도 없도다. 우리 마음이 이 박한 식물을 싫어하노라."

'박한 식물을 싫어한다'라고 했는데, 더 정확히 표현하면 '이 악하고 무시할만한 식물을 내가 몹시 지겹고 질색하여 끊어버리고 싶다'

라는 말입니다. 그들은 하나님께서 제공해 주신 하늘의 양식 만나를 감사하기는커녕, 원수처럼 미워하고 아주 악하디 악한 음식이라고 지겨워 했습니다. 원래 만나가 그러한 음식이 아닙니다.

이스라엘이 이를 처음 대할 때 꿀 섞은 과자처럼 맛있다 하여 '이것이 무엇이냐?'(출 16:15, 31) 만나의 이름이잖아요. 그들 스스로 경탄하며 먹었던 만나가 아닙니까?

지난번 ○목사님이 40년간 매일 같이 먹어 입에서 신냄새가 날 정도로 지겨운 음식이 되어 불평할만하다고 하셨는데, 실제로는 지겨워서가 아닙니다. 도리어 그들의 내면에 하나님을 무시하고 그분을 원망하고자 하는 기본적인 마음들이 먼저 있었던 거라. 그렇기 때문에 이런 말들이 너무나도 쉽게 쏟아져 나왔던 것입니다.

어찌보면 습관인 것 같아요. 이스라엘의 원망들은 어려운 상황에 부딪칠 때마다 거의 예외없이 터져 나오던, 거의 습관적인 불평들이 있었습니다. 왜 데리고 나왔냐느니, 이렇게는 못 살겠다느니, 하나님이 위대하신 능력으로 그냥 가나안에 직행케 하시지 왜 이렇게 뺑뺑 돌게 만드시냐느니, 하나님이 자기들을 광야에서 주려 죽게 한다느니, 하나님을 원망하고 지도자 모세에게 불평했습니다. 결국 그들이 싫어하고 지겨워 한 것은 단순히 먹는 식물로서의 만나가 아닙니다. 그것은 출애굽 자체를 주도하신 하나님과 모세에 대한 거부였던 것입니다.

이스라엘의 이러한 그칠 줄 모르는 원망과 불평은, 결국 하나님의 진노를 사서 큰 심판을 맛볼 수밖에 없었습니다.

하나님은 원망하는 백성들에게 광야의 불뱀들을 보내사 그들을 심판하셨습니다.

그러면 이 불뱀들이 어디서 나타났을까요? 이전에는 광야에 있었을까요, 없었을까요? 그동안에는 하나님께서 이스라엘을 보호하시사 광야의 불뱀들이 그들에게로 가까이 오지 못하도록 지켜 주셨던 것이죠. 그러나 이스라엘이 교만해 하나님과 모세를 대항하여 일어서자, 불뱀들도 이제 이스라엘을 대항하여 그들을 물기 시작하였습니다.

여기 저기서 비명소리가 들리고, 불뱀에 물린 사람들이 그 독으로 인해 하나 둘씩 죽어가기 시작했습니다. 무서운 죽음이 그들에게 임하였던 것입니다. 이스라엘은 두려웠습니다. 그리고 이제 자신들을 돌아봅니다. 이만큼 먹고 산다는 것, 하루 세끼 굶지 않고 살 수 있다는 것이 다 주님의 은혜였던 것을…. 늘 불평하고 하나님을 원망하던 자신들의 죄악된 모습을 돌아보며 회개를 합니다. 그리고 그동안 그토록 멸시하고 원망하던 지도자 모세에게 찾아가 자기들을 위하여 중보기도를 해 달라고 요청합니다.

고생한 보람도 없이 맨날 원망과 불평만 늘어놓는 백성들을 볼 때는 다시 쳐다보기도 싫을 정도로 밉상스럽지만, 고난 받은 후 또다시 찾아와 잘못을 빌고 용서를 구하면 그들을 위해 끝없이 하나님께 중보하는 모세는 과연 온유한 사람이었습니다(민 12:3).

분명 그는 우리를 위해 중보하는 영원한 대제사장이신 예수님의 모형입니다.

중보자 모세가 기도하자, 하나님께서 그에게 응답하셨습니다.

8절입니다. "여호와께서 모세에게 이르시되 불뱀을 만들어 장대 위에 달라. 물린 자마다 그것을 보면 살리라. 모세가 놋뱀을 만들어 장대 위에 다니 뱀에게 물린 자마다 놋뱀을 쳐다본즉 살더라."

왜 다른 것으로 안하고 놋뱀으로 만들었는가? 그것에 대해서는 저도 정확히는 잘 모르겠습니다. 학설들이 하도 여러 가지라….

그러나 한 가지 분명한 사실이 있습니다. 그것은 불뱀의 독으로 죽어가는 백성들에게 있어 놋뱀은 그들에게 생명을 가져다 주는 구원의 표식(標識)으로 사용되어졌다는 것입니다. 약을 바를 필요가 없습니다. 해독제를 먹을 필요도 없습니다. 그저 바라보고 믿기만 하면, 금방이라도 죽어가던 자들이 이 놋뱀을 쳐다볼 때에 그 죽음의 자리에서 다 구원을 얻을 수가 있었다는 것입니다.

이 치료 방법은 하나님께서 고안하신 것이었습니다. 믿지 않고 쳐다보지 않았던 자들에게는 아무런 능력이 나타나지를 않았습니다. 놋뱀은 불뱀의 독에 죽어가는 백성들을 살리는 유일한 길이었습니다.

모세가 하나님의 지시로, 장대 위에 높이 매달았던 놋뱀은 여러 면에서 예수 그리스도의 십자가를 예표합니다.

장대 위의 달린 놋뱀은 불뱀의 형상을 그대로 모방하여 만들어졌는데, 이는 예수 그리스도께서 인간들의 죄와 저주를 친히 짊어지시고 십자가에서 공개적으로 처형되셨다는 것을 상징합니다.

예수님은 니고데모에게 말씀하셨습니다. "모세가 광야에서 뱀을 든 것같이 인자도 들려야 하리니 이는 저를 믿는 자마다 영생을 얻게 하려 하심이니라."(요 3:14-15)

이 구리뱀 사건을 예로 들면서, 예수님은 "내가 높이 들릴 것이라. 나를 바라보는 자는 다 구원을 받을 것이다." 말씀하고 계신 것입니다.

더 놀라운 것은, 바로 이 기적이 예수 그리스도를 통해 오늘 우리 안에서도 동일하게 일어나고 있다는 것입니다.

그렇습니다. 불뱀에 신음하던 이스라엘 백성들이 그 죽음에서 구원받기 위해서 놋뱀을 쳐다보아야 했듯이, 우리가 구원받기 위해서는 하나님의 말씀을 믿음으로 수용하고 그 말씀에 순종함으로써 구리뱀 되신 예수 그리스도를 바라보아야 한다는 것입니다.

　그리스도 예수의 십자가 피는 오늘날 사단으로 상징되어지는 옛 뱀(계 12:9)에게 물려 죄와 죽음, 절망의 심연(深淵) 가운데 빠진 인생들을 회복시키시고 건지실 것입니다.

　그분은 죄의 독으로 죽어가는 저와 여러분들을 살리시기 위하여 친히 십자가에 못 박히셨습니다. 그 자리는 내가 달렸어야 할 자리요, 나를 위해 달리신 것입니다. 이 십자가에 달리신 예수님을 바라보는 자는 누구나 치유와 회복을 경험하게 되어질 것입니다.

　그분은 우리의 유일한 생명의 길이 되십니다.

　"다른 이로서는 구원을 얻을 수 없나니 천하 인간에 구원을 얻을 만한 다른 이름을 우리에게 주신 일이 없음이니라."(행 4:12)

　포스트 모더니즘·종교 다원주의를 이야기하며 '모든 사람들에게는 종교적 심성들이 공통적으로 있어서 다들 천국갈 수 있다'고들 하는데, 성경은 이 부분에 있어서만큼은 그렇게 이야기하고 있지를 않습니다.

　기독교가 독선적인 것이 아니라 "천하 인간에 구원 얻을만한 다른 이름을 우리에게 주신 일이 없다"고 성경이 말하기 때문입니다.

　우리가 구원 받을 수 있는 길은 오직 한 가지 방법밖에 없습니다. 그것은 놋뱀으로 상징되어지는 십자가 위에 높이 달리신 예수님을 믿음으로 바라보는 것입니다. 바라보는 자들은 모두가 다 구원함을 받을 것입니다.

　반면, 놋뱀이 오래도록 서 있었으나 그것을 계속 쳐다보지 않고 계속적으로 교만과 아집으로 일관하는 자들은 끝내 멸망당하게 되어질 것입니다. 구원의 가능성과 기회들이 모든 사람들에게 제공되었으나, 그 기회를 선용하지 못하고 계속 의지적으로 그리스도를 부인하는 자들…. 유대인에게는 거리끼는 것이요 유식한 헬라인에게는 미련하게 보이는 것이지만, 믿는 우리들에게는 구원을 주시는 하나님의 능력이라. 그렇습니다. 그것은 하나님의 능력이요 사랑입니다.

할렐루야! 믿으십니까?

　그런데 성도님들 중에는 간혹 이러한 사실을 잊어버리고, 당장 눈 앞에 보이는 현실에만 집착한 나머지 너무 근시안적(近視眼的)으로만 바라보는 경우들이 종종 있습니다.
　좀 순탄치를 못하고 왜 돌아가도록 하시느냐 말이죠.
　'좀 잘 대해 주시면 어디가 현나시나?' 현실에 뿌리를 두면 언제나 원망과 불평이 앞서게 되는 것이 현실입니다.
　특별히 본문은 백성들의 '마음이 상했다'고 기록하고 있는데, 이 말의 원뜻은 '안목(眼目)이 좁아졌다'라는 말입니다. 단지 현실의 어려움들에 집착하고 연연(連延)했을 때 그들은 그들의 궁극적인 목적들과 약속이 있는 가나안 땅을 잃어버리고 말았던 것입니다. 이것이 이스라엘의 범죄였습니다.

　오늘날 우리 주변을 보십시다.
　뺑 돌아가야 할 일들이 얼마나 많습니까? 가만히 있었으면 교회도 빼앗기지 않았을 터이고, 이 고생은 안할텐데…. 어쩌면 지금쯤은 2층으로 교회를 번듯하게 짓고 아마 입당예배를 드리고 있었을지도 모를텐데, 빙 돌아가야 하니 얼마나 답답합니까? 이해가 갑니다.
　힘든 기간들이었죠. ○○교회 성도님들이라면 누구나 다 힘들었을 겁니다. 그러나 이 일로 인해서 우리의 안목(眼目)이 좁아져서는 결코 안됩니다. 이것이 우리가 극복해야 할 가장 커다란 문제들입니다. 자칫 의기소침해지고, 낙담에 빠질 수가 있거든요.

　저는 ○○교회의 현실을 바라보면서, 지금 현재 일어나고 있는 일들이 **'꼭 나쁜 일들만은 아니다'**라는 생각이 자꾸 듭니다. 미안하지만 ○목사님과 헤어지게 된 것, 교회가 이동하는 중에 공중에 붕 뜬 것, 이쪽 그린벨트는 풀렸는데 아직 ○○교회 본성전에 묶여 있는 것, 보기 여하에 따라 완전 180° 다르게 보일 수밖에 없는데….

'하나님이 더 좋은 것 주시려고 하시나 보다' 생각하면 감사의 조건이 되는 것이고, '에구머니나 왜들 저러나' 생각하면 원망과 불평밖에 나올 수 없는거라.

여러분, 제가 왜 여기 ○○교회에 부임해 왔는지 아십니까?!

사례도 제가 왕성교회 있었을 때의 채 반(半)도 안되는데, 왜 그랬을까요?

제가 미련하게 보이십니까? 대답이 없는 걸 보니 아무래도 미련하다고 생각하시나본데?! 제가 미련하다고 보이십니까?! 저는 결코 미련한 사람이 아닙니다. 제 얼굴을 보십시오. 어디 어리숙하게 생겨 먹었나.

저는 ○○교회의 미래를 아주 밝게 봅니다.

현재는 크게 보잘 것은 없으나, 미래가 있는 교회이기에 저는 이곳을 선택했습니다. 물론 하나님께서 이곳으로 오게끔 환경을 열어주셨고, 여러분들과 좋은 만남을 갖게 해 주셨지만 말입니다.

○○교회는 지금의 현재보다 미래가 더 좋아 보이는 교회입니다. 잘만 준비한다면 말입니다.

사실 지금은 힘이 많지는 않죠. 그런데 저는 이것이 하나님의 은혜라고 생각합니다. 만약에 지금 현재 본성전도 그린벨트가 함께 풀어졌으면 어떻게 감당했겠어요?! 살 수나 있었겠어요.

감당할 수 있는 시간적인 여유를 주시는거라. 그 사이에 우리는 열심히 기도하고, 그릇들을 준비하기만 하면 되는 것입니다. 기름을 받을 수 있는 그릇들만 준비가 끝나면, 하나님은 언제든지 기름으로 가득가득 채워 주실 줄로 믿습니다. 준비만 하면 되는 겁니다.

충현교회나 사랑의교회가 어디 처음부터 힘이 있어 강남 일대를 샀겠습니까? 10년, 20년 뒤를 내다보고 미리미리 준비하는 것이거든요. 여러분도 아시다시피 이곳 양재동 일대가 10년 전만 해도 다 그린벨트로 묶여 있었습니다. 그런데 지금은 너무나도 많이 달라졌잖아요.

○○동 일대로 그렇게 되지 않을 수가 없어요. 그렇게 될 줄로 믿습니다. 비록 시작은 미약하였지만, 장차 나중에 나타날 ○○교회 미래의 모습이 너무나도 창대하기에, 창대할 수밖에 없는 미래가 보이기에, 우리는 꿈을 꾸는 것입니다.

바라보이기만 한다면 큰 자부심을 가질만 합니다. '나는 ○○교회 교인이다. 꿈이 있는 교회, 미래가 있는 교회, 큰 꿈을 갖는 것…' 이것이 영성이거든요. 40일 금식기도 했다고 되어지는 것이 아니라, 하나님이 행하실 위대한 역사들을 미리 미리 보는 눈, 그것이 영성입니다. **'자기 정체성(serlf identity)'**들을 좀 가지자고요.

'제가 있기 때문에 미래가 있다'는 말은 아닙니다. 저를 바라보면 실망하는 일들이 많을 것입니다. 그건 하나님이 하시는 일이고, 저를 바라보지 마시고 주님·예수 그리스도를 바라보십시오.

어떤 사람들은 미련하다고 말합니다. 그러나 실상은 누가 더 미련합니까? 미래의 기회는 오직 준비된 자에게만 임합니다.

어쨌든 놋뱀의 십자가는 만백성이 다 볼 수 있도록, 높이 들려져야만 합니다. 누구나, 어디서나, 누구나 다 보고 들을 수 있도록, 만백성에게 전파되어지고 보여져야만 할 것입니다. 그런데 이것을 누가 전하고, 누가 놋뱀을 들고 서 있어야 합니까?

하나님께서 이 죄악 많은 애굽에서 왜 우리를 먼저 불러내어 주셨을까요? 왜 불러주셨다고 생각하십니까?

"오직 너희는 택하신 족속이요 왕같은 제사장들이요 거룩한 나라요 그의 소유된 백성이니 이는 너희를 어두운 데서 불러내어 그의 기이한 빛에 들어가게 하신 자의 아름다운 덕을 (어떻게 하기 위함이라고요?) 선전하게 하려 하심이라."(벧전 2:9)… 선전하게 하시려고.

성도 여러분! **하나님은 우리가 생각하는 것보다 훨씬 더 멀리 보시며, 훨씬 더 깊게 생각하십니다.**

"하나님의 미련한 것이 사람보다 지혜 있고 하나님의 약한 것이 사람보다 강하니라."(고전 1:25)

하나님의 생각과 사람들의 생각이 다르게 나타날 때가 참 많이 있습니다. 우리에게 좋은 일들만 일어나기를 원하지만 때로는 고통과 어려움들이 찾아오고, 찬송과 기쁨들만 있기를 원하지만 때로는 예기치 못한 환난들을 만날 때가 종종 있습니다. 이럴 때 신앙생활 하기가 매우 어렵죠. 아주 낙심이 됩니다.

그러나 그러할 때 일수록 보다 넓고 높은 신앙의 눈·하나님의 눈으로 사물들을 바라보고자 노력해야 할 것입니다(히 12:2; 벧후 3:13). **고통스런 광야에서 승리할 수 있는 비결은 오직 주님만을 바라보는 것입니다.** 세상의 변화에 너무 집착해 하지 않는 것입니다.

구원자이신 예수만을 바라보고, 그분의 능력과 약속을 전적으로 신뢰하는 것입니다. 감사하는 자들이 되십시다.

신앙생활이 순탄치 아니하고 역경으로 먼 길로 돌아간다고 불평하지 말고, 이러한 고난과 고통으로 인해 주를 더 바라보게 되어지고 더 가까이 나아가게 되었음을 감사하십시다.

생(生)의 살아 있음과, 염곡교회를 주께서 지키시고 이제껏 보호해 오셨음을 새롭게 기억하면서, 주님께 감사의 제사를 드릴 수 있는 성도님들 되실 수 있기를 기도합니다.

오직 그리스도만을 바라보고 믿음으로 쳐다보는 여러분들에게 하나님은 분명 함께 해 주실 줄로 믿습니다.

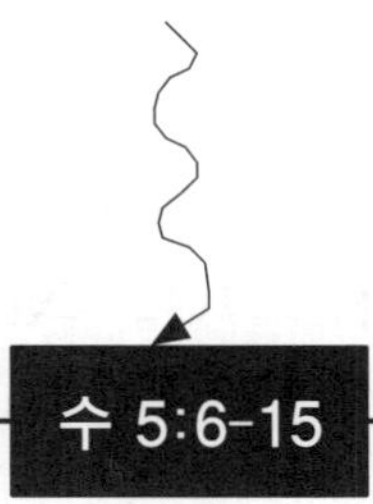

하나님의 성전(聖戰)

"이스라엘 자손들이 여호와의 말씀을 청종치 아니하므로 여호와께서 그들에게 대하여 맹세하사 그들의 열조에게 맹세하여 우리에게 주마 하신 땅 곧 젖과 꿀이 흐르는 땅을 그들로 보지 못하게 하리라 하시매 애굽에서 나온 족속 곧 군사들이 다 멸절하기까지 사십년 동안을 광야에 행하였더니 그들의 대를 잇게 하신 이 자손에게 여호수아가 할례를 행하였으니 길에서는 그들에게 할례를 행치 못하였으므로 할례 없는 자가 되었음이었더라 온 백성에게 할례 행하기를 필하매 백성이 진중 각 처소에 처하여 낫기를 기다릴 때에 여호와께서 여호수아에게 이르시되 내가 오늘날 애굽의 수치를 너희에게서 굴러가게 하였다 하셨으므로 그곳 이름을 오늘까지 길갈이라 하느니라 이스라엘 자손들이 길갈에 진 쳤고 그 달 십사일 저녁에는 여리고 평지에서 유월절을 지켰고 유월절 이튿날에 그 땅 소산을 먹되 그 날에 무교병과 볶은 곡식을 먹었더니 그 땅 소산을 먹은 다음 날에 만나가 그쳤으니 이스라엘 사람들이 다시는 만나를 얻지 못하였고 그 해에 가나안 땅의 열매를 먹었더라 여호수아가 여리고에 가까왔을 때에 눈을 들어본즉 한 사람이 칼을 빼어 손에 들고 마주섰는지라 여호수아가 나아가서 그에게 묻되 너는 우리를 위하느냐 우리의 대적을 위하느냐 그가 가로되 아니라 나는 여호와의 군대장관으로 이제 왔느니라 여호수아가 땅에 엎드려 절하고 가로되 나의 주여 종에게 무슨 말씀을 하려 하시나이까 여호와의 군대장관이 여호수아에게 이르되 네 발에서 신을 벗으라 네가 선 곳은 거룩하니라 여호수아가 그대로 행하니라" (수 5:6-15)

불신자들의 삶의 방식과 그리스도인들의 삶의 방식이 어떻게 달라야 할까요? 그리스도인으로 주체의식을 가진다고 하는 것이 과연 무엇을 의미합니까?

제가 제기하는 문제는 그리스도인의 그리스도인 된 삶의 표지(標識)에 관한 것입니다. **"나를 그리스도인답게 만드는 삶의 방법· 그 표지가 과연 무엇인가?"**

우리가 불신자와 다르다는 사실이 일 주일에 한 번쯤 교회에 나오고, 그리고 정해진 때에 성만찬에 참여하고, 성경의 몇 구절 암송하고, 찬송 부를 줄 아는 이러한 것들인가? 아니면 그보다는 다른 어떤 삶의 기준들이 우리의 의식 저변에 흐르고 있어야만 하는 것일까? 본문에서 이 문제에 대한 해답을 제시해 주고 있습니다.

이스라엘 백성들이 요단 강을 건너 길갈에 이르렀을 때입니다.
그들은 광야 40년의 여정들을 끝내고 드디어 하나님이 약속하셨던 가나안 땅에 발을 들여놓을 수가 있었습니다.

이스라엘은 이제 본격적인 가나안 정복 전쟁을 위해 다시 한번 전열(戰列)을 가다듬고, 군대로서 자세들을 갖추어야 할 때입니다. 따라서 가나안 땅에 진입하자마자 이스라엘은 진정 준비를 위해 바쁠 수밖에 없습니다.

이제 그들에게 새로운 삶이 시작되었던 것입니다. 이러한 새로운 삶의 개척을 위해 아주 분주한 그런 시점에, 하나님께서 이스라엘에게 나타나사 특별한 두 가지 예식을 요구하십니다. '할례'와 '유월절'이 그것입니다.

유월절은 이스라엘의 3대 절기 중의 하나로서, 이스라엘이 애굽을 탈출했던 것을 기념하기 위하여 제정된 절기입니다(출 12:14; 21:24, 27).

성경의 기록에 의하면, 길갈에서의 유월절은 이스라엘에게 있어 세 번째 지켜지고 있는 셈이 됩니다.

첫 번째는 출애굽기 12장 애굽에서 출애굽 하기 전날 밤에 지켜 졌었고, 두 번째는 시내 광야에서 시내 산을 떠나기 바로 직전에 지켜졌습니다(민 9:1-5). 그후에 '가데스 바네아'에서 열두 정탐꾼 사건이 일어났고(민 14장), 그 이후로 유월절을 지켰다는 기록이 전혀 나타나지를 않고 있습니다. 아마도 광야 40년 간의 저주로 인해 그들이 할례 없는 자들이 되었기 때문으로 보이는데, 그들에게 유월절이 지켜질 리가 없습니다.

사실 가데스 바네아 사건은 단순한 불순종 사건이 아닙니다. 그것은 하나님과 맺었던 언약을 정면으로 거부한 '언약파기 사건'이라고 할 수 있습니다. 그들에게 있어서 이제 '할례'라는 것은 더 이상 아무런 의미를 주지 못했습니다. 그렇잖아요. 하나님께 언약의 표식으로 할례를 받았던 것인데, 그 언약을 배척하고 불순종하니 그들에게 있어서 할례라는 것이 무의미하게 되어진 것이 당연합니다. 따라서 20세 이상된 사람은 한 사람도 약속의 땅 가나안에 들어가지 못하였습니다.

이제 그들이 광야에서 다 죽고. 7절에 보니까, '그들의 대를 잇게 하신 이 자손', 직역하면 '하나님이 그들 대신에 일으켜 세우신 자손'(KJV · RSV) 그들이 할례와 유월절 의식에 참여하는 것입니다.

할례는 이 유월절 예식에 참여하기 위해 행해지는 전제 예식입니다(출 12:48).

이 새로 태어난 자손들은 유월절을 지킨 적이 없었습니다.

시내 산에서의 유월절 이후, 거의 40년 동안을 할례 없는 백성으로 살았기 때문일 것입니다. 그러던 **그들이 요단강을 건넌 지금,**

다시 유월절을 지키게 되었다?! 그것은 "너희들이 다시 할례를 받아서 너희 조상들이 누렸던 언약 안으로 들어오라"는 의미일 것입니다.

40년 동안 유보되었던 하나님과의 언약 관계가 새로이 회복되어졌다. 아주 깊은 의미가 있습니다.

하나님은 이 두 예식을 통해서 '하나님의 백성된 이스라엘이 삶의 어떠한 의식들을 가지고 있어야만 하겠는가?' 그 삶의 자세를 심령 밑바닥에 새겨 주고자 하셨던 것입니다.

첫 번째로 등장하는 예식이 '할례 의식'입니다.

우리는 이 할례 의식을 단순한 예식으로 보아서는 안됩니다.

할례 예식의 근저(根柢)에 흐르는 정신, 다시 말해 이 할례를 통해서 하나님께로부터 받아야 할 진정한 교훈은 알아야 합니다.

하나님은 단순히 예식들(예배)에만 관심을 두시는 분은 아니십니다. 도리어 예배에 참여하는 자의 마음·중심에다 초점을 맞추십니다.

성경에 나타난 모든 예식은 하나님의 교훈을 전달하기 위한 방편에 불과합니다. 할례도 마찬가지입니다. 이 할례라는 의식을 통해 우리에게 주시려는 교훈이 담겨져 있습니다. 무엇을 말하려고 하는가?

첫째로, 하나님께 구별된 백성이라고 하는 **'자의식'**입니다. 할례가 맨 처음 명령되었던 부분이 어디죠? 창세기 17장, 아브라함에게서죠.

"하나님이 또 아브라함에게 이르시되, 그런즉 너는 내 언약을 지키고 네 후손도 대대로 지키라. 너희 중 남자는 다 할례를 받으라. 이것이 나와 너희와 너희 후손 사이에 지킬 내 언약이니라. 너희는

양피를 베어라. 이것이 나와 너희 사이의 언약의 표징이니라.”(창 17:9-11)

할례가 무엇인지는 다들 아시죠? 오늘날의 남자들이 하는 포경수술과 거의 같은 외과적인 수술을 말합니다. 그런데 이 할례가 이스라엘 백성에게 있어 하나님의 자녀가 되어진다고 하는 ‘언약의 표식(標識)’이 된다는 말입니다.

이 할례를 통해서 하나님의 백성과 하나님의 백성이 아닌 사람이 구별되었으며, 이 표식을 통해 내가 하나님께 구별되어졌다고 하는 자의식을 갖기 시작합니다. 그것은 그들이 하나님의 백성으로서, 그분의 언약 아래 거하겠다고 하는 신앙고백적인 행위들이었던 것입니다. 그래서 이스라엘의 남자들이라면 난지 8일째가 되면 모두 다 할례를 받았습니다. ‘하나님의 공동체’ 안에 포함되어졌다는 말이지요.

물론 할례를 받는다고 해서 그것이 그들을 하나님의 백성으로 만드는 것은 아닙니다. 그들은 태어날 때부터 이미 하나님의 백성으로 태어났기 때문입니다. 그럼에도 불구하고 신체에다 행하는 것은, 그들 스스로가 그 할례의 표식을 볼 때마다 자신이 하나님의 백성되어짐을 계속해서 확인케 하셨던 것입니다. 그래서 죄를 짓다가도 “아, 내가 하나님의 백성이었구나! 하나님의 백성답게 거룩하게 살아가야지.” 돌이키게 하고, 그래서 하나님만을 바라보고 살도록 의식을 심어 주시기 위한 방편이었다는 것입니다.

이것이 신약에 와서는 무엇과 연결되어지는가?

골로새서 2장 11절 찾아 보십시다.

“또 그 안에서 너희가 손으로 하지 아니한 할례를 받았으니, 곧 육적 몸을 벗는 것이요 그리스도의 할례니라.” 그 할례가 무엇이라고 말합니까? 구약의 할례와 신약의 손으로 하지 아니한 할례, 곧 세례와 연결되어지고 있다는 것입니다. 그 세례를 다른 말로 말하면? 육적인 몸 곧 죄악된 요소들을 벗어버리는 것이다.

우리는 외적인 세례들에만 신경을 쓰기 쉬운데 실제로는 손으로 행하지 아니한 세례, 곧 신령적 세례에 더 신경을 써야 한다는 말입니다.

내가 교회에 나와 세례를 받고 교적부에 이름이 올라갔 때문에 그리스도인 되어지는 것이 아니라, 도리어 내 마음 속에 그리스도 예수를 믿어 그분의 피의 뿌림을 받고 그 의(義)를 덧입어야만 신령적인 세례를 받았다고 말할 수가 있는 것입니다.

교회도 마찬가지입니다.. 어떤 교회가 참된 교회인가?

교회가 진정한 영적 공동체가 되어지기 위해서는 사람들이 많이 모여지고 예배만 드려진다고 해서 영적 공동체가 되는 것은 아닙니다. 도리어 하나님의 자녀됨을 인식하고, 죄에 대하여는 죽고 하나님께 대하여서만 자꾸 살아나는 사람들, 죄에 대하여 몸부림치는 사람들이 모여야만 그곳에서 진정한 영적 공동체들이 이루어질 수 있다고 하는 사실입니다. 믿으십니까?

둘째로, (할례의 이유는) 하나님께 **온전한 신뢰감**을 갖도록 하기 위함이셨습니다. 다시 말해 구원이 하나님의 전적인 은혜로 되어짐을 깨닫게 하시기 위함이었다는 말입니다.

우리는 이스라엘이 할례를 받았던 그 때와 시간, 그 장소들을 생각해 보면 또 하나의 귀한 교훈을 받을 수가 있습니다.

하나님은 아주 충격적인 방법으로 이스라엘에게 교훈을 전달하셨는데…. 지금 이스라엘 백성들이 할례를 행하고 있는 구체적인 장소가 어디입니까? **'길갈'**이라고 하는 장소입니다.

길갈이 어디인가? 그 길갈의 바로 앞에는 '여리고'라는 커다란 성이 서 있습니다. 워낙 큰 성일 뿐만 아니라, 그 성의 거민들은 장대한 아낙 자손들입니다. 가데스 바네아에서 이스라엘 백성들이 이들을 보고 얼마나 겁을 먹었었는지 모릅니다.

자기들이 그들에게 마치 메뚜기 같다나 어쩐다나. 그래서 하나님의 언약까지도 거부했을 정도로 기골이 장대한 족속들입니다. 어쨌거나 이스라엘이 가나안에 들어가려면 반드시 여리고를 지나야만 합니다. 지금 그들은 자기들을 향해 나아오는 이스라엘 백성들을 훤히 다 지켜 보고 있는 상황입니다. 여리고성 위에서 내려다 보면 길갈의 벌판이 훤히 다 내려다 보입니다.

물론 가나안 왕들은 과거 출애굽 사건과 그들이 요단을 건넜다는 소식을 듣고 이미 마음이 녹아 정신이 없는 상황입니다. 이와 같은 때에 이스라엘 백성들이 할례를 행한다?! 뒤로는 범람하고 있는 요단 강물이 있어서 도망가지도 못합니다.

보십시다. 가나안 왕들의 입장이라면, 언제 공격하는 것이 가장 좋은 때일까요? 아마 지금 현 시점이 그들에게 있어서는 공격하기에 최적의 타이밍이었을 것입니다. 이런 상황에서 할례를 명하고 계시다는 것입니다.

왜 이 시점에서 할례식을 행하게 하시는가? 그것도 단 한 사람의 거부 의사도 없이 모두 진지한 모습으로 이런 할례 의식들을 행하고 있다는 것입니다. 우습잖습니까? 각종 칼과 창을 준비하고, 온갖 정신력으로 무장시켜도 시원찮을 마당에 오히려 할례들을 행함으로 전투력을 감소시키고 있다?! 여러분, 얼마나 아픈지 압니까? 3일째가 되면… 그래서 세겜 성 사람들이 야곱의 아들들에 다 죽임을 당했잖습니까?

어쨌든 대대적인 외과 수술이 행해졌습니다.

7-8절. "할례를 행하였으니 길에서는 그들에게 할례를 행치 못하였으므로 할례 없는 자가 되었음이었더라. 온 백성에게 할례 행하기를 필하매, 백성이 진중 각 처소에 처하여 낫기를 기다릴 때에"

여러분, 하나님의 의도가 과연 무엇일까요?

왜 이 중대한 시점에 할례라고 하는 엄청난 모험을 감행하시는 것일까요? 일견 무모해 보이기도 하는 이 할례 의식은 모든 전투의 승리가 하나님께 달려있음을 보여 줍니다.

사실 여호수아가 두려워했던 것은 가나안 족속의 병력이 아닙니다. 그에게는 오히려 마땅히 지켜야 할 율법들을 지키지 않음으로 인해서 당하게 될 하나님의 심판과 저주가 더 두려웠습니다.

그는 무엇보다 하나님과의 올바른 관계가 먼저 정립되어 있어야 함을 알고 있었습니다. 결국 이스라엘은 둘 중 하나를 택해야만 할 것입니다. 하나님을 100% 철저히 의지하던가, 아니면 자기들 스스로의 힘으로 가나안을 개척하던가…

이러한 인상깊은 경험을 통해 이스라엘은 배웠던 것입니다.

"하나님의 자녀는 오직 여호와를 의지하는 선에서만 살 수가 있다" 라는 것이죠.

둘째는 '유월절 예식' 입니다.

유월절 하면 생각나는 사건이 있으시죠? 유월절 어린양 하나님의 심판과 장자의 죽음이 어린양의 피로 인해 넘어간 날, 그날에 행해졌던 예식이 바로 유월절입니다.

유월절은 이스라엘 백성들이 죄악으로 상징되는 애굽과 사탄으로 상징되어지는 바로의 속박에서 벗어난 날입니다. 이 유월절 예식이 지켜졌다는 말입니다. 본문 10절입니다.

"이스라엘 자손들이 길갈에 진쳤고 그 달 십사일 저녁에는 여리고 평지에서 유월절을 지켰고"

그런데 하나 물어 보십시다. **왜 여지껏 가만히 계시다가, 하필이면 가나안 땅을 밟고서야 비로소 유월절 예식을 지키게 하실까요?** 요단을 건너기 전, 훨씬 안전할 때 시행하면 안되었습니까?

그 이유는 간단합니다. 지금 그들이 들어가려고 하는 땅이 어디입니까? 바로 가나안 땅입니다. 주께서 은혜로 약속하셨던 거룩한 땅, 젖과 꿀이 흐르는 땅, 그곳은 하나님의 거룩한 통치가 이루어지는 땅입니다. 거기는 누구든지 죄악을 가지고는 들어갈 수 없기에 자기의 '죄악의 신'을 벗어야만 들어갈 수 있는 거룩한 땅(15절).

제가 아까 유월절 예식은 할례를 행하고 나서야 비로소 참여할 수 있는 예식이라고 말씀 드렸습니다. 그 할례가 골로새서에서는 무엇이라고 했습니까?

'육적인 몸을 벗는 것, 곧 죄악 요소들을 벗어버리므로 손으로 행하지 아니한 그리스도의 할례를 받는 것'(골 2:12)입니다.

맞습니다. 성도가 유월절 어린양·말씀 잔치에 참여하고 거룩한 약속에 참여하려면, 먼저 마음에 할례 곧 세례를 받아야 합니다.

아무리 성도라할지라도 자신의 죄악을 가지고서는 아무도 그분 앞에 나아갈 수가 없습니다. 말씀 잔치에 참여할 수 없을 뿐더러 주님의 살과 피를 나눌 수도, 참여할 수도 없습니다.

교회도 마찬가지입니다. 교회가 그분의 약속을 받기 위해서는 조그마한 일단의 누룩도 용납해서는 안됩니다. 용납하기 시작하면 더 이상 교회가 순결을 유지할 수 없음이 당연합니다.

그래서 구약의 성막을 살펴 보면 하나님의 임재하시는 궤 앞으로 나아가는데 있어 반드시 거쳐야 할 단계가 있었는데, 그것은 말씀으로 상징되어지는 '물두멍'입니다. 말씀을 듣고서 그 죄악된 부분들을 찾아 씻으라는 것이죠.

본문에서 할례를 행한 이스라엘에게 '하나님의 군대장관'이 나타난 것은 매우 커다란 의미를 지니고 있습니다.

그것은 6장 이후부터 전개되어질 가나안 정복 전쟁과 관련이 있는 것으로, 하나님께서 친히 이스라엘을 위해 싸우실 것임을 가시적으로 보여 준 사건이라고 하겠습니다. 소위 **'성전'**이라고 부르죠.

여호와 하나님께서 직접 참가하사 싸우시는 전쟁, 또는 여호와 하나님의 명령을 받들어 수행하는 대리 전쟁, '성전', 聖(거룩할 성)·戰(싸움 전), Holy War라고 부릅니다. 그것은 단순히 영토의 확장이라는 일반적인 성격을 뛰어넘어서, 하나님의 뜻을 거스리는 불의한 세력들에 대한 하나님의 공의로운 심판이라는 성격을 지니고 있음을 보여 줍니다. 성경에 등장하는 거의 모든 전쟁들이 다 바로 이런 '성전'의 개념입니다.

신약에 이르러 이러한 개념은 더욱 영적인 범위로까지 확대되고 재해석되어지고 있습니다(고전 14:8; 고후 10:3; 딤전 1:18-19). 하나님께서 택하신 백성들의 모임 '교회', 저와 여러분은 오늘날 하나님의 명령을 대행하여 가나안에 들어가야 할 군사들입니다. 그래서 이 세상에서 하나님의 통치와 다스림을 확립하고, 죄와 악을 지배하는 사탄과 그를 추종하는 악의 세력들·불신 문화들에 대항해 전쟁을 치루고 있는 것입니다.

그래서 에베소서 6:10-12에는 "종말로 너희가 주 안에서와 그 힘의 능력으로 강건하여지고 마귀의 궤계를 능히 대적하기 위하여 하나님의 전신갑주를 입으라." 했습니다. "우리의 씨름은 혈과 육에 대한 것이 아니요, 정사와 권세와 이 어두움의 세상 주관자들과 하늘에 있는 악의 영들에 대함이라."

이 싸움은 영적인 싸움입니다.

이 싸움은 임하는 성도들도 당연히 영적인 무장들을 하고 싸움에 임해야만 합니다. 어떻게 이 싸움을 준비합니까? 돈으로 준비하고, 군사들로 준비하고, 마구 우격다짐하는 그러한 싸움? 그것은 영적인 싸움이 아닙니다. 도리어 육신의 정욕과 죄의 여러 유혹들·안일해지기 쉬운 그러한 게으름들에서 자신을 정결하게 지키는 것, 교회에

싹트는 죄악의 요소들을 일소하는 것, 이것이 바로 영적인 싸움입니다.

이러한 영적 전쟁은 오늘 우리들에게도 계속되고 있는 싸움입니다. 물론 힘이 들고 때로 매우 어려운 전쟁이 되어질 것입니다. 때로 이해되지 않는 순종의 인내를 해야 할 때도 있고, 때로는 아주 가까이 한 사람을 멀리 해야 할 때도 있으며, 내 생각과 내 주장들을 말씀 앞에 기꺼이 포기해야 할 때도 있습니다. 이것이 바로 영적인 싸움입니다.

하나님 나라의 거룩한 역사, 즉 거룩한 성전(聖戰)에 참여하려는 사람은 진정 하나님 앞에 헌신하는 사람이어야만 합니다. 그래서 신명기에 보면, 전쟁에 참여하지 못하도록 제한시키는 사람들이 있었습니다. 어떤 사람들입니까? 전쟁을 겁내는 사람, 갓 결혼한 사람, 포도나무를 심고 아직 추수하지를 못한 사람, 혹 집을 짓고서 아직 낙성식을 못한 사람, 그런 사람들은 다 집으로 돌아가도록 요구받았습니다(신 20:5-9). 그렇잖습니까? 전쟁터에 나와서 맨날 달만 보고 눈물만 흘려대고 있으면 어떻게 합니까? 좀 곤란하지 않겠어요. 그런 나약한 사람들로 인해 정작 헌신한 사람들의 결속력마저 깨어질 수가 있기 때문입니다.

성전을 수행함에 있어 군대의 수(數)는 거의 중요치를 않습니다.

이 전쟁은 군인들이 수행하는 전쟁이 아니라, 하나님께서 그들과 함께 하사 친히 싸우시는 '거룩한 전쟁'·'성전(聖戰)'이기 때문입니다(삼상 18:17; 25:28). 가나안 정복 전쟁은 종족들 간의 영토 분쟁이 아닙니다. 그것은 죄악의 세력들을 일소하고, 그곳에다 당신의 거룩한 나라를 건설하고자 하셨던 하나님의 전쟁이었던 것입니다.

　　잔인하기 때문에 하나님이 가나안 족속들을 다 진멸하라 명령하신
게 아닙니다. 그것은 악의 세력에 대한 진멸이었기에 그토록 철저했
던 것입니다. "그렇습니다. 문제는 전쟁이 아니라, 신앙인의 의식이
다." 의식이 잘못되어 있으면, 아무리 많은 군사와 물자가 있다하더
라도 그것은 하나님의 전쟁이 될 수가 없다고 하는 사실을 기억해야
할 것입니다.

　　우리는 간혹 어떤 목표를 이루기 위해 육신의 옷들을 겹겹이 걸칩
니다. 그래서 온갖 인간적인 방법들을 다 동원합니다.
　　하나님을 의지한다 말하면서도 내 마음대로 행동하고 싶어하고,
그분의 역사하심이라 하면서도 실제로는 내 가치 판단에 의거해 움
직일 때가 더 많죠. '꿩 잡는게 매 아니냐?' 그래서 이 방법 저 방법
다 쓰다가 결국 좌절의 구렁텅이로 빠져들어 버립니다. 그러나 그것
은 올바른 방법이 아닙니다. 그렇게 해서 설사 이루어졌다고 할지라
도 그것이 하나님의 전쟁이 될 수가 없다고 하는 사실입니다.

**　　하나님은 약속의 땅에 들어갈 이스라엘에게 능력 주시기에 앞
서, 먼저 그들의 심령을 뒤바꿔 놓기를 원하셨습니다.**
　　사실 이스라엘 백성의 입장에서 보면, 그들은 이미 다 죽은 목숨
입니다. 할례를 행하는 순간 이미 죽기로 작정한 목숨이었기 때문
에, 이런 상황에서 그들이 의지할 곳은 오직 하나님 한 분 밖에는
없습니다. 하나님이 의도하신 바가 바로 이것입니다. "우리가 하나님
을 떠나서는 아무것도 할 수 없다. 우리가 하나님만을 의지합니다."
　　예수님도 말씀하시죠. "…나를 떠나서는 너희가 아무것도 할 수
없음이라."(요 15:5)
　　우리는 이 엄연한 사실들을 얼마나 자주 망각하는지 모릅니다. 지
금 이스라엘 백성들은 전쟁을 걱정합니다. 그러나 그것이 문제가 아

니라는 겁니다. 그들 앞에 있는 제일 시급한 문제가 무엇인가? 무엇이라고요? '의식, 신앙인의 의식' 이것이 가장 중요하다…

이 메시지 앞에서, 여러분과 신앙 공동체 ○○교회의 응답은 무엇입니까?

돈의 문제입니까? 군사(성도)의 문제입니까? 아니면 유능한 목사님 한 분 잘 모셔서 교회가 빨리 원상회복되는 것이 문제입니까?

우리는 흔히 돈의 문제고, 사람의 문제이고, 물질의 문제라고들 착각들을 하고 있는데 아니라는 것입니다. 진단을 잘못하셨습니다.

오늘 성경은 그렇게 이야기하고 있지 아니합니다. 도리어 말씀을 듣고 있는 2인칭 여러분, YOU · YOU의 문제라고 지적하고 있다는 겁니다. 그렇습니다. 물질이나 사람의 문제가 아닙니다.

도리어 여러분이 믿음으로 말씀 앞에 여러분을 깨뜨리고 인도함 받느냐가 더 문제입니다. 여러분 각자가 말씀 앞에 엎드려 믿음으로 인도함 받는다면, 하나님은 여러분의 인생 · ○○교회의 역전 드라마를 새롭게 쓰실 것입니다. 내 생각과 주장을 꺾는다면, 말씀을 철저히 신뢰하기만 한다면 하나님께서 여러분을 대신해 싸우시는 놀라운 광경들을 목격하기 시작할 것이라는 사실입니다. 이 사실을 믿으십니까? '믿습니다! 우리의 삶이 전적으로 하나님의 은혜를 따라 되어짐을 믿습니다!' 이것이 바로 이스라엘의 승리 비결이었습니다.

이 승리의 삶이 여러분과, 여러분의 교회 위에 함께 있어지기를 축원합니다.

그렇습니다. **하나님과의 올바른 관계 정립이 중요합니다.**

그분께 대한 전적인 신뢰와 엎드림, 신앙의 공동체 의식…. 바라건대, 주님을 철저히 의지하십시오.

여기까지 걸어온 것이 하나님의 은혜였고, 비록 이해되지 않는 어려움들이 주변에 있었다 할지라도, 그럼에도 불구하고 하나님께서 강권적으로 당신의 선(善)을 이루어 나가신다고 하는 사실을 믿으시기를 바랍니다. 또 압니까? 교회가 더 분발하게 만드는 계기가 될지.

또한 앞으로의 모든 길들도 다 하나님의 전적인 은혜를 따라 되어질 것임을 고백하실 수 있기를 바랍니다.

어떻게? 내어 맡김으로, 순종함으로…. 오늘도 말씀대로 순종하는 자에게 여리고의 놀라운 광경들을 목도케 하실 줄 믿습니다. 이 믿음의 싸움이 저와 여러분의 싸움 되실 수 있기를 기도합니다.

요담의 나무들

"혹이 요담에게 그 일을 고하매 요담이 그리심 산 꼭대기로 가서 서서 소리를 높이 외쳐 그들에게 이르되 세겜 사람들아 나를 들으라 그리하여야 하나님이 너희를 들으시리라 하루는 나무들이 나가서 기름을 부어 왕을 삼으려 하여 감람나무에게 이르되 너는 우리 왕이 되라 하매 감람나무가 그들에게 이르되 나의 기름은 하나님과 사람을 영화롭게 하나니 내가 어찌 그것을 버리고 가서 나무들 위에 요동하리요 한지라 나무들이 또 무화과나무에게 이르되 너는 와서 우리의 왕이 되라 하매 무화과나무가 그들에게 이르되 나의 단 것, 나의 아름다운 실과를 내가 어찌 버리고 가서 나무들 위에 요동하리요 한지라 나무들이 또 포도나무에게 이르되 너는 와서 우리의 왕이 되라 하매 포도나무가 그들에게 이르되 하나님과 사람을 기쁘게 하는 나의 새 술을 내가 어찌 버리고 가서 나무들 위에 요동하리요 한지라 이에 모든 나무가 가시나무에게 이르되 너는 와서 우리의 왕이 되라 하매 가시나무가 나무들에게 이르되 너희가 참으로 내게 기름을 부어 너희 왕을 삼겠거든 와서 내 그늘에 피하라 그리하지 아니하면 불이 가시나무에서 나와서 레바논의 백향목을 사를 것이니라 하였느니라 이제 너희가 아비멜렉을 세워 왕을 삼았으니 너희 행한 것이 과연 진실하고 의로우냐 이것이 여룹바알과 그 집을 선대함이냐 이것이 그 행한 대로 그에게 보답함이냐 우리 아버지가 전에 죽음을 무릅쓰고 너희를 위하여 싸워 미디안의 손에서 너희를 건져내었거늘 너희가 오늘날 일어나서 우리 아버지의 집을 쳐서 그 아들 칠십 인을 한 반석 위에서 죽이고 그 여종의 아들 아비멜렉이 너희 형제가 된다고 그를 세워 세겜 사람의 왕을 삼았도다 만일 너희가 오늘날 여룹바알과 그 집을 대접한 것이 진실과 의로움이면 너희가 아비멜렉을 인하여 즐길 것이요 아비멜렉도 너희를 인하여 즐기려니와 그렇지 아니하면 아비멜렉에게서 불이 나와서 세겜 사람들과 밀로 족속을 사를 것이요 세겜 사람들과 밀로 족속에게서도 불이 나와서 아비멜렉을 사를 것이니라 하고 요담이 그 형제 아비멜렉을 두려워하여 달려 도망하여 브엘로 가서 거기 거하니라" (삿 9:7-21)

하나님께서는 이스라엘을 다스리심에 있어서 당신의 뜻에 합당한 사람을 세우시고, 그로 하여금 당신의 뜻을 대행케 하시기를 원하십니다. 따라서 하나님께로부터 세우심을 입은 지도자는 스스로 높아진다거나 백성들 위에 군림할 수 없고, 도리어 온 백성들을 위해 선한 청지기가 되어 눈물로 수고하는 자가 되어야 할 것입니다.

지도자들은 하나님의 백성을 그분께로 더욱 가까이 인도해야 할 책임이 있습니다. 따라서 진실하고 흠이 없는 사람이 되어야 하며, 모든 사람들에게 말씀의 사표(師表)가 되어야만 합니다. 그래서 양들로 하여금 따라오게 만드는 것입니다.

이 역할을 신실하게 감당할 때에 우리는 그를 참된 지도자라 인정합니다. 단 오해는 하지 말 것은, 여기서 '지도자'라 함은 담임 목사님만을 의미하는 것이 아니라, 저도 포함해서 장로님들과 권사님들·모든 집사님들까지, 더 나아가 '나도 내 생각이 있는 사람이다' 스스로를 피력할 수 있는 모든 사람들이 다 지도자들입니다.

이런 사람들은 누군가에게 영향을 끼치게 되어 있습니다.

그런데 문제는 그러한 지도자가 잘못된 의식을 가지고 있고, 또 문제가 있어도 전혀 문제 의식을 느끼지 못할 경우, 그 조직은 와해 내지 변질이 될 수밖에 없습니다.

교회도 마찬가지입니다. 단순히 교회에 처음 등록한 초신자이고 인도하는 대로 따라가는 입장이라면야 뭐라 말할 수 있겠습니까? 몰라서 그러는 것이라면 차라리 이해가 갑니다. 그러나 지도자의 입장에 서 있는 사람이라면 사태를 파악할 줄 알아야 하고, 사건을 보면서 문제 의식들을 지니고 있어야 한다고 생각합니다.

문제의 옳고 그름, 진위(眞僞) 자체를 판단하지 못한다면 큰 문제가 되겠지요. 더군다나 그것이 잘못된 것인 줄 알고, 하나님의 법에 위배된다는 것을 뻔히 알면서도 가만히 있는다? 그것 역시 문제가 될 것입니다.

이스라엘에는 유명한 사사들이 있었는데, 그중의 한 사람이 '여룹바알'이라 불리우는 '기드온'입니다.

그는 이스라엘이 미디안의 지배를 당하고 있을 때, 이스라엘을 구원코자 여호와께서 특별히 세우셨던 사사입니다. 기드온 300용사로 유명하죠. 그가 나라를 구하자 온 이스라엘의 시선이 기드온 한 사람에게로 집중이 되어졌습니다.

이제 기드온의 말 한 마디면, 그 나라의 운명이 왔다 갔다 할 정도로 막강한 영향력이 있었습니다.

백성들은 그가 이스라엘의 왕이 되어 주기를 원했습니다.

그래서 요청합니다. "당신과, 당신의 아들과, 당신의 손자가 우리를 다스려 주기를 원합니다." 이때 기드온이 놀라운 대답을 하죠.

사사기 8:23절 입니다. "기드온이 그들에게 이르되 내가 너희를 다스리지 아니하겠고, 나의 아들도 너희를 다스리지 아니할 것이요 (오직) 여호와께서 너희를 다스리시리라."

그는 미디안 전쟁에서의 승리가 자신의 힘과 능력에 의해서 이루어진 것이 아니라, 오직 하나님의 능력에 의해 된 것임을 잘 알고 있었습니다. 따라서 여호와 하나님만이 이스라엘을 다스리시는 왕이시며, 모든 영광이 그분께만 돌아가야 함이 마땅하다는 태도를 취합니다. 다시 말해서 인간적인 지도자를 의뢰하지 말고 하나님만을 의뢰하라는 말입니다.

지금 우리 가운데도 이런 지도자들이 많이 있었으면 좋겠습니다. 좋은 것들은 다 내가 한 것이고, 실패하면 다른 사람들이 잘못해서 그랬다고 하는 그런 사람들이 많으면 많을수록 교회는 어지럽습니다. 아무 말 없이 주의 이름으로 수고하고, 모든 영광은 내가 받는 것이 아니라 오직 하나님께만, 이런 지도자들이 되어야 합니다.

기드온이 살아있을 때에는 이스라엘이 평안했습니다.
그런데 문제는 기드온의 사후(死後)에 급격히 달라집니다.

기드온은 그의 생전에 여러 아내와 첩들을 두었는데, (첩들을 두었다는 것이 정당하다는 말이 아닙니다) 그중에 세겜 출신의 첩이 하나 있었는데, 그에게서 난 아들이 바로 '아비멜렉'입니다.

아비멜렉은 서자(庶子) 출신입니다. 그는 기드온 사후(死後), 아버지의 위대한 유훈(遺訓)을 무시하고 자기 스스로가 왕이 되려는 야심을 품었습니다. 그래서 반역을 꾀하는데, 아비멜렉이 세겜 사람들을 유혹한 말은 다음과 같습니다.

첫째는 여룹바알의 아들 70인이 다스리는 것과 나 한 사람의 다스림 중 어느 쪽이 더 낫겠느냐는 것이고, 또 하나는 자신이 세겜과 그의 온 가족들에게 골육지친이 된다는 것입니다.

아비멜렉이 내세운 것은 '합리성'과 '정통성'입니다. 그러나 유심히 보십시오. 듣기에는 그럴 듯 한데, 그러나 그의 말을 자세히 살펴보면 그의 말이 얼마나 궤변과 모순 투성이인가 금방 알 수가 있습니다. 먼저 기드온과 그의 아들 70인이 그들을 다스리겠다는 말은 애시당초 없었습니다. 기드온이 딱 잘라 거절했기 때문이죠. 다만 자기가 다스리고 싶었을 뿐입니다.

정통성에도 어긋납니다. 그의 어머니는 세겜 출신입니다. 세겜이 어디냐 하면, 이스라엘이 가나안 정복 전쟁을 치른 후 에브라임 지파 사람들에게 기업으로 분배해 주었던 땅입니다. 그런데 세겜 땅에는, 기업 분배 후에도 가나안의 히위 족속들이 여전히 잔존해 남아 있었습니다(수 17장). 그 땅에서 다 몰아내지 못했기 때문입니다. 그래서 에브라임 지파와 히위 족속이 부득불 섞여 살 수밖에 없었는데, 그렇다면 아비멜렉은 분명 혼혈아였을 것이다. 어쨌든 듣기에 그럴 듯한 말로 세겜 사람들의 우매함을 철저히 이용했습니다.

듣기에 좋다고 해서 다 옳은 것은 아닙니다.

하나님의 백성들이 듣기에 좋고 논리적이라고 해서 옳고 그름을 분변치 못하고 진리에 배치되는 행동을 할 때는, 자칫 세겜 사람들처럼 하나님을 반(反)하는 행동을 할 수 있습니다.

우리가 합리성과 정통성을 따지기 전에 먼저 생각해야 할 더 중요한 것은, **'하나님의 의(義)'**의 개념입니다. 하나님께서 인정하고 계시는가, 하나님께서도 이 일을 기뻐하시는가?

혹 사람에게는 정통성을 인정받을 수도 있고 권좌에 오를 수도 있습니다. 그러나 지도자를 세우고 폐하시는 하나님께 인정을 받고 있는가를 살펴야 합니다.

어쨌든 세겜 사람들을 현혹하여, 아비멜렉이 왕이 되어 3년 간을 집권합니다. 그가 가장 먼저 한 일이 불량배들(4절, '방탕하고 경박한 유'라고 나와 있죠)을 돈으로 매수하여 자기의 이복 형제들 70여 명을 한 자리에서 죽여 버리는 일이었습니다. 언제는 형제고, 힘을 합치자고 그러더니, 해(害)가 된다고 생각하니까 가차없이 죽여 버립니다. 이것이 독재자의 통치 형태입니다.

그런데 이때 기드온의 자손들 중에 아비멜렉의 칼로부터 유일하게 죽임을 면한 유일한 생존자가 있었는데, 그가 바로 **'요담'**입니다.

요담은 그릇된 방법으로 왕이 되어 이스라엘의 역사를 왜곡하는 아비멜렉과 그를 맹목적으로 따르는 무지몽매한 무리들에게, 그들의 잘못됨을 깨우쳐 주기 위하여 하나의 우화적인 교훈을 들어 그들에게 베풉니다. 이것이 오늘 본문의 내용입니다.

여러분, 이 이야기의 핵심은 무엇입니까? **여기에는 네 종류의 나**

무가 등장하죠. 감람나무와 무화과나무, 포도나무, 가시나무…. 이 네 종류의 나무들이 등장하지만, 우리는 이것들을 크게 두 그룹으로 나눌 수가 있습니다.

감람나무와 무화과나무, 포도나무는 똑같은 철학과 똑같은 입장을 갖고 있었습니다. 그래서 이 세 종류의 나무를 한 그룹 안으로 모아 놓도록 하겠습니다. 그런데 이 세 종류의 나무와 전혀 다른 입장을 취하고 있었던 나무가 있습니다. 바로 가시나무입니다.

이 감람나무가 무화과나무, 포도나무는 누구를 상징하고 있습니까? 말할 것도 없이 기드온과 그의 아들들입니다.

"하나님이 우리와 함께 하셔서 우리를 통해 일을 하셨지만, 우리가 그분의 영광을 받아서는 안됩니다. 하나님께서 잠시 민족을 구출하기 위해서 이런 일을 하도록 하셨지만 우리를 왕으로 부르시지는 않으셨습니다. 왕이 되시고, 우리에게 갈 길을 제시할 분은 오직 하나님밖에 없습니다." 그래서 왕직을 겸손히 사양했던 기드온과 그 아들들이 이 세 종류의 나무에 비교할 수 있습니다.

그러나 가시나무는 다릅니다. 교만하고 불의한 방법으로, 공갈과 협박을 통해 왕이 된 나무입니다. 이스라엘의 역사를 어두움 속에 몰아넣고 있었던 장본인, 곧 아비멜렉을 상징합니다.

그러면 이 두 그룹의 나무들 사이에는 어떤 차이가 있습니까? 이 두 그룹의 나무들 사이에서 오가는 발언들 속에서 본질적인 몇 가지 차이점들을 발견코자 합니다.

첫째로, 삶의 목적 곧 인생관(人生觀)의 차이를 발견합니다.

하나님 중심의 삶과 자기 중심적인 이기적 삶의 차이입니다.

먼저 무화과나무와 감람나무·포도나무는, 모두 하나님 중심 그리고 이웃 중심의 삶을 추구하는 모습을 보여 줍니다.

보십시오. 나무들이 감람나무에게 찾아와, 자기들이 왕이 되어 달라고 할 때, 감람나무는 어떻게 대답합니까?

"나의 기름은 하나님과 사람을 영화롭게 하나니, 내가 어찌 그것을 버리고 가서 나무들 위에 요동하리요", '나는 이 일을 계속해야 합니다' 이것이 감람나무의 삶의 목적이었습니다.

포도나무의 대답을 들어 보십시오. "하나님과 사람을 기쁘게 하는 나의 새 술을 내가 어찌 버리고 가서 다른 나무들 위에 요동하리요", '나는 하나님과 사람을 기쁘시게 해야 합니다'

무화과나무도 마찬가지입니다. 이 세 종류의 나무에서 드러난 기드온의 인생관! 그것은 마땅히 하나님과 이웃을 위해 자기를 내어놓고 희생하는, 그래서 자신의 삶을 그들을 위해 불사를 줄 아는 하나님 중심적이고 이웃 중심적인 삶을 추구했던 이타적인 삶, 하나님께서 세우신 겸손한 사람들의 모습입니다.

반면에 가시나무로 비유되고 있는 아비멜렉의 삶은, 철저히 자기 중심적이고 이기적인 모습입니다. 이 가시나무의 대답을 들어 보십시오. "가시나무가 나무들에게 이르되 너희가 참으로 내게 기름을 부어 너희 왕을 삼겠거든 와서 내 그늘에 피하라. 그리하지 아니하면 불이 가시나무에서 나와서 레바논의 백향목을 사를 것이니라"(15절).

여기에서 강조되고 있는 것이 '자기'라는 말입니다. 내게 기름을 붓고, 내 그늘에 거하며, 이제부터 내 지배를 받으며, 내 명령을 받으며, 나를 높이며, 내 앞에 와서 무릎을 꿇으라고 말합니다. 이 사람의 인생관은 철저히 자기 중심적입니다.

우리에게 어떤 지도자가 필요합니까? 우리는 역사 속에서 어떤 지도자가 되어야만 합니까? 하나님께서 필요로 하는 지도자가 도대체 어떤 사람들입니까?

둘째로, 자신을 아는 것과 모르는 것의 차이입니다.

감람나무와 무화과나무, 포도나무는 자기의 위치와 본분을 아는 나무들이었습니다. 그러나 가시나무는 자기를 전혀 모르는 것 같습니다. 대답을 들어 보십시오.

감람나무가 말합니다. "내가 한 일은 기름을 내놓는 일입니다. 이 기름을 통해서 나는 하나님과 사람을 영화롭게 해야 합니다."

무화과나무는 이렇게 대답합니다. "나는 단 것과 아름다운 실과를 맺어야 합니다. 이것이 내가 할 일입니다."

포도나무는 말합니다. "나는 새 술을 만들어 이것을 가지고 하나님과 사람을 기쁘게 해야 합니다." 그들은 자기들이 무엇을 해야 하는지 명확하게 알았습니다.

자기를 알고 내 본분을 압니다. 다시 말하면, 주제 파악을 하고 살 줄을 아는 사람입니다. 그러나 가시나무를 보십시오. 왕이 되어 달라고 하니까 얼씨구나 자기가 하겠다고 말하고, 모든 나무들이 모두 자기의 그늘 밑으로 와서 피하라고 말합니다. 도무지 주제 파악이 안되었던 아비멜렉, 그가 정권을 잡은 그 순간부터 이스라엘은 비극의 역사가 시작되었습니다.

어떻습니까? **우리는 우리 자신을 아십니까?** 내가 서야 할 자리가 어디며, 나의 본분이 무엇인지, 내 직분을 어떻게 감당하고, 어떻게 하나님과 사람들에게 유익을 끼칠 수 있는지 아십니까?

가끔 설교를 마치고 나면 교우들이 문을 나가며 "오늘 은혜 많이 받았습니다."라는 말들을 할 때가 있습니다. 얼핏 들으면, 어깨가 으쓱해지고 아주 기분 좋은 소리로 들립니다. 매일 듣는다는 말은 아닙니다. 그러나 한편으로 곰곰히 생각해 보면, '도대체 은혜 받는다는 것이 무엇을 말하는가?' 생각해 보게 됩니다. 도대체 이 사람들이 무얼 보고 은혜 받았다고 하는 것인가?

혹시 목사가 평소 자기들이 하고 싶었던 말을 대신하니까, '가려운 곳 긁어줘서 속 시원하다' 말하는 것은 아닌가? 말씀을 들었으면, 잘못을 고치려 애쓰는 모습이 있어야 하고, 바른 길을 제시하면, 그 길로 순종하며 따라오려고 노력해야 하는데, 애쓰는 모습은 하나도 없고 매일 똑같은 우매한 짓들을 하는 것을 보면 목회에 회의(懷疑)가 들 때가 있습니다.

우리가 마땅히 서야 할 자리를 망각하고 서지 말아야 할 자리에 서 있기 시작할 때, 다른 사람들에게 도움을 주기는커녕 오히려 혼란과 해악을 끼치는 암적인 존재가 될 수도 있다는 사실을 이 역사적 교훈 앞에서 배워야만 합니다.

'내가 서 있어야 할 자리를 바르게 아는 것, 어떤 것이 교회의 미래를 위한 것인지, 내 행동이 하나님이 원하시는 뜻인지 바르게 파악하는 것' 이것이 우리에게 남겨진 숙제입니다.

세 번째로, 생산적인 삶과 파괴적인 삶, 섬김과 지배욕의 차이입니다.

세 나무는 모두는 다 섬김의 삶을 추구했습니다. 그들은 하나님을 섬기는 데서 자기 가치를 얻고 있었고, 타인을 섬기는 데서 보람을 발견하려고 했습니다. 그들은 그들의 은사를 알았고 그들의 사명을 알았습니다.

감람나무의 사명은 올리브 기름을 생산하는 것입니다. 그래서 그것을 통해서 왕과 제사장의 임직식에 쓰일 기름을 만들고, 하나님을 섬기는 성막의 등대를 환히 밝혀서 하나님과 사람들을 영화롭게 해야 하는 것입니다. 세움 받은 자로서 말씀의 빛을 환하게 비춰, 성도들로 하여금 하나님께 나아오게 하는 나무·가장 귀히 쓰이는 나무입니다.

무화과나무의 열매는 식용으로 쓰입니다. 단 것과 아름다운 실과들을 많이 맺어서 그것을 통해 오가는 모든 사람들에게 기쁨을 나눠 줘야 할 책임이 있습니다. 열매 없는 무화과나무로 권위주의적이고 자기 주장만 하는 것이 아니라, 곤비하고 지친 영혼들을 찾아가 위로하고 감싸주는 그늘막이 되며 그들에게 삶에 새로운 소망을 제공하는 것입니다.

포도나무는 새 술을 만들어야 합니다. 그것이 포도나무의 사명이며, 포도나무만이 가지고 있는 은사입니다.

성도가 주의 말씀으로 영양분을 잘 공급받아서 풍성한 열매들을 삶으로 나타내고, 전도로 나타내고, 그리스도의 사랑과 섬김의 사역으로 나타내는 것입니다.

이 세 나무의 특질은 다 섬김에 있었습니다.

모두가 생산적인 삶을 추구하려고 애를 쓰고 있습니다.

그러나 가시나무는 파괴적인 삶을 추구하고 있습니다. 가시나무가 한 말을 들어 보십시오. 가시나무가 제일 먼저 한 소리가 무엇입니까? "너희가 다 내 그늘 아래 와서 피하라."는 것이었습니다. 다시 말해 다 와서 자기 앞에 무릎을 꿇으라는 이야기지요. 너희가 내 주장에 동의하지 않고 내 말에 순종하지 않으면, 가시나무에서 불이 나와 레바논의 백향목을 사를 것이니라. 늘 자기 주장만 옳다고 말합니다. "다 나를 따라라." 그의 마음 속에 늘 도사리고 있던 권력과 명예욕이 기회가 오자 그대로 발동합니다. 그래서 자기 사명들을 충실히 감당하던 멀쩡한 나무들까지 다 혼란 속으로 몰아넣고 있는 중요한 원인이 되고 있다는 것입니다.

여러분, 가시나무의 특기가 무엇입니까? 열매가 있습니까, 그늘이 있습니까? 찌르는 재주밖에는 아무것도 없습니다. 이 가시나무로 대표되는 삶은 파괴하고 중상모략하는 삶입니다. 그는 왕이 되기 위해서 70명이라는 기드온의 후손들을 다 몰살시키고 말았습니다. 아비멜렉이 가시나무로 상징된 것이 얼마나 적절한 우화(寓話)입니까? 딱 들어맞는 것 같습니다.

저는 이 말씀을 준비하면서, 한편으론 걱정되는 것이 있습니다. 그것은 똑같은 말씀을 똑같은 장소에서 들어도 다 남들에게만 적용시킨다는 것입니다. '그래 맞아. 이 말씀은 우리 장로님들이 들어야 돼' 장로님은 장로님들대로 '이건 ○집사가 꼭 있어야 됐는데' 순 남의 이야기로만 적용시킵니다. 남에게 주시는 말씀이 아닙니다. 우리 모두, 각자 각자에게 주시는 하나님의 말씀입니다.

내게 적용을 시켜야만 합니다. 목사는 목사에게, 장로는 장로에게, 권사는 권사님들대로 '다 나에게 주시는 말씀이다' 자기 스스로에게 적용을 시켜야만 합니다.

교회가 어지럽죠. 각종 유언비어(流言蜚語)가 난무합니다. '이럴 때는 자극적인 설교를 하지 말라'고도 합니다. 어떤 때는 설교에 대한 주문도 들어옵니다. 그래서 옳은 것을 그르다 말하게 하고, 그른 것을 옳다 이야기하라는 압력도 들어옵니다. 그러나 옳은 것은 옳은 것이고, 그른 것은 그른 것입니다. 어찌 하나님의 눈 앞에서 옳은 것을 거짓되다 이야기하겠으며, 그른 것을 어떻게 옳다 이야기할 수 있겠습니까? 당시 아비멜렉과 세겜 사람들의 가증스러운 행위들을 보고도 대다수의 이스라엘 백성들은 그들의 입을 막고 '쉬쉬' 방관하는 소극적인 자세를 보였던 같습니다. 아마도 아비멜렉의 잔혹한 보복이 두려웠는지도 모릅니다. 그러나 옳고 그름을 분명히 앎에도 불구하고, 양들에게 나아가야 할 방향을 올바르게 제시하지 않는 설교자는 더 이상 지도자가 될 수는 없다고 생각합니다.

'누구 뒤통수 치려고 이런 설교를 한다' 생각하지 마십시오. 부목사들이 ○○교회에서 뭘 바라고 이런 듣기 싫은 소리를 하겠습니까?

참으로 어리석은 세겜 사람들이 많이 있는 것 같습니다. 부목사들은 결국 ○○교회를 다 떠나가게 될 사람들입니다. 듣기 싫은 말 하지 않고, 조용히 있다가 떠나 버리면 차라리 저희가 더 속 편합니다. 그것이 어떤 개인의 회사나 사업장이라면 그러겠습니다. 그러나 주님의 몸된 교회가 치유될 수 없는 깊은 수렁으로 빠져 들어가고 있는 것을 보면서, 저는 도저히 가만히 있을 수가 없습니다.

저는 '누가 옳다, 누가 그르다' 말하지 않습니다. 양쪽 모두가 문제들을 지니고 있고 제 생각에도 한계가 있기 때문입니다. 여러분들이 말씀을 놓고, 스스로 판단하십시오. 저는 다만 옳고 그름의 진위(眞僞)를 판단할 수 있는 기준을 제시할 뿐입니다.

누가 교회를 위하는 사람인지, 어떤 사람이 교회를 해치고 있는 사람인지, 그 기준에 의하여 여러분이 판단하십시오.

제가 기준을 말씀드렸죠. 누구를 위해 사는 사람인가? 누구를 위해 교회를 섬기고 있는 사람인가? 자기의 사명을 분명히 감당하고 있는 사람인가? 말만 많은 사람인가? 하나님의 교회를 세우고자 하는 사람인가, 아니면 해치고 파괴하자는 사람인가?

분열과 다툼의 배후에는 항상 사단의 세력이 존재합니다.

그것을 틈타 여러분들의 신앙을 여지없이 무너뜨리려고 할 것입니다. 맹목적으로 섬기다 보면, 세겜 사람들처럼 하나님께 반역(反逆)하기 쉽습니다. 아비멜렉과 함께 비참하게 무너져 내리는 세겜 사람들의 최후를 보십시오. 여인의 맷돌에 의해 비참한 죽음으로 끝납니다.

이 비유가 끝난 다음에 요담의 선언은 계속됩니다.

16절을 보십시오. "이제 너희가 아비멜렉을 세워 왕을 삼았으니, 너희 행한 것이 과연 진실하고 의로우냐. 이것이 여룹바알과 그 집을 선대함이냐. 이것이 그 행한대로 그에게 보답함이냐.”

이 두 낱말에 주목하시기 바랍니다. 이렇게 불의를 '수수방관'하고 가만히 있는 것이 '진실하고 의로우냐?'. 하나님의 구속함을 받은 우리들이, 교회의 순결을 해치는 사람들을 보고도 혈연과 지연에 얽매여 누룩을 용납하는 것이 하나님의 은혜에 보답함이냐?!

여러분의 마음 가운데 주의 은혜가 있기를 원합니다.

하나님께 열심이 특심한 사람들

> "아합이 엘리야의 무릇 행한 일과 그가 어떻게 모든 선지자를 칼로 죽인 것을 이세벨에게 고하니 이세벨이 사자를 엘리야에게 보내어 이르되 내가 내일 이 맘때에는 정녕 네 생명으로 저 사람들 중 한 사람의 생명 같게 하리라 아니하면 신들이 내게 벌 위에 벌을 내림이 마땅하니라 한지라 저가 이 형편을 보고 일어나 그 생명을 위하여 도망하여 유다에 속한 브엘세바에 이르러 자기의 사환을 그곳에 머물게 하고 <u>스스로 광야로 들어가 하룻길쯤 행하고 한 로뎀나무 아래 앉아서 죽기를 구하여 가로되 여호와여 넉넉하오니 지금 내 생명을 취하옵소서 나는 내 열조보다 낫지 못하니이다</u> 하고 로뎀나무 아래 누워 자더니 천사가 어루만지며 이르되 일어나서 먹으라 하는지라 본즉 머리맡에 숯불에 구운 떡과 한 병 물이 있더라 이에 먹고 마시고 다시 누웠더니 여호와의 사자가 또 다시 와서 어루만지며 이르되 일어나서 먹으라 네가 길을 이기지 못할까 하노라 하는지라 이에 일어나 먹고 마시고 그 식물의 힘을 의지하여 사십주 사십야를 행하여 하나님의 산 호렙에 이르니라 엘리야가 그 곳 굴에 들어가 거기서 유하더니 여호와의 말씀이 저에게 임하여 이르시되 엘리야야 네가 어찌하여 여기 있느냐 저가 대답하되 내가 만군의 하나님 여호와를 위하여 열심히 특심하오니 이는 이스라엘 자손이 주의 언약을 버리고 주의 단을 헐며 칼로 주의 선지자들을 죽였음이오며 오직 나만 남았거늘 저희가 내 생명을 찾아 취하려 하나이다" (왕상 19:1-10)

하나님께 대하여 불타는 열정이 있었고, 하나님이 그를 크게 들어서 능력있게 쓰셨던 한 인물이 있습니다. 본문에 나오는 '엘리야'라는 인물입니다.

본문은 그를 특징지워 표현한 말이 있는데, 10절과 14절입니다. **'내가 만군의 여호와를 위하여 열심이 특심하다'**는 말입니다.

이 말이 영어 성경 NIV에는 이렇게 나와 있습니다.

"I have been very zealous for the Lord God Almighty."

"내가 전능하신 하나님을 위하여 질투하는 마음을 가졌다."

다시 말해 남들이 가지지 못한 뜨거운 열심들, '하나님을 향한 대단한 질투심들을 가졌다'라는 뜻일 것입니다. 그래서 하나님이 기뻐하시는 일이라면 그것이 나에게도 기쁜 일이 되어지고, 하나님이 가증히 여기시는 것을 나도 미워하게 되고, 하나님께 욕이 돌아가는 것을 보면 내가 욕을 먹는 것보다 더 분한 마음으로 참을 수 없게 되어지는 것, 이것이 하나님을 뜨겁게 사랑하는 사람의 모습일 것입니다. 아마 효성이 지극하면 지극할수록 그 부모가 치욕(恥辱)을 당하게 되어질 때 분노를 느끼며 목숨걸고 나가 싸우게 되겠죠. 이것이 곧 하나님께 '열심히 특심하다'는 것이고, 그분을 위하여 '질투한다'는 뜻입니다.

성경을 보면, 이렇게 여호와를 위해 특심한 열심을 가졌던 인물들이 여럿 있습니다. 오늘은 강해보다는 제목 설교를 통해 여호와께 특심한 열심을 가졌던 몇몇 인물들을 살펴 보도록 하겠습니다.

먼저, 오늘 본문에 나타난 엘리야 선지자입니다.

북왕국 이스라엘의 제7대 왕인 아합은, 시돈의 공주 이세벨과 결혼하여 그를 아내로 삼음으로 인해 온 이스라엘을 바알의 구렁텅이에 빠뜨립니다. 많은 사람들이 바알의 우상에게 현혹되어 신앙이 타락되어 가는 데도, 당시 많은 제사장과 선지자들은 수수방관하며 멍

하니 바라만 보았습니다. 이세벨이 하나님의 선지자들을 다 잡아 죽이고 있었기 때문입니다.

이때 여호와께 열심이 특심한 엘리야가 일어납니다. 그는 마음 속에서 끓어오르는 격분을 참을 수가 없었습니다. 그래서 바알의 선지자 450명과 아세라 선지자 400인을 불러모아 갈멜산 위에게 대결을 하게 되었죠(왕상 18:19-22). 도합 몇 대 몇입니까? 850:1. 그 때에 이스라엘 백성들이 어느 편에 서야할지 몰라 우물쭈물하는 것을 보고, 답답한 마음에 그들을 꾸짖어 말합니다.

"너희가 어느 때까지 두 사이에서 머뭇머뭇 하려느냐. 여호와가 만일 하나님이면 그를 좇고 바알이 만일 하나님이면 그를 좇을지니라"(왕상 18:21).

엘리야는 하나님의 질투심으로 질투하여 엄청난 대접전을 펼치고 있었던 것입니다. 엘리야가 여호와의 능력으로 대결에서 승리했으니까 망정이지, 자칫 그가 도리어 죽을 수도 있었던 아주 위험천만한 대결이었습니다. 그리고 바알과 아세라 선지자 850인을 기손 시냇가로 끌어다가 모두 다 죽여 버립니다.

열심이 특심했던 그는, 남들이 잠잠할지라도 잠잠할 수가 없었습니다. 백성들의 불의를 보면서 하나님의 고통이 자기 고통으로 느껴지고, 하나님의 격분함이 자신의 격분으로 느껴지기에 견딜 수가 없어서, 자신의 생명이 위협을 받으면서까지 나가서 싸웠던 것입니다. 그러므로 하나님께서는 이런 엘리야를 들어 남다른 용기와 능력을 주시고, 그를 크게 사용해 주셨습니다.

둘째로, 비느하스의 열심입니다.

민수기 25장에 나오는 말씀입니다. 물질에 눈이 어두웠던 발람 선지자는 모압왕 발락에게 이스라엘을 실족케 만들 수 있는 묘책을 가르쳐 주었는 바, 그것은 이스라엘로 하여금 모압 여자들과 음행토록 만들라는 것이었습니다.

당시 모압 나라에서는 그들의 신들에게 경배할 때 그 앞에서 음행하는 것을 예배의 최고 행위로 여겼던 까닭에, 이것은 이스라엘에게 치명적이었습니다. 그것은 이스라엘로 하여금 하나님 백성됨의 거룩함을 상실케 하자는 것이 주목적이었습니다(민 31:16). 그러면 누가 이스라엘을 칩니까? 하나님이…. 이것은 그대로 들어맞았는데, 거룩한 이스라엘이 이처럼 세속에 물들어져 더럽힘을 받게 되자 하나님은 말할 수 없는 고통을 느끼셨습니다. 그것은 마치 남편이 자신의 사랑하는 아내가 불륜을 저지를 때에 느끼게 되어지는 참을 수 없는 고통과 질투 그 자체였습니다.

하나님은 우리의 사랑을 독점하기를 원하시고, 우리의 마음이 분열됨 없이 하나님만을 사랑하기를 원하시는데 택함 받은 이스라엘이 영육간에 간음죄에 빠지자, 하나님은 그들에게 진노하실 수밖에 없었던 것입니다.

이에 하나님이 큰 염병(돌림병)으로 치시는데, 이때 염병으로 죽은 자가 무려 2만 4천여 명. 일명 '바알브올 사건'이죠.

이스라엘 중에 백성의 두령들이 모두 교수형에 처해지고 진중에 엄벌이 내려집니다. 그때 마침, 어떤 분위기 파악을 못하는 이스라엘 족장 하나가 겁도 없이, 회중들의 보는 목전에서 모압 여자를 데리고 자기의 장막에 들어가 또 음행을 합니다.

이에 격분한 아론의 손자 비느하스. 그 남녀의 뒤를 좇아 들어가 창끝으로 그 남녀의 배를 꿰뚫어 죽여버립니다. 그랬더니 하나님의 진노가 풀리고, 염병이 그쳤다….

이때에 비느하스가 가졌던 마음이 '하나님을 위한 특심한 열심'이었던 것입니다. 민수기 25:10-11절 말씀입니다.

"여호와께서 모세에게 일러 가라사대 제사장 아론의 손자 엘르아

살의 아들 비느하스가 나의 질투심으로 질투하여 이스라엘 자손 중에서 나의 노를 돌이켜서 나의 질투심으로 그들을 진멸하지 않게 하였도다."

하나님이 이를 얼마나 기특히 여기셨든지 그에게 엄청난 축복의 언약을 주셨습니다.

"그러므로 말하라. 내가 그에게 나의 평화와 언약을 주리니, 그와 그 후손에게 영원한 제사장 직분의 언약이라. 그가 그 하나님을 위하여 질투하여 이스라엘 자손을 속죄하였음이니라"(민 25:12-23).

하나님을 위하여 질투하는 마음, 그분을 향한 특심한 열심이 있어서 그분의 싫어하는 죄를 아주 잔인한 정도로 처리하였더니 하나님의 진노를 돌이킬 수가 있었다….

여기에 '하나님을 위하여 질투한다'라는 말씀이 엘리야가 '열심이 특심하다'는 말씀과 똑같은 말입니다.

하나님을 진심으로 사랑하고 그분을 제일로 여긴다면, '하나님을 위해 질투심' 갖게 된다는 것은 어찌보면 너무나도 당연한 일일 것입니다. 하나님은 이런 사람을 존귀히 여겨 주시죠. 하나님께 존귀히 여김을 받으시는 여러분들이 다 되시기를 축원합니다.

셋째로, 다윗의 열심입니다.

'다윗' 하면 가장 먼저 생각나는 사건이 무엇입니까? 다윗과 골리앗의 싸움입니다. 사무엘상 17장에 나오는 사건입니다.

블레셋의 골리앗 장수는 키가 여섯 규빗하고 한 뼘 반, 어림쳐도 2m 70cm가 훨씬 넘고, 갑옷의 무게가 5천 세겔(약 57.5kg)이고, 창자루는 베틀채 같았습니다. 그가 소리를 치면 산천이 쩌렁쩌렁 울리는 그야말로 거대한 장수였습니다. 그런 그가 지금 이스라엘과 이스라엘의 거룩한 하나님 곧 여호와의 이름을 모독하며 함께 싸우자고 큰 소리로 조롱하고 있는 것입니다.

모든 장수들이 골리앗의 위용을 보고 입이 딱 벌어져서 어느 누구 하나 싸울 생각조차 못하고 무서워 벌벌 떨고만 있는 상황이었습니다. 이런 상황에서 소년 다윗이 군대에 있는 형들에게 면회 왔다가 이 광경을 보게 됩니다.

그는 골리앗이 사시는 하나님을 훼방하는 것을 들으며 크게 분개했습니다.

"이 할례 없는 블레셋 사람이 누구관대 사시는 하나님의 군대를 모욕하겠느냐? 내가 싸우러 나가겠노라." 다윗은 남들이 뭐라고 그러든 전혀 개의치 않고, 사울왕을 찾아가 자신이 골리앗과 싸우겠다고 말합니다.

한 번 생각해 보십시오. 소년 다윗은 그의 장형 엘리압의 말처럼, 아직 전쟁 구경이나 할 정도로 어렸습니다.

그는 창은 고사하고, 사울이 주는 투구와 갑옷조차 걸칠 수 없었던 아주 작은 소년입니다. 그래서 아무것도 걸치지 아니한 채 홀 몸으로, 가진 것이라고는 양을 치던 막대기와 늘 쓰던 물매·매끄러운 돌 다섯 개가 전부였습니다. 그것을 가지고 지금 9척(2m70cm)이 넘는 사람과 싸우려고 나왔던 것입니다.

골리앗이 얼마나 어이가 없겠습니까? 그래서 말하잖습니까.

"네가 나를 개로 취급하고, 개 모는 막대기로 나오냐?"

여러분, 다윗이 이길 자신이 있어서 나왔을까요? '저 골리앗 정도쯤이야 기본이지. 눈 감고도 맞출 수 있어.' 자신하고 나왔을까요?

아닙니다. 당시 돌팔매는 군인이라면 흔히 사용하던 무기였습니다. 골리앗도 이미 많이 경험해 봤던 흔한 무기였습니다. 골리앗도 잘 압니다.

다윗의 목숨은 그를 지켜 보는 모든 사람들이 보듯이, 전쟁터

에 나갈 때에 이미 죽은 목숨이나 다름 없습니다.

다윗도 이것을 압니다. 자기에게 승산이 없다는 것을 잘 압니다. 그럼에도 불구하고 다윗이 이렇게 크게 분개했던 것은 그의 자신감 때문이 아니라, 하나님의 이름에 큰 욕이 돌아가는 것을 차마 볼 수가 없었습니다. 자기가 죽더라도 끝까지 싸우겠다고 하는 것이 다윗의 뜨거운 마음이었습니다.

그에게는 거룩한 **성전(聖戰)**으로서의 각오, 하나님의 이름을 위해 대신 싸운다고 하는 거룩한 전쟁의 개념이 그의 머리 속에 가득했었던 것입니다. 그래서 그는 나아가면서 이렇게 크게 외칩니다.

"너는 칼과 창과 단창으로 내게 오거니와, 나는 만군의 여호와의 이름 곧 네가 모욕하는 이스라엘 군대의 하나님의 이름으로 네게 가노라. 내가 너를 쳐서 네 머리를 베어 온 땅으로 이스라엘 하나님이 계신 줄 알게 하겠고, 또 여호와의 구원하심이 칼과 창에 있지 아니함을 이 무리로 알게 하리라"(삼상 17:45-47).

이것이 다윗의 열심이었습니다. 남들이 다 멍청하게 바라만 보고 있을 때에 여호와의 이름이 조롱받고, 그분에게 욕이 돌아가는 것을 보고 참을 수가 없어서 하나님께 대해 열심이 특심했던 소년 다윗….

비록 조그만 소년의 몸이었지만 그가 만군의 여호와의 이름을 위해서 싸울 때, 하나님은 어느 누구도 상상할 수 없던 큰 승리를 주셨던 것입니다. 그가 만군의 여호와의 이름을 의지하여 나가게 되어질 때에 말입니다.

넷째로, 이스라엘의 위대한 지도자 모세의 열심입니다.

출애굽기 2장과 히브리서 11장에 자세히 나와 있습니다.

그 역시 하나님께 열심이 특심한 사람이었습니다. 그는 자기 백성 이스라엘이 고통당하고 핍박받는 것을 보면서 가만히 보고만 있을 수가 없었습니다.

물론 자기의 안일과 이익을 생각한다면 못 본 체 가만히 있을 수도 있었을 것입니다. 그러면 애굽 나라의 황제가 될 수도 있겠고, 모든 보화들이 다 자기 것이 되겠죠.

그러나 특심한 열심을 가졌던 모세는 평안히 앉아 있을 수가 없었습니다. 그는 하나님의 슬픔이 자기 슬픔으로 느껴졌고, 하나님의 백성들이 고통당하는 것이 자기에게 고통스러운 것 이상으로 느껴졌습니다. 때문에 애굽의 모든 부귀 영화들을 떨쳐버리고 분연히 일어섰던 것입니다. 그는 바로의 공주의 아들이라 일컬음 받는 것보다 하나님의 백성과 함께 고난받기를 더 좋아했던 사람입니다. 그는 자원했습니다. 지금 당장 애굽에서의 금은 보화보다는 장차 미래에 주어질 상급을 바라보았고, 죄악 속에서 낙(樂)을 누리는 것보다 그리스도를 위하여 받는 능욕들을 훨씬 가치있는 것으로 여기며 살았던 사람입니다. 성경은 그것을 일컬어 **'믿음'**이라고 정의하고 있죠.

어디 성경에 있는 그런 인물들만 그러겠습니까?

존 웨슬리(John Wesley)는 살아 생전 하루에 세 번 꼴로 설교를 했으며, 54년 동안에 44,000번의 설교와 자동차가 없는 시대에 말을 타고서 1년에 5,000마일 이상을 다니며 전도할만큼 열심이 특심했었던 사람입니다.

존 낙스(John Knox)의 기도 또한 유명하잖습니까?

"나에게 스코틀랜드를 주옵소서!" 스코틀랜드의 영혼들을 위해 불타는 마음으로 기도했을 때, 하나님을 그에게 스코틀랜드를 맡겨 주셨습니다.

루터와 칼빈, 죠지 횟필드(George Whitefield), 요나단 에드워드, 스펄전, ○○도 여기에 포함을 시켜야겠지요. 이 얼마나 하나님을 위해 특심했던 사람들이었는지 모릅니다. 남들이 '나 몰라라' 다

수수방관(袖手傍觀)하고 있을 때, 하나님을 위해 특심한 열심으로 핍박과 고난·생명의 위협까지도 무릅썼던 사람들, 그들이 바로 여호와께 대하여 특심한 사람들이었습니다.

열심이 특심하지 아니하면 하나님께 사명을 받을 수가 없습니다. 더욱이 하나님의 전에서 귀히 쓰는 그릇이 되어진다? 있을 수도 없는 일일 겁니다.

물론 하나님께 열심이 있다고 해서 무조건 다 잘 되라는 법은 없습니다. 하나님의 말씀을 가감없이 선포하고 크신 능력들을 행하지만, 엘리야 선지자처럼 대적들로부터 도리어 핍박과 모욕을 당할 수도 있습니다. 하나님의 법도와 교회를 세우기 위해 열심히들 뛰지만, 남들이 안 알아 주고 비난들만 하기에 다 때려 치우고 싶은 생각이 들 수도 있습니다.

거의 자포자기 하고, 그만두고 싶다 할 정도로 탈진해, 말씀을 안 전하려고 결심했다가도 다시 전하게 되는 것은 그 심령이 불붙는 것 같기 때문입니다.

예레미야 선지자도 이런 고백을 합니다.

"내가 다시는 여호와를 선포하지 아니하며 그 이름으로 말하지 아니하리라 하면 나의 중심이 불붙는 것 같아서 골수에 사무치니 답답하여 견딜 수 없나이다"(렘 20:9).

이유는 딱 한 가지입니다. 하나님을 향한 특심한 열심이 있었기 때문입니다.

지금 우리 ○○교회에는 하나님께 특심한 사람들이 필요합니다.

남달리 하나님을 사랑하는 자, 자신의 명예보다 하나님의 영광을 먼저 생각하는 자, 주님의 피로 값주고 사신 교회에 필요한 것들이 있으면 불같은 열정과 자원하는 심령으로 그 사역에 동참하는 사람들, 이런 사람들이 필요합니다.

남달리 하나님을 사랑하기에 하나님의 이름이 모독을 받고 교회가 멸시를 받는다고 한다면, 자기 자신이 모독 받고 멸시 당하는 것 이상으로 마음이 아파하는 것입니다. 내 이익보다는 하나님의 기쁨을 먼저 생각하고, 내 인기보다는 하나님의 영광을 먼저 앞세우는 것. 사실 조금만 타협하고, 조금만 신앙의 지조를 굽히면 편히 신앙생활할 수가 있는데, 하나님을 너무 너무나 사랑하기에 목숨을 버리면서까지 불의와 나태함을 거부합니다.

그렇잖습니까? 여러분은 뭐하러들 이렇게 고생스럽게 신앙생활을 하십니까? 큰 교회에 가면 얼마든지 편히 신앙생활하실 수 있을텐데 말입니다. 조금만 타협하고 조금만 더 뒤로 물러서면 편히 쉬울 텐데, 굳이 이렇게 하는 것은 역대의 순교자들과 믿음의 선진들이 다 그렇게 살아갔기 때문입니다. 하나님은 이런 뜨거운 열정들을 가진 사람을 들어 쓰신다는 겁니다.

'권사가 되고 장로가 되려면, 일단 몸을 사려야 해 좋은 이미지를 관리하려면 좋은 일들·드러나는 일들만 해야 해' 자기 명예를 생각하고, 자기의 이권(利權)들을 먼저 계산하는 사람은 평생을 기회주의자로 살 수밖에 없다는 사실…. 하나님은 그런 사람 절대로 쓰시지 않는다는 사실입니다.

둘 중의 하나입니다.

'나 몰라라' 하고 방관하든가, 아니면 뜨거운 열정으로 열심히 섬기시든가 우리는 흔히 **신앙의 중립지대**라는 것을 들먹이는데, 그저 내가 조금 열심내지 않는 것 뿐이지 내가 크게 뭐 잘못하고 있는 것 같지는 않다는 식의 자기 위안을 삼는 경우가 많습니다.

'더 적극적으로 하지 않는 것이 도대체 무슨 큰 죄란 말인가?'

그러나 성경의 주장 대로라면, 경건한 삶을 살지 않고 신앙에 열심을 내지 않는 동안은 중립지대에 있는 것이 아니라, 언제나 세상을 따라가고 있다는 사실입니다.

"내가 네 행위를 아노니 네가 차지도 아니하고 더웁지도 아니하도다. 네가 차든지 더웁든지 하기를 원하노라. 네가 이같이 미지근하여 더웁지도 아니하고 차지도 아니하니" 내가 어떻게 한다고요?

"내 입에서 너를 토하여 내치리라"(계 3:15-16).

하나님은 '질투하는 분'이시라 성경은 말씀하시는데, 저 역시 하나님의 질투심으로 여러분들을 권면합니다. 우리 모두가 하나님께 보다 더 열심을 품는 성도님들이 되실 수 있기를 바랍니다.

'이 정도 했으면 됐다' 생각하지 마시고, 하나님께 열심이 특심하여서 주님의 크신 뜻을 이루어 드리시는 교회가 되기를 바랍니다.

여러분, 하나님이 여러분에게 원하시는 것이 무엇일까요?

교회를 개혁해서 이 정도쯤 하면, 우리들을 향한 기대치가 만족되는 것일까요? 하나님이 도대체 우리에게 무엇을 기대하실까요?

지금 현재의 수준이 아니라 초대교회의 역사가 말하고 있듯이, 번지고 번져서 더 큰 역사들을 이루는 것, 더 많은 전도와 더 큰 영혼 구원의 역사들로 하나님의 큰 부흥의 역사들을 이루는 것, 이것 아니겠습니까? 맞으시면 '아멘' 하시오. 아멘? 정말입니까?

그것을 기대하십시다. 그걸 바라보자구요. 보이지를 않는데 기대치가 이루어질 리가 없구요, 꿈과 비전을 품지를 않는데야 무슨 발전이 이루어지겠습니까?

여러분들은 현재에 멈추어 있어야 할 사람들이 아닙니다.

하나님의 꿈을 담고 있는 사람들, 하나님이 기대를 품고 이 일을 위해 특별히 구별하여 뽑아 세우신 사람들 아닙니까. 맞습니까? 바라보인다면, 열심히 모이고 열심히 · 부지런히 일하십시다.

여러분이 믿음대로, 그 믿는만큼 되어지기를 기도합니다.

예수님이 기뻐하시는 교회, 하나님께 열심이 특심한 사람들만 모

인 교회. 열심히 충성하고 열심히 전도해서, 하나님이 여러분들을
들어 큰 역사들 이루시는 복된 성도님들이 되어지기를 주 예수 그리
스도 이름으로 축원 드립니다.

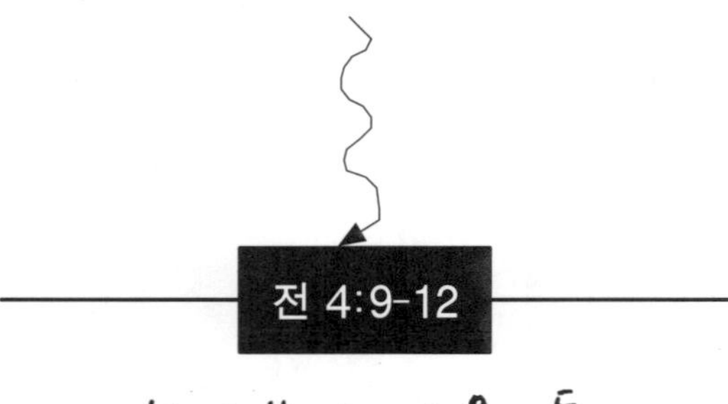

하나보다 나은 둘

> "두 사람이 한 사람보다 나음은 저희가 수고함으로 좋은 상을 얻을 것임이라 혹시 저희가 넘어지면 하나가 그 동무를 붙들어 일으키려니와 홀로 있어 넘어지고 붙들어 일으킬 자가 없는 자에게는 화가 있으리라 두 사람이 함께 누우면 따뜻하거니와 한 사람이면 어찌 따뜻하랴 한 사람이면 패하겠거니와 두 사람이면 능히 당하나니 삼겹 줄은 쉽게 끊어지지 아니하느니라" (전 4:9-12)

희랍의 철학자 아리스토텔레스라는 사람은 인간을 일컬어 '사회적 동물'로 정의한 바 있습니다.

사람은 '로빈슨 크루소'처럼 외딴 섬에서 혼자서 살아갈 수 있는 존재가 아닙니다. 함께 더불어 살아가야만 하는 존재들입니다. 함께 산다는 것은 매우 귀중한 일이죠.

그리스도인들 역시, 신앙의 공동체 속에서 함께 더불어 도움을 받으며 함께 성장하게 되어 있습니다. 제 아무리 신앙이 뜨겁고 깊어도 장작불들은 함께 있을 때 더욱 불탈 수 있는 것, 장작불 하나를 따로 떼어 놓으면 어떻게 됩니까? 마찬가지입니다. 함께 성장해야 합니다. 주위의 도움이 없이는 제대로 성장하기가 어렵습니다.

요즘 교계 일각에서 비상한 관심을 집중시키는 것 중의 하나가 **'멘토링'**이라고 하는 목회 방법이 있습니다.

평소 신앙이 연약한 사람이나 초신자들, 낙심자들에게 주위에서 그 사람을 이끌어 주고 격려해 줄 수 있는 신앙 좋은 사람들을 하나 씩 붙여 주는거라. 그래서 초신자들에게는 그 사람을 보면서 '아하, 신앙 생활하는 것이 저런 것이구나. 나도 저렇게 신앙생활 해야지!' 격려 받고 도전 받게 만들어 주는 것이고, 선생된 자들에게는 하늘 에 상급을 쌓아가고, 자기 스스로도 봉사의 기쁨을 맛보게 하는 목 회 방법을 일컬어 '멘토링'이라고 합니다.

신앙으로 격려해 주고, 이끌어 줄 수 있는 사람, 그런 모델 케이 스들을 서로 연결시켜 주므로써 때로 넘어지거나 좌절할 때에 서로 에게 힘이 되고, 도와 줄 수 있게끔 하는 목회적인 방법, 참 좋은 목회 구상인 것 같습니다.

본문은 이런 멘토링적인 사고를 염두해 두고 **'두 사람이 한 사람 보다 낫다'** 말하고 있는데 바로 이러한 이유에서입니다.

두 사람이 한 사람보다 낫다고 말하는 것은 혼자서는 결코 최선의 상태일 될 수가 없다는 것을 의미합니다. 두 사람이 한 사람보다 낫 다는 것은 혼자 뛰어서는 이룰 수 있는 것이 결코 많지 않다는 것을 의미하기도 합니다.

왜 '두 사람이 한 사람보다 더 낫다'라고 말하는가?

첫째로는, 9절을 함께 읽어 보십시다.

"두 사람이 한 사람보다 나음은 저희가 수고함으로 **좋은 상**을 얻을 것임이라.”

무엇을 얻을 것임이라? 좋은 것이 아닙니다. 잘 보세요. ‘좋은 것’이 아니라 ‘조~은 것’

두 사람이 연합하여 함께 수고하는 것은 혼자서 수고할 때보다 훨씬 더 좋고, 훨씬 많은 결과들을 만들어 냅니다.

그래서 혼자 힘으로 안되는 것이 여럿이 힘을 합쳐 되어지는 것이 많고, 한 사람이 각자의 일로 성공해 얻게 되는 만족보다 함께 다같이 수고하여서 얻는 만족감들이 훨씬 크다고 합니다.

스포츠 경기들이 그렇습니다. 탁구나 테니스 같은 개인 경기보다는 축구나 농구 같이 단체로 하는 경기가 더욱 상(賞)이 크고 더 소중하게 여겨지는 것을 봅니다.

신앙생활도 마찬가지입니다. 혼자 골방이나 기도원에서 신앙생활하는 것보다, 함께 모여 목장 모임과 지회들 모임으로 함께 수고하며 함께 신앙생활하는 것이 훨씬 더 빠르고 건강하게 성장합니다. 교사로서 봉사하고, 성가대원으로 함께 화음을 이루며 수고하는 것, 식당 봉사·교회 안내위원으로 함께 수고하는 것, 이 모두가 함께 수고하며 받는 복들입니다.

만약에 성가대원이 자기의 목소리가 제일 아름답다고 자기 목소리만 크게 들리게끔 ‘요를레이오’ 부른다면 어떻게 됩니까? ‘왕따’되죠. 그것은 불협화음입니다. 전체 성가대와 조화를 이루지 못할 것입니다.

오늘날 현대 교회의 병폐 중에 하나가, 교회 안에서 이런 불협화음들이 자주 발생한다는 것입니다. 그래서 지방색이 드러나고, 당을 짓고, 자기들끼리의 그룹들을 형성합니다. 목사 그룹 장로 그룹 또 집사 그룹, 호남 사람 영남 사람, 베드로 전도회 마리아 전도회를 욕하는 것이 아닙니다. 남녀 전도회는 일하자고 모이는 전도회이고,

다른 집들, 저 이웃집 교회들…. 여러분, 유식한 사람들만 모이는 교회·부자들만 다니는 교회·어떤 특별한 지방 사람들만이 모이는 교회가 진정 주님의 교회가 되어질 수 있겠습니까? 그러한 교회는 주님의 참사랑 위에 세워진 교회라고 할 수가 없을 것입니다.

우리는 사랑할 때, 대개 성공한 사람만 사랑하기 쉽습니다. 아니면 성공할 사람 혹은 내게 유익을 가져다 줄 사람 이런 사람들만 사귀기 때문에, 대개 경쟁자가 되는 그런 사람은 사랑치 아니합니다.

그러나 성경은 그렇게 말하고 있지 아니합니다. 사업에 실패할 때도, 그 사람이 내 사업의 경쟁자가 되더라도, 혹은 나에게 손해를 끼치는 그런 때에라도 서로 사랑해 주라고 말씀합니다.

어떤 사람들은 한 교회에 다니면서도 사이가 좋지 않아 서로 얼굴을 돌리는 경우도 있습니다. 그러나 생각해 보십시오.

우리는 한 주님 안에서 한 형제 자매가 아니고 원수요, 그리스도의 피로 가까워진 일이 없는데, 또 그렇게 전혀 생각하지도 않는데, 이런 마음을 품고 하나님 앞에 예배 드린다는 것이 무슨 소용이 있겠습니까? 아무런 소용이 없을 것입니다.

진정한 교회란 유식한 사람이 무식한 사람을 차별하지 않고, 부자가 가난한 사람을 천대하지 않는 곳, 서로 아끼고 서로 도와주는 사랑이 넘치는 곳이 되어야만 합니다. 주님의 사랑을 받은 사람들이 모이는 곳, 누구든지 들어오면 그러한 자격이 주어지는 곳, 그곳이 바로 주님의 교회가 될 수 있는 곳입니다.

하나님께서는 당신의 섭리를 우리 인간에게 나타내시고자 하실 때에, 사람을 혼자 두지 아니하시고 다 짝을 이루어 살게 하셨습니다.

예를 들어, 아담을 혼자 두지 아니하시고 하와라는 짝을 두어 돕게 하셨고, 이스라엘의 출애굽 때에도 모세만 보내지 아니하시고 아론을 두어 돕게 하셨습니다. 갈렙과 여호수아가 서로 힘을 합하게 하셨고, 엘리야와 엘리사가 그렇고, 70명의 전도대원들, 바울과 바나바, 바울과 실라, 바나바와 마가, 심지어 기식(氣息)하지 못하는 무생물인 성전의 기둥들조차도 야긴과 보아스로 좌우 짝을 이루며 성전을 세우도록 하셨습니다.

○목사님 한 분 커다란 기둥 하나 두어서 성전을 세워가라 명하시지 않고, ○○·○○들을 다 두어 모두 각기 기둥되어서 주님의 몸 된 교회를 세워가도록 명령하셨다는 것입니다.

성경을 보면 수많은 사람들이 다 짝을 이루어 사역하는 것을 볼 수 있습니다. 비단 육체적인 필요 뿐만이 아니라 정신적이고 영적인 필요라는 관점에서도, 일을 함께 할 수 있고 서로 격려가 되어야 한다는 것은 반드시 필요한 것입니다.

초대교회 공동체를 보십시오. 얼마나 박해가 심했습니까?

예수 믿는다는 것 하나 때문에 직장에서 쫓겨나고, 재산 빼앗기고, 자녀들이 노예로 팔려가고 자신은 죽습니다. 곱게나 죽었습니까? 십자가에 거꾸로 못 박혀 죽고, 톱으로 켜 죽고, 기름가마니에 튀겨 죽이고, 원형 경기장에서 사자에게 찢겨죽는 그러한 때에 예수 믿으라고 권해 보세요? 여러분은 믿으시겠어요? 죽음에로의 초대인데.

그럼에도 불구하고 사도행전을 보면 그 엄청난 박해를 이기고, 초대교회의 엄청난 부흥의 역사를 일궈내고 있거든요. 마치 다이너마이트 터지듯 엄청난 부흥을 일궈내고 있는 것을 볼 수가 있습니다. 왜일까요?

물론 거기에는 하나님의 초자연적인 역사들, 하나님의 케리그마·복음이 있었습니다. 그러나 그에 못지 않은 중요한 것이 또 하나 있는데, 그것은 서로 떡을 떼며 교제하며, 날마다 마음을 같이하여 모이기를 힘쓰고, 기쁨과 순전한 마음으로 하나님을 찬미하는 아름다운 교제가 있었다는 것입니다(행 2:42-47).

그곳에서는 서로가 모든 것을 공용(公用)함이 있었습니다. 자기 재산을 자기 것이라 하지 아니하고 사도들의 발 앞에 두며, 주인과 종들이 함께 사랑의 교제들을 나누는 곳, 어찌 보면 이 격려와 위로의 사역들이 잘 이루어졌기 때문이 아닌가 생각합니다.

함께 자신의 소망을 나누고 승리를 이야기하며, 서로의 기쁨과 슬픔을 함께 나눈다면, 각자는 각기 노력할 때보다 더 큰 수고의 결과들을 얻게 되어질 것입니다.

하나님께서 서로 합력(合力)하여 수고하는 자들에게 상급을 베풀어 주십니다. 혼자 홀로서기 하지 아니하고, 독불장군처럼 일하지 아니하고, 한마음 한뜻으로 함께 힘을 모아 사역하는 그러한 사람들에게 더 좋은 상급들을 내려 주십니다. 이 상급이 저와 여러분들에게 주어지기를 기도합니다.

둘째로는, 한 사람이 넘어질 때 서로 일으켜 줄 수 있기 때문입니다.

"혹시 저희가 넘어지면 하나가 그 동무를 붙들어 일으키려니와 홀로 있어 넘어지고 붙들어 일으킬 자가 없는 자에게는 화가 있으리라."(10절)

"내 별명이 뭔지 아나? '올라가'다 올라가!". '내 인생 행복 시작, 불행 끝' 자신하며 살 수 있는 사람이 얼마나 되느냐는 말입니다. 아마 아무도 없을 것입니다.

사람이 인생에 있어 파란 등만 만날 수는 없습니다. 잘 나갈 때도 있지만, 낙담하여 쓰러질 때도 있고 좌절할 때도 있습니다. 축복만 받으면서 좋은 일들만 만나고 살기를 원하지만, 인생을 살다보면 어려운 일들도 만나고 환난을 당해 사업에 망할 때도 있거든요.

신앙 좋은 사람이라고 시험에 안 드는 것 아닙니다. 사람은 본성적으로 연약하기 때문에 언제나 곧바른 길만을 갈 수는 없습니다. 아무리 믿음 좋고 훌륭해 보여도, 때로는 걷잡을 수 없는 생(生)의 회의감 속에서 신앙이 침체상태로 빠지는 순간들이 있습니다. 그때 내 곁에 진실한 친구가 다가와서 같이 울어 주고 내 어깨를 끌어안으면서 내게 격려의 말들을 해 줍니다. "○○ 형제여 힘내게, 어서 일어나야지! 지금은 힘들고 어렵지만 이 어려운 때를 믿음으로 극복하면 하나님께서 이 연단 뒤에 놀라운 축복을 준비해 두셨을 거야. 함께 힘내세!" 함께 걸어가 준다면 이 얼마나 귀한 축복입니까?

전도서 기자는 이를 염두해 두고 다음과 같이 말합니다.

"두 사람이 함께 누우면 따뜻하거니와 한 사람이면 어찌 따뜻하랴."(11절)

제가 아까 '멘토링'에 대해서 말씀드렸죠. 이럴 때를 위해서 바로 멘토가 필요한 것입니다. 갖가지 유혹과 실패로 인해 생(生)에 낙망하고 심각한 회의에 빠져들 때 옆에서 위로하고 붙들어 일으켜 줄 수 있는 신앙의 동반자, 그 사람을 일컬어 **'멘토'**라 부릅니다.

여러분은 여러분 곁에 이런 '멘토'가 있으십니까?(각자에게 구체적으로 질문하라)

내가 넘어졌을 때 나를 일으켜 줄만한 사람이 곁에 없다면, 그 사람은 아주 불행하게 신앙생활을 하고 있는 것입니다. 신앙이 '홀로서기'를 하고 있다는 말이거든요.

내 눈에 안 보여서 그렇지, 내 인생 파란만장하게 펼쳐져 있는 광야 길들을 영적 눈을 열어서 한 번 바라보십시오. 얼마나 세상살이가 힘이 듭니까? 마치 광야의 매서운 바람처럼, 사탄의 시험들이 인생에 사정없이 불어닥칩니다.

11절의 묘사는, 흔히 팔레스틴의 거친 광야지역을 여행할 때 여행자들에게 일어나는 모습들을 떠올리게 합니다. 팔레스틴 지방의 밤낮의 일교차가 심합니다. 낮의 기온은 30~40℃로, 헉헉거릴 정도로 올라가지만, 밤에는 기온이 급강하(急降下)하여 영하로 뚝 떨어져 버립니다. 굉장히 춥죠. 아프리카 사람들을 우리나라의 일교차가 심한 지역에다가 딱 데려다 놓아 보십시오. 아마 몇 사람 얼어 죽고 난리가 날 겁니다. 시집올 때 싸들고 온 솜이불 가지고 다니는 것도 아니고, 있는 것이라고는 낮에 걸쳐 입었던 겉옷이 유일한 침구인데, 그래도 춥습니다.

이런 경우 그들이 살아남을 수 있는 방법이 있습니다. 어떻게 해야 살아남을 수 있을까요? 그것은 서로가 등을 맞대고, 앞의 사람은 꼭 끌어 안고 자는 것입니다. 사람의 체온이 36.5℃라고 하는데, 그렇게 되어지면 좀 춥기는 하지만 추위를 능히 견딜 수 있게 되는 것입니다.

사막의 추위 가운데 홀로 잔다는 것, 그것은 곧 생명을 잃는 것과 똑같습니다.

혼자서는 미약하지만 서로 밀착하여 서로 위로하며 도와줄 때, 서로에게 힘이 되며 그 속에서 진정한 사랑이 꽃 피워질 수 있다는 것입니다. 서로 밀착해 등을 부대끼면서 산다는 것, 그것은 남의 생명을 보존하는 것 뿐만 아니라 무엇보다 내 생명을 보존하는 길이 되는 것입니다.

요즘은 '익명성의 교인들'이 참 많이 늘어나는 것 같습니다. 교적부에 등록도 하지 않고, 분명 주일 날 교회는 나오고 있는데 어디 소속도 안하고, 지회에도 안 들고, 목장에도 안 들고 그저 부담없이 교회에 다니는 거라.

그렇잖아요. '교회 왜 안 나왔냐?'고 누가 간섭을 하나, 그렇다고 봉사를 하라고 하나. 자연스럽게, 부담없이 교회에 다니는 거라.

초상집에 가보면 확연히 대조되어지는 집들이 있습니다.

어떤 집은 '누구 모친이 돌아 가셨다더라' 그러면 발 디딜 틈 없이 손님이 꽉 들어차는 집이 있는가 하면, 어떤 집은 파리만 조문객으로 왔다 갈 정도로 썰렁한 집들이 있습니다. 이래서는 곤란하잖아요. 익명성의 교인이었다는 말이거든요.

인생 광야 길을 홀로 걸어간다는 것, 부담 없이 교회에 다닌다는 것, 그것은 자연스러운 것이 아닙니다. 그것은 저주이자 불행입니다.

춥고 기쁨이 없고 친구들에 의해 따뜻한 말 한 마디 건네 받지 못하던 사람들이 교회에 나와 격려 받고 위로 받을 수 있다는 것, 눈물을 나누고 아픔을 나눌 수 있다는 것, 이것은 성도들에게 있어 최대의 축복이 아닐까 생각합니다.

○○교회가 여러분들이 이런 기쁨을 맛볼 수 있는 축복된 장소가 되기를 바랍니다. 내게 뭘 결단하라든가 만들어지라고 하면 '아멘'을 잘 안하시는 것 같은데, 그런 축복된 모임들 만드시기를 축원합니다. 아니, 여러분들이 그러한 통이 넓은 그릇들로 만들어지기를 기도합니다. 밴댕이 속알딱지만하게 나만 위해 주고, 나만 사랑 받고, 나만 말하기만을 바라는 것이 아니라….

바라건대, 성도들 가운데 보다 더 적극적인 교제들을 이루어 나가기를 기도합니다. 어디 위로받고 싶은 욕망이 내게만 있겠습니까?

섬김을 받고 싶어하는 것은, 나 뿐만이 아니라 내 옆자리에 있는 형제·자매들도 다 받고 싶어한다는 거죠.

위로받기를 원하시거든 여러분이 먼저 위로자가 되어 주십시오. 내가 먼저 위로해 주고 내가 먼저 헌신하게 되어질 때에, 나를 위로해주고 격려해 줄 수 있는 사람들이 생기게끔 되어 있습니다. 그런 사람들이 될 수 있기를 기도합니다.

셋째로, (한 사람보다 두 사람이 나은 이유는) 12절을 보면, 두 사람이면 능히 당할 수 있는 일들이 많이 있기 때문입니다.

무엇을 당할 수 있습니까? 날마다의 사단과의 치뤄야만 하는 전투들….

여러분만 열심있다고 생각하지 마십시오. 사탄은 더 열심이 있습니다. 여러분만 부흥회 연다고 생각하지 마십시오. 여러분은 1년에 7번 부흥회 열지만, 사단은 10~20번 부흥회를 엽니다.

영적인 눈을 열어 보면 안 보여서 그렇지, 우리 인생의 광야길들 곳곳에 사탄의 올무와 시험거리들이 얼마나 많은 널려 있는지 모릅니다. 때로는 건강으로, 때로는 사업의 부도로, 자녀의 문제로, 이 모양 저 모양 '어디 걸리기만 해봐라' 확 낚아채려고 우리의 대적 마귀가 눈을 부라리며, 우는 사자처럼 두루 다니며 삼킬 자는 찾고 있다는 말입니다(벧전 5:8). 이런 사탄의 공격과 악한 화전들을, 서로가 도움이 되어질 때 능히 이길 수가 있다는 것입니다.

1960년대 후반에 월남전이 있었습니다. 민주 국가였던 월남(베트남)과 공산주의 국가였던 월맹(베트콩)이 서로 박 터지도록 싸워댔던 적이 있습니다.

월남에는 미국에서 엄청난 군수 물자들과 식량·보급품들이 공급되었고, 특히 세계 각국에서 군대 파병과 의약품들이 속속 공급되어졌습니다. 우리나라에서도 많은 군인들이 파병되어 숱하게 죽었잖습니까. 반면에 월맹에는 아무것도 없었습니다. 변변한 무기가 있었나 병력이 있었나 애들과 여자들까지 죽창 들고 싸웠으니, 누가 이기겠습니까? 게임이 안되는 싸움이었거든요. 그런데 뚜껑을 열어 보니 게임이 되었습니다. 그런데 누가 이겼나요? 월맹이 이겼죠.

왜 그랬을까요? 왜 월남이 졌을까요? 그것은 그들에게 가장 기본적인 단합과 결속력들이 없었기 때문입니다. 그들은 누가 잘 나가면

서로 헐뜯고 끌어내리기에 바빴습니다. 서로 자기들의 주머니와 지
갑 채우느라고 외국에서 군수물자들이 들어오면 무기들을 월맹에 돈
받고 팔아버리네. 이길 리가 없죠.

결국 자기들 주머니에 채웠던 돈이 자기들 것이 되었나요? 아니
죠. 여러분들도 TV를 통해서 보셨죠? 결국 그들이 벌어들였던 돈들
은 기껏해야 밥짓는데 쓰일 종이뭉치에 불과했던 것을 볼 수 있습니
다. 결국 남들도 죽이고 자기도 죽었던 것입니다. 모이지 않고 단합
되지 못할 때, 남도 죽고 나도 죽습니다.

누가 강한가? 누가 강할 수 있는가?

그것은 서로가 서로에게 강한 영향력과 감화력들을 끼치는 살아있
는 조직체와 · 결속된 공동체만이 강할 수 있습니다.

마찬가지입니다. 주 예수 그리스도의 피로 말미암아 한 몸 · 한 지
체가 된 교회의 형제 · 자매들이 한마음으로 똘똘 뭉쳐 죽기 살기로
싸운다면 무엇이 두렵겠습니까? 사탄인들 두렵겠습니까?

문제는 뭉쳐지지 않으니까 문제입니다.

이를 염두에 두고 전도서 기자는 말합니다. "한 사람이면 패하겠
거니와 두 사람이면 능히 당하나니 삼겹줄은 쉽게 끊어지지 아니하
느니라."

여행을 하다 강도를 만날 경우, 혼자 있으면 꼼짝없이 강탈을 당
하고 말겠지만 두 사람이 함께 있을 경우 이를 능히 당해낼 수 있다
는 말입니다.

여기서 '삼겹줄'이란 말이 나옵니다.

앞절의 '두 사람'에서 하나를 더한 수가 삼겹줄이죠. 그런데 보십
시오. 한 사람이면 패하겠다고 말하고서, 거기에 한 사람을 더하여
두 사람일 경우 능히 당할 것이라고 말합니다.

보십시오. 한 사람 + 한 사람 = ? 그런데 본문은 '한 사람 +

한 사람 = 세 사람'이라고 말하고 있습니다. 왜 그럴까요?

이같은 표현, 어떤 수에서 하나를 더하는 식의 표현 방법은 구약 시대에 흔히 사용되어지던 유대의 관용어법으로, 둘 이상의 어떤 큰 수(數)·완전한 수를 상징합니다. 단결될 때에 온전한 힘을 발휘할 수 있다고 하는 말입니다.

인적이 드문 협곡이나 광야를 홀로 여행한다는 것은 매우 위험한 일입니다. 그 안에는 매우 많은 위험 요소들이 도사리고 있습니다.

강도들이 있고, 불뱀들이 있고, 전갈과 뜨거운 모래 폭풍들, 목마름과 혹한 추위, 때로 목숨을 걸어야 할 일들이 많이 있습니다.

그러나 인생 행로(行路)에 있어서 광야 같은 길들을 안 만날 수는 없죠. 잘 나갈 때도 있지만 때로는 어려움을 겪기도 하고, 좋은 일과 축복된 일들을 만나기도 하지만 때론 실패도 하고 악한 길로 들어서 곤경에 처할 때도 있습니다. 그럴 때 삶이 실패하고 좌절할 때, 그때 거기서 '실패를 하느냐, 성공을 하느냐' 그것이 문제가 아니고, 오늘 성공했다가 내일 실패하면 어떻게 합니까?

보다 심각하게 다루어져야 할 문제가 있습니다. 그것은 그런 치명적인 넘어짐에서도 '내 옆에서 나를 붙들어 주고, 다시 일으켜 줄 수 있는 그러한 사람이 있느냐 없느냐'가 더 중요한 문제로 다뤄져야 할 것입니다.

누가 실패하고, 누가 좌절합니까? 사업에 실패했기 때문입니까? 아니면 건강이나 자녀들의 문제 때문에 낙담합니까?

저는 아니라고 생각합니다. 도리어 그러한 실패와 좌절할 만한 상황들 가운데에서 도리어 그들이 위로받고 격려받을 수 있는 사람들, 그런 기쁨의 모임들을 경험하지 못했기 때문에 넘어지고 좌절한다고 생각합니다. 그러한 사람들을 갖고 있지 못했을 때에 오늘 본문의 말씀처럼, '홀로 있어 넘어지고 붙들어 일으킬 자가 없는 자'(10절)

에게는 뭐가 있습니까? 화가 있으리라.

　여러분, 주위에 진실하고 참된 친구를 사귈 수 있도록 의식적으로 노력을 해야만 합니다. 누구는 원치 않겠는가마는 친구들을 가려서 사귀어야죠.

　잠언 27:17에, "철이 철을 날카롭게 하는 것같이 사람이 그 친구의 얼굴을 빛나게 하느니라."고 했습니다.

　신앙의 좋은 친구 하나 잘 사귀어 놓으면 여러분의 신앙생활 하는데 있어 일평생 기쁨과 즐거움들을 가져다 줄 것입니다.

　'함께 더불어 산다'는 것, '함께 예배 드린다'고 하는 것은, 단지 같은 교회에 다니고 같은 목장(구역)에 소속되어 있다는 것만을 의미하지는 않습니다. 그것은 동일한 목적을 지향하는 사람들이 서로 힘을 합치는 것이고, 타인의 삶과 아픔을 나의 삶에 투영(投映)시키고자 하는 의지적 결단과 실천을 동반하는 것을 의미합니다. 다시 말해 삶의 모든 희로애락(喜怒哀樂)을 같이 나눈다는 말입니다.

　인생의 광야 길이 얼마나 매섭습니까? 갖가지 시험들, 그 매서운 바람들을 혼자의 힘으로는 도저히 감당할 수가 없지만, 그 일들에 대하여 신앙의 동료들과 마음을 합쳐 뭉친다면 그 어려움들을 충분히 극복해 나갈 수 있다는 것입니다.

　"한 사람이면 패하겠거니와 두 사람이면 능히 당하나니."

　거기에 하나님의 도우심, +α가 겹쳐지면 삼겹줄의 놀라운 역사가 있게 되어집니다. 할렐루야! 아무것도 끊을 수가 없죠.

　우리는 모두 부족합니다. 목사라고는 하지만 목사인 저도 부족하고, 우리 중에 '나는 완전하다' 자신 있게 말할 수 있는 사람 아무도 없을 것입니다.

　이 거친 인생의 광야 길을 홀로 살아갈 수가 없습니다.

부족하기에 서로의 몸을 부대끼면서, 매서운 바람들을 체온으로 함께 녹이면서 함께 걸어가는 것이고, 그것이 곧 신앙생활입니다.

주님을 향한 이 뜨거운 교제와 몸부림 속에서 우리는 비로소 우리가 그리스도인 되어졌음을 스스로 확인할 수 있는 것이고, 또 내가 살 수 있는 방법이기도 합니다.

눈에 보이는 형제·자매들에게 일말의 관심도 없으면서 내가 어떻게 눈에 보이지 아니하는 하나님에 대해 관심을 가지고 있다고, 사랑한다고 말할 수가 있겠는가?

비록 우리의 모임과 교제가 만족할 만한 것이 못될지도 모릅니다. 이런 사람 있고 저런 사람 있고 사실 100% 만족하면서 신앙생활하는 사람이 어디 있겠습니까? 아무도 없을 것입니다.

그러나 이런 교제가 우리 가운데 있다는 것이 얼마나 감사합니까?

세상 친구들 모임에는 이런 모임이 없습니다. 누가 내 영혼을 위해 가슴 아파해 주고, 울며 중보기도 해 주겠는가? 신앙의 동료들만이 해 줄 수 있는 것이거든요. 계속 관계성들을 가지면서 이 광야와 같은 세상을 살아가야 하는데, 그래서 하나님께서 우리에게 교회를 주시고, 목장(구역)을 주신 것 아니겠습니까?!

우리는 부지런히 성도의 교제 안에 머무르려 노력해야만 합니다. 적극적으로, 부지런히 성도의 교제 안에 머무르려고 힘써 노력하십시다.

우리는 주 안에 있는 형제 자매들을 향해서 이렇게 고백할 수 있어야 합니다.

뭐라고 고백해야 할까요? "나는 당신이 있음으로 인해 행복합니다. 내가 당신에게 위로가 되어 드리겠습니다."

이제 옆자리에 계신 성도님에게 한 번 말씀해 보십시다. "나는 당신이 있음으로 인해 행복합니다. 당신을 보니까 위로가 됩니다." 귀속 말로만 하지 말고….

우리가 서로, 우리의 지체들에게 위로가 될 수가 있고 서로 격려가 되어줄 줄 아는, 그런 아름다운 ○○교회 공동체를 만들어 나갈 수 있기를 주님의 이름으로 축원합니다.

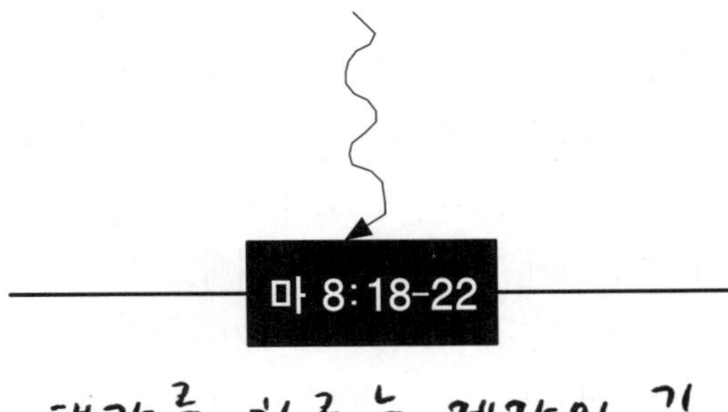

대가를 치르는 제자의 길

> "예수께서 무리가 자기를 에워쌈을 보시고 저 편으로 건너
> 가기를 명하시니라 한 서기관이 나아와 예수께 말씀하시되 선
> 생님이여 어디로 가시든지 저는 좇으리이다 예수께서 이르시
> 되 여우도 굴이 있고 공중의 새도 거처가 있으되 오직 인자는
> 머리 둘 곳이 없다 하시더라 제자 중에 또 하나가 가로되 주
> 여 나로 먼저 가서 내 부친을 장사하게 허락하옵소서 예수께
> 서 가라사대 죽은 자들로 저희 죽은 자를 장사하게 하고 너는
> 나를 좇으라 하시니라" (마 8:18-22)

예수님께서 많은 병자들과 귀신 들린 자를 고쳐 주시자 무리들이 구름떼처럼 그분의 주위에 몰려들었습니다. 그들에게는 체면이란 게 없었을 것입니다. 밀고 당기고 소리지르고, 아마 대단했을 것입니다. 이때 우리가 쉽게 짐작할 수 있는 것은 예수님께서도 몹시 지치고 피곤하셨으리라는 것입니다. 그러므로 예수님은 자신을 에워싼 군중들을 벗어나 잠시 쉬시고자, 바다 건너편으로 가고자 하셨습니다.

이 때, **한 서기관이** 예수님께 나아와 말합니다. 19절입니다. "한 서기관이 나아와 예수께 말씀하시되 선생님이여 어디로 가시든지 저는 좇으리이다."

서기관은 율법학자들을 가리키는 말로서, 주로 성경을 필사하는 일들을 맡고 있는 종교지도자들을 말합니다. 그들은 5세 때부터 율법규례들을 교육받기 시작해서, 13세 때에는 '배움의 아들'이라 불리우는 고등교육 기관에서 공부를 계속합니다. 무려 30세 때까지 이 배움들이 계속 되어집니다. 그리고 30세가 지나서야 비로소 성경을 가르칠 수가 있었습니다. 무려 25년 동안이나 성경을 전문적으로 연구했던 사람들. 그래서 이들은 백성들로부터 '랍비(선생님)'라 칭함을 받고 존경과 사랑을 받았습니다.

그런데 이런 서기관 된 사람이 예수님을 자신의 선생님으로 인정하고, 그분의 제자가 되겠다고 나섰던 것입니다. 그 당시 예수님과 율법학자들 간의 대립적인 상황에서, 이 서기관의 결단은 분명 아주 힘든 결단이었을 것이 분명합니다.

"그가 왜 이런 결단을 하였을까?"

정확히는 알 수 없지만, 아마도 그는 예수님에게서 하나님의 종으로서의 어떤 이상적인 모습들을 발견했던 것 같아 보입니다.

예수님의 말씀은 힘이 있었고, 백성들의 심령을 움직이는 감동이 있었습니다. 수십 년 동안 웅변술을 익혀왔었던 선배 서기관들과는 비교가 안될 정도로 그분의 메세지에는 은혜가 있었습니다.

그분의 사랑과 능력 또한 참으로 감동적이었습니다. 각색 저는 자와 병든 자들, 귀신 들린 자들을 일일히 다 고쳐 주셨으며, 세리와 죄인들, 이방인들을 넓은 가슴으로 품어 주셨습니다. 그분은 이 일을 위해 식사할 겨를도 없었고, 풍랑 이는 배 안에서 잠이 들 정도로 바쁘게 사역하셨습니다.

자신이 더 지치셨을 텐데, 그러면서도 그분은 먼저 말씀을 듣는 무리들의 기진할 것을 염려하는 분이셨습니다.

이런 예수님의 모습을 보고, 또 그분에게로 무리들이 물밀듯이 몰려드는 모습을 보니, 그는 예수님이 그 시대가 낳은 참 목자요 지도자로 보였습니다. 그래서 이 예수님을 따르고자 굳게 결심하고 예수님께 말씀 드렸습니다.

"선생님이여, 어디로 가시든지 저는 좇으리이다."

그는 형편에 얽매이지 않고, 진리의 삶을 살고자 하는 마음의 소원이 있었습니다. 무엇인가 가치 있는 삶을 위하여 어떠한 어려움도 감당하고자 하는 나름대로의 결단이 있었습니다.

예수님도 이 서기관의 마음을 아셨습니다. 이런 서기관의 뜨거운 비전을 보시면서 그를 제자로 받아주실 만합니다. 그러나 예수님께서 어떻게 대답하셨습니까? 20절을 보십시오. "여우도 굴이 있고 공중의 새도 집이 있으되 오직 인자는 머리 둘 곳이 없다."

예수님의 말씀은 전혀 의외의 반응이었습니다. 얼핏 들으면 서기관의 질문과는 아무런 상관이 없는 것같이 들립니다.

왜 이런 말씀을 하시는가? 20절의 말씀을 자세히 보면, 예수님의 말씀이 참으로 지혜롭다는 것을 알 수 있습니다.

예수님은 그가 제자가 되겠다고 하는 것을 거절하지 않으셨습니다. 그에게 자격이 없다 말씀하시지 않고, 다만 **제자가 되기 위한 기본적인 자격**을 제시하고 있다는 것입니다.

"산에 사는 여우도 자기의 굴이 있고 넓은 창공을 날으는 새도 저녁이 되면 깃들일 장소가 있는데, 그러나 네가 따르고자 하는 나는 머리 둘 곳 하나 없는 사람이다. 그래도 네가 나를 따르겠느냐?"

그가 예수님을 따랐는지 어쨌는지는 나오지 않아서 잘 모르겠으나, 어쨌든 이 서기관은 예수님의 겉모습만 보았던 사람인 것이 분명합니다.

놀라운 권능들을 행하시는 예수님, 죄인들을 사랑으로 감싸 주시는 분, 무리들의 존경과 사랑을 한 몸에 받으시는 예수님…. 이 예수님을 따르기만 하면, 좀 고생은 좀 하겠지만 가장 가치있고 의미있는 삶을 살 수 있으리라 생각하였습니다. 지금이야 힘들지만 때가 되면 그에 따르는 보상이 있으리라 확신하였습니다.

그러나 예수님의 실제 삶이 어디 그렇던가요? 그분의 삶은 겉으로 드러난 것처럼 그렇게 화려하고 아름다운 생활이 아니었습니다.

또 장래가 보장된 삶도 아닙니다. 여우도 굴이 있고 공중의 새도 집이 있으되, 그분은 잠시 머리 둘 곳조차 없으셨던 모습이었습니다. 그분은 우리를 부요케 하시기 위해 하늘의 모든 영광과 권세들을 버리시고, 이 땅에 낮고 천한 모습·죄인의 몸으로 오신 분입니다. 그리고 죄로 말미암아 멸망받아야 할 우리 인생들의 죄를 담당하시기 위해 자신의 모든 것을 희생하셨습니다. 내가 죽어야 하고 내가 진노받아야 할 그 십자가의 자리에서 말이죠.

그분의 삶은 머리 둘 곳이 없으신 사명인의 삶이요 십자가의 삶이었습니다. 그분께 보장된 것이 하나 있다면, 십자가의 죽음만이 보장되어 있을 뿐입니다.

이런 예수님을 우리가 믿고 따른다?! 무엇을 의미합니까?

당연히 그분을 믿고 따르는 자들에게 전인격적인 희생과 헌신, 눈물의 십자가들이 요구되어진다 하겠습니다.

예수님은 이렇게 말씀하셨습니다. (천천히 성도들이 따라 암송할 수 있도록!)

"아무든지 나를 따라 오려거든 자기를 부인하고, 날마다 제 십자가를 지고 나를 좇을 것이니라."(눅 9:23)

이 서기관은 '예수님의 제자가 된다'는 것이 정확히 무엇을 의미하는지, 나에게 무엇이 요구되어지는지를 이해하지 못하고 있었습니다.

예수님을 따르려면 반드시 치러야 할 대가들이 있다는 것과, 예수님을 백날 따라다녀 봤자 돈 한푼 안 생기고 도리어 돈 쓸 일만 생긴다는 것, 아무리 수고해도 애쓰더라도 그것을 남모르게 눈물로 조용히 섬겨야 하는 섬김의 길이라는 것, 그는 이런 사실들을 알지 못했습니다. 예수님을 따르면서, 어느 정도의 희생들은 각오하고 있었지만 동시에 칭찬과 영광을 함께 구가하고자 하였습니다. 교회 일도 하고 사람들에게 칭찬도 받고, 꿩 먹고 알 먹고가 아니냐?!

오늘날도 많은 사람들이 교회를 찾아옵니다. 말씀이 좋고, 교회 분위기가 좋고, 프로그램이 좋아서, 이래 저래서 예수 믿는 사람들이 찾아옵니다. 아마 예수님의 제자들도 그분의 설교를 듣고 신선한 충격을 받았을 것입니다. 병이 고쳐지고, 앉은뱅이가 일어나고, 귀신들이 벌벌 떨며 쫓겨나가는 것을 보니까 신기합니다. 너무너무 매력적입니다. 보리떡 다섯 개와 물고기 두 마리로 오천 명을 먹이신 그분만 믿으면 무엇이든지 다 될 것만 같습니다.

그러기에 많은 사람들이 예수님의 제자가 되려고 생각합니다.

설교를 듣다가 마음에 제자로서의 삶을 결심하기도 하고, 성경공부를 하다가 평생 주를 위해 헌신할 것을 서원하기도 합니다. 참으로 대단한 각오입니다. 누구나 이런 결단들이 있어야 할 것입니다.

그러나 문제는, 이러한 제자로서의 삶이 그리 간단치 않다는데 문제가 있습니다.

제가 보기에는, 상당히 많은 성도님들이 자기 신념에 도취되어 신앙생활을 하는 것처럼 보입니다. 그들은 매주 교회에 나와 말씀을 들으며, 그 말씀 앞에 결단의 기도를 드립니다. 그리고 나면 내 스스로가 '나는 주님을 따르는 제자가 되었다'라는 생각이 들기도 합니다. 유심히 보면, 믿고 난 뒤에도 삶이 별로 바뀌어지지를 않았는데….

이 서기관의 문제는, 자기가 '예수님의 제자로 살겠다.' 고백하기만 하면 다 되는 줄로 착각하고 있었다는 것입니다.

자, 보십시다. (부드럽게)

오늘날 많은 현대의 교인들이 대형 교회와 유명세 있는 교회들을 찾아서 철새처럼 수평 이동을 합니다. 찬양 집회로 유명한 온누리교회, 제자훈련으로 이름난 사랑의교회, 금요철야와 태신자로 알려진 왕성교회, 각 교회들마다 고유한 특징들이 있어서 교인들이 자기 취향에 맞는 교회들을 찾아 움직입니다. 물론 각자 좋아하는 스타일에 따라 움직일 수 있다고는 하지만, 저는 솔직히 이해가 안되는 부분들이 참 많습니다.

왜 그렇게 교회들을 자주 옮기나?

대개 그런 사람들이 착각하고 있는 것이 하나 있습니다. 그것은 온누리교회의 찬양 집회만 참석하면 마치 자신의 찬양 수준이 한 단계 '레벨 업' 된다고 생각하는 경향이 있다는 것입니다. 사랑의교회에 가서 제자훈련 1단계, 2단계 받으면 자신이 지금 제자로서의 삶을 살고 있다고 착각하며 산다는 말입니다.

우리가 좋은 설교들 듣는다고 해서 우리들의 신앙이 높아지던가요. 백날 들어 보십시오. 도리어 듣는 귀만 높아지는거라.

아무리 좋은 설교를 듣는다 해도 우리가 우리들 스스로의 삶을 바꾸려고 철저히 노력하지 않는다면 아무런 소용이 없다는 것입니다.

제자로서의 삶은 입술로나 머리 속의 생각만으로 되어지는 것이 아닙니다. 그것은 헌신과 낮아짐을 통하여 표현되어지고 고백되어지는 것입니다. 그것은 하나하나 이루어 나가는 것입니다.

"여우도 자기의 굴이 있고 공중의 새도 깃들일 둥지가 있는데, 하지만 네가 따르고자 하는 나는 머리 둘 곳 하나 없다. 네가 예수를 믿겠다고 하는데, 제자로서 삶을 살겠다고 말하는데, 네가 집도 포기하고 돈도 자녀도 다 포기하고 나를 위해 살 수 있겠느냐? 그래도 네가 나를 따르겠느냐?" 이 말이죠.

이럴 때 '아멘'이 나와야 되는데 말이죠…. 우리가 아멘을 자신있게 말하지 못하는 것은 그것까지는 자신이 없다는 말이거든요.

어느 정도까지야 충성은 하겠지만 그것도 어느 정도 적당선까지만이지 그 이상은 안됩니다. 나도 모르게 이런 사고들을 가지고 있다니까요.

그러나 여러분이 차후 그런 자리에까지 이를 줄로 믿습니다. '아멘'?! 지금은 힘들고 순종하기에 버겁지만, 그러나 나중에 신앙 훈련을 받고 난 후에는 차후 허리에 띠를 띠고 내가 원치 아니하는 곳까지도 능히 가게 될 줄로 믿습니다. 그런 충성된 제자들이 다 되시기를 축원 드립니다.

그러자 제자 중 또 한 사람이 예수님께 나아와 부탁하였습니다.
"주여, 나로 먼저 가서 내 부친을 장사하게 허락하옵소서."(21절)
어떤 학자는 이 말이 아직 돌아가시지 않은 연로하신 부친을 두고하는 말이라고 하고, 어떤 학자는 돌아가신 부친에 대한 장사를 의미한다고 주장하기도 합니다. 어쨌든 부친을 장사하는 것은 인륜지대사 중의 대사입니다. 조선시대에는 부친이나 모친이 죽으면 벼슬자리도 내놓고 3년 상을 섬겼다고 합니다.

이런 제자의 요청은 당연한 것 같습니다.

그런데 이 제자의 말 중에 **'먼저'**라는 말에 문제가 있었습니다. 그의 내면에는 예수님을 따르는 것보다 부친을 장사지내는 것이 더 우선시 되어지고 있었습니다. 이에 대하여 예수님께서 22절에 이렇게 말씀하십니다.

"죽은 자들로 저희 죽은 자를 장사하게 하고 너는 나를 좇으라"(22절). 앞에 죽은 자란 허물과 죄로 죽은, 영적으로 죽은 사람을 말하고, 뒤의 죽은 자는 육적으로 죽은 자를 의미합니다.

예수님은 "영적으로 죽은 자들이 육체적으로 죽은 자들을 장사케 하고, 제자인 너는 나를 좇아 말씀을 배우며 생명 살리는 역사에 참여하라."는 것입니다.

자칫 성경의 이 부분을 잘못 해석하면, 기독교는 부친이 돌아가셨는데 장례식에도 못 가게 하는 불효막심한 종교로 오해받을 수도 있습니다. 이 말씀은 예수님의 제자된 자들은 부친의 장례식에 참석하지 말라는 말이 아닙니다.

성경은 주 안에서 너희 부모를 공경하라 말합니다(엡 6:1). 오히려 부모님이 돌아가셨을 때는, 믿는 자가 장례를 주도하여 살아있는 자에게 하나님 나라에 대한 산 소망을 심어 주는 좋은 기회로 삼아야 합니다. 그러면 내 부친을 장사하게 허락해 달라는 것은 무슨 뜻입니까? 내 부친이 돌아가셨기 때문에 장례식을 하게 해 달라는 뜻이 아닙니다.

이 말은 중동 문화권에 의하면, '유산을 받을 때까지 기다리겠다'는 것입니다. 아버지가 죽으면 자식에게 유산을 줍니다. 그런데 연로하신 아버지가 살아 계셔서 예수님의 제자로 따라가고는 싶은데 그것이 언제일런지, 아버지가 죽고 나면 유산을 받고 난 후에 따르겠다는 뜻입니다.

"예수께서 가라사대 죽은 자들로 저희 죽은 자를 장사하게 하고 너는 나를 좇으라."

이 말은 **우선순위**가 바뀌어서는 안된다는 말입니다.

그런데 사람이 어디 그렇게 되던가요. 어떻게 해서든지 이 세상에서의 삶의 평안한 생활을 보장받으며 살아가려고 하는 것이 인간의 기본적인 심성입니다. 그래서 삶을 보장받기 위해 저축을 하고, 집을 마련하며, 생명보험에 가입합니다. 사람이 이 안전에 대해 위협을 받게 되어질 때, 불안해지고 초조해집니다. 그러면 삶에 얽매이게 되어집니다. 예수님은 이런 삶에서의 자기 부인(否認)에 대해 말씀하셨던 것입니다.

그런 의미에서 참된 제자란, 이 세상의 안전과 평안·세상의 행복을 추구하는 사람들이 아닙니다. 도리어 주를 위해, 복음 사역을 위해 자기를 희생하고 부인하는 것, 이것이 바로 제자됨의 길인 것입니다.

믿음은 조건부가 아닙니다. 아버지의 유산 다 받고, 내 건강 다 지키고, 내 할 일 다 하다가 그 후에야 예수님을 따르겠다? 그것은 너무나도 늦는 것입니다. 예수님을 따르는 것은 우리의 생명과도 직결되는 것이요 하나님의 일이 무엇보다도 우선시 되어야 합니다.

이러한 맥락에서 예수님은 말씀하십니다(마 10:37).

"아비나 어미를, 아들이나 딸을 나보다 더 사랑하는 자도 내게 합당치 아니하다."

누가복음에는 한 사람의 이야기가 더 나옵니다.

누가복음 9:6-12절입니다. "주여, 내가 주를 좇겠나이다마는 나로 먼저 내 가족을 작별케 허락하소서. 예수께서 이르시되 손에 쟁기를 잡고 뒤를 돌아보는 자는 하나님의 나라에 합당치 아니하니라"

이 사람은 결심은 하였는데, 여러 가지 집안의 사소한 문제들로 이를 행동에 옮기지 못하는거라. 뭔가 주님을 위해서 일은 해야 하겠는데, 남편이 걸리고 자녀가 걸리고 집안의 빨래꺼리들이 자꾸 걸리는거라.

일단 쟁기를 잡고서, 예수 믿고 제자의 삶을 살기로 결심했으면, 얽매이기 쉬운 모든 것들을 다 끊어 버리고 푯대만을 바라보고 힘써 전진하는 것입니다. 쟁기를 잡고 밭을 갈다가 자꾸 뒤를 보면 어떻게 됩니까? 밭고랑들을 똑바로 갈 수 있나요?

성도가 사명 감당하다가 그 목표를 잃어 버릴 때, 내가 부르심을 입기는 입었는데 왜 부르셨는지, 내가 왜 이 자리에 서 있는지, 그 부르심의 소명감을 잃어 버리게 되어질 때, 하나님 나라에 합당치 못한 자가 됩니다.

말씀을 맺습니다.

오늘날 **'한국 교회가 점점 늙어간다'**고 걱정을 합니다.

왜 그럴까요? 여기 연세 드신 분들이 많이 계신 것 같은데 죄송합니다. 연세 드신 분들의 특징이 무엇입니까? 아는 것은 많은데, 몸이 말을 잘 안 듣죠. 자꾸 잔소리들만 많아지는거라.

신앙에도 이런 연세 많으신 분들이 종종 있습니다. 애늙은이도 있다니까요. 들어서 아는 지식은 많은데, 말만 많고 그에 따른 행함이 점점 적어지는 것입니다.

'헌신하겠다'는 자들은 참 많습니다. 그러나 정작 제자로서의 삶을 살아가는 사람 찾기가 쉽지 않습니다. 여기 계신 분들 말고 다른 교회 사람들….

묻습니다.

여러분은 주님의 제자들입니까? 앞으로도 그렇게 사실 것입니까? 잘 결심하셨습니다.

그러면 머리 둘 곳조차 없이 아침부터 저녁까지 쉬임 없이 수고하셨던 예수님의 삶을 배우십시오. 제자된 자가 안락의자에나 앉아 배 두드리며 편하게 따라갈 수는 없죠.

주님을 따르려고 할 때 제일 중요한 것이 이 '자기 부인'(自己否認)입니다. 이 자기 부인이 이루어지지 않고 예수님을 따른다는 것은 다 거짓말입니다. 내 명예 다 지키고 내 기득권 다 지키며, '난 좋은 역할만 하겠다'는 사람이 어찌 예수님의 제자가 될 수 있겠습니까?

최소한 제자로서의 길은 이렇습니다. 남이 알아 주든 안 알아 주든 예수님을 위해, 예수님 때문에 열심히 일하는 것입니다. 예수님이 섬기셨으니까, 종의 되어 섬기는 것이고요. 예수님이 양들을 위해 자기의 목숨을 내어 주셨으니까, 그의 제자된 자들도 복음의 역사를 감당키 위해 자기의 목숨을 내놓는 것입니다.

오늘날에는 목숨까지 요구하는 그런 경우는 없습니다.

그러나 그 안에 내 시간도 요구되어지고, 내 물질도 들어가고, 내 눈물과 헌신이 요구되어진다고 하는 사실은 예나 지금이나 변함없습니다. 교회의 더러운 부분들, 그것을 구석구석 닦아내기 위해 눈물로 예수님의 발을 적셨던 마리아의 모습, 이것이 제자된 자의 모습입니다.

머리 속의 생각만으로 '제자됨'이 이루어져서는 안됩니다. "아무든지 나를 따라 오려거든 자기를 부인하고 날마다 제 십자가를 지고 나를 좇을 것이니라."(눅 9:23) 말씀하시는데, 헌신과 철저히 낮아짐을 통하여 실제의 삶을 하나하나 개혁해 나가도록 하십시다.

섬기면서 더 이상 무얼 바라거나 기대하지도 마십시다.

그 길은 십자가의 죽음만이 보장되어 있는 길입니다. 그분이 걸어가신 길이라면 나의 수고와 노력이 필요한 곳, 나의 눈물이 필요한 곳, 남들이 모르게 음으로 조용히 섬겨야 하는 곳, 그곳에서 우리의 헌신과 눈물을 쏟아 붓기를 원합니다. 우리 모두가 이러한 희생의 각오로 주의 역사들을 감당할 수 있기를 기도합니다.

우리도 서기관과 똑같은 결단을 내립니다. 오늘 제자 되기에 합당한 자와 합당치 못한 자가 여기서 구별되어질 것입니다. 삶의 개혁하는 노력으로….

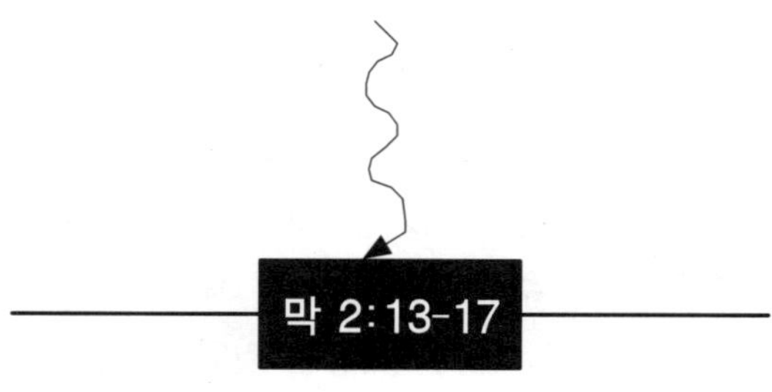

죄인을 부르러 왔노라

"예수께서 다시 바닷가에 나가시매 무리가 다 나아왔거늘 예수께서 저희를 가르치시니라 또 지나가시다가 알패오의 아들 레위가 세관에 앉아 있는 것을 보시고 저에게 이르시되 나를 좇으라 하시니 일어나 좇으니라 그의 집에 앉아 잡수실 때에 많은 세리와 죄인들이 예수와 그 제자들과 함께 앉았으니 이는 저희가 많이 있어서 예수를 좇음이러라 바리새인의 서기관들이 예수께서 죄인과 세리들과 함께 잡수시는 것을 보고 그 제자들에게 이르되 어찌하여 세리와 죄인들과 함께 먹는가 예수께서 들으시고 저희에게 이르시되 건강한 자에게는 의원이 쓸데 없고 병든 자에게라야 쓸데 있느니라 내가 의인을 부르러 온 것이 아니요 죄인을 부르러 왔노라 하시니라" (막 2:13-17)

예수님은 3년 간의 공생애 사역들을 통하여 참으로 많은 사역들을 행하셨습니다. 사복음서가 그분의 행적과 말씀들, 그 사역들을 기록하고 있는데, 이러한 예수님의 공생애 사역들 중 가장 두드러진 두 가지 사역을 언급하라면 '말씀 선포'와 '치유의 사역'이라고 할 수 있습니다.

이 두 사역들은 서로 따로따로 분리하여 생각할 수 없습니다. 그 것은 마치 동전의 양면과 같아서, 예수님의 말씀 사역이 그 치유의 사역들로 말미암아 확증되어지고 실제화 되어진다고 하는 의미를 지 닙니다. 그것은 메시아 시대의 도래로 말미암아 이루어질 하나님의 나라가 현실 가운데 구체적으로 임하였다고 하는 가시적인 표징이 되는 것입니다.

여기서 '치유'라고 말함은 육체적인 병이 낫는 것만을 의미하는 것 이 아니라 영적인 죄들, 그 죄의 모든 영향력에서의 해방까지도 다 포함하는 말입니다.

본문에는 **'레위'**라고 하는 사람이 예수님께 치유받는 기사가 등장 합니다.

예수님이 갈릴리 해변 지역에서 가르치시고 그곳을 지나가시다가 세관 사무실에서 근무하며 앉아 있는 레위를 보시고 그에게 말씀하 셨습니다. "나를 좇으라." 그러자 세리였던 레위가 예수님의 말씀을 듣고 곧 그 자리에서 일어나 그분을 따랐다고 하는 이야기입니다.

레위가 구원을 받고 예수님의 제자가 되었다고 하는 사실은 그 당 시로서는 매우 충격적인 사건이었습니다. 그도 그럴 것이 당시의 사 회제도 통념상으로 볼 때, 세리가 예수님의 제자가 된다는 것은 도 저히 용납될 수 없는 '천부당만부당'한 일이었기 때문입니다.

예를 들어 예수님의 제자들 중에 아주 극단적인 민족주의자가 한 명 있었죠? 흔히 열혈당원이라고 부르는데, 누구입니까? '가나안인 시몬'. 시몬과 같은 사람이 레위를 볼 때 어떠했겠습니까?

통념대로라면, '에이 더러운 ××' 세리의 그림자만 봐도 침을 뱉 어버릴 정도로, 세리를 '나라 팔아 먹은 놈'이라고 아주 증오의 대상 으로 여겼을 것이 분명합니다.

세리들은 당시 창녀나 죄인들과 동등하게, 아니 그 이하로 취급되어졌습니다. 창녀들은 자기들의 몸만 더럽히죠. 세리들은 자기의 더러운 이익을 위해서 온 나라를 더럽히는 매국노 취급을 당했습니다. 심지어 성전 세를 착복해 먹던 악한 종교 지도자들에게조차 죄인 취급을 받았을 정도니까 어느 정도인지 쉽게 짐작이 갑니다. 어울리지를 못하니까 다른 계층의 사람들과 점차로 격리되어졌고, 결과 동족애나 종교생활로부터도 점점 더 멀어질 수밖에 없는, 그것이 세리들의 모습이었습니다.

당시 로마 정부가 부과했던 세금의 종류는 크게 둘로 나누어집니다.

직접세와 간접세. 대개 로마인들이 세리였지만, 이들은 때로 속국의 주민들을 고용하여 해당지역의 세금을 대신 거두어 들이기도 하였습니다.

먼저, 인두세와 토지세입니다. 가장 커다란 비중을 차지하고 있는 세금인데, 직접세로 이는 로마인들이 직접 거두어 들였습니다.

반면에 간접세들이 있습니다. 예를 들어 교량이나 운하, 각종 국도의 길목 요소요소에 관리들을 세워 그곳의 통행세들을 걷는 것입니다. 간접세는 직접세와는 달리, 이는 그 관리들이 유대인들입니다.

이들에게는 일년 동안에 거둬들일 세금의 액수가 미리 정해져 있었습니다. 반면에 통행자들에게 부과될 세금의 액수는 거의 정해져 있지를 않았습니다. 천원을 받을지 만원을 받을지는 세리들 마음대로라. 어쨌든 일년 동안 정해진 세금 액수만 내면 됩니다. 세리들은 세금을 더 걷어들여 남으면 그만큼 세리들이 갖는 것이고, 모자라면 자기들 주머니에서 보충하는 그러한 방식. 그러면 더 거둘까요, 덜 거두게 될까요? (사업 수완이 있으시네요!) 당연히 정해진 것보다도 훨씬 더 많이 거두게 되어 있습니다. 얼마든지 남용될 요소가 많았습니다.

　로마인들의 고도의 정치적 술책이죠. 유대인들끼리 서로 싸우고 반목하게 만듦으로써 다스리기를 쉽게 만들자는 것이죠. 그리하여 로마법의 묵인 아래 많은 백성들로부터 재산을 착취하였고, 또 그 돈으로 고리대금(高利貸金)을 놓아 재산을 불리는데 혈안이 되었던 사람들이 세리들입니다.

　오늘날도 가끔 이런 생각들을 가진 사람들이 있죠. 자기 공장 공원이나 직원들의 임금을 착취해 외국으로 빼돌리고는 자기는 다른 나라에 도피해 그럴 듯하게 사는 사람들 말입니다. 세리가 바로 그런 사람들이었습니다. 또 착각할라 오늘날 세무소 직원들이랑은 질적으로 다른 사람들입니다.

　그는 갈릴리의 분봉 왕이었던 헤롯 안디바에 의해서 세리로 고용되어졌습니다. 그가 **'왜 세리가 되었는가?'** 정확히는 알 수가 없지만 상상하기로는 그는 당시 사회에 만연되어진, 금전만능주의에 흠뻑 젖어 있었던 사람으로 보입니다. '돈만 있으면 인생을 멋지게 즐길 수 있을텐데, 수단 방법 가리지 않고 일단 돈이 있어야지. 뭐니 뭐니 해도 Money가 최곱네다.' 이런 사고방식을 가진 사람이라면, 자기의 목적 달성을 위해서는 세리직을 택하는 것이 성공의 가장 빠른 지름길이었을지도 모릅니다.

　레위가 왜 이처럼 위험한 생각을 갖게 되어졌을까요?

　무식했기 때문일까? 절대로 그렇지 않습니다. 세상에 매국노치고 무식한 사람은 아무도 없더라구요. 그는 마태복음을 기록할 정도로 뛰어난 지식인이었습니다. 금세기 성경학자들은 레위를 일컬어서 예수님의 제자들 가운데 가장 유식했던 인물로 평가할 정도로 그는 뛰어난 사람이었습니다. 해를 끼치는 사람들을 보면 무식한 사람보다는 유식하고 잘난 사람들이 사고치는 경우가 훨씬 더 많은 것을 볼 수가 있습니다. 그런 점은 예나 지금이나 별로 다를 바가 없는 것

같습니다.

그런데 우리가 여기서 한 가지 주목해야 할 부분이 있습니다. 그것은 레위가 돈을 얻기 위해서 가장 중요한 것들을 잃어 버리지 않으면 안되었다고 하는 사실입니다.

그의 본명(本名)은 **'알패오의 아들 레위'**라는 이름입니다. 마태복음 9장에는 '마태'라는 이름으로 나와 있는데, 이는 레위가 예수님의 제자가 된 후에 주어진 사도명(使徒名)으로 보입니다.

시몬이 '베드로'라는 새로운 사도명을 받은 것처럼 말입니다.

마태의 이름의 뜻은 '하나님의 선물'이라는 말입니다. 어쨌든 그가 '레위'라는 이름을 지닌 것으로 보아, 그의 가문은 유대의 지파 중에서도 특별히 구별된 레위 지파에 속했던 것으로 보입니다. 그는 제사장 가문에서 태어난 사람이었거나, 아니면 성전에서 제사장의 일을 도와 수종드는 성직자 집안 출신이었던 것 같습니다. 그는 다른 어느 가정보다도 더 엄격한 신앙훈련을 받으며 자란 사람입니다.

그럼에도 불구하고 돈을 얻기 위해 신앙을 저버린 사람, 돈과 하나님을 맞바꾼 사람이었습니다. 레위에게 있어서는 가정을 버리고 민족을 배신하여 착취하는 행위도 큰 죄이지만, 하나님을 저버리고 세상으로 나간 것은 더욱 큰 죄라 할 것입니다.

그러면 예수님께서는 너무나 큰 죄인, 이 레위를 어떻게 다루셨는가?

예수님께서는 세리에 대한 일반 세인(世人)들의 모든 고정관념들을 깨뜨리시고, 레위를 당신의 제자로 불러 주셨습니다. 그것도 회당이나 말씀을 전하시던 장소에서 그가 찾아와 부르신 것이 아니라, 레위가 세리로 일하고 있는 그 세관 곧 범죄의 현장으로 직접 찾아와 주셨습니다.

레위가 그 자리에서 예수님을 만나리라고 상상인들 했겠습니까?

꿈엔들 상상치 못했을 겁니다. 자신의 구원이나 심판에는 전혀 아랑 곳하지 않는 모습으로, 그 날도 '어떻게 하면 한푼이라도 더 이득을 볼 수 있을까?' 고민하고 있을 때, 그러한 자리에 예수님이 찾아 오 셨던 것입니다.

범죄의 현장에, 아직도 청산치 못한 옛날의 부끄러운 생활 속에 푹 젖어 있는 그러한 세리 마태에게, 죄인인 마태에게 예수님이 찾 아 오셨다….

사실 미안한 말이지만, 세리 마태나 우리나 거의 똑같은 모습이 아닐까 생각합니다. 우리들은 어떻습니까? 일주일에 한 번 주일 날 예배 드리는 시간 한 시간을 빼놓고는, 하나님 말씀을 생각한다든지 내 삶을 점검해 본다든지 하는 것이 결코 쉽지 않다는 것이 현실입 니다. 사는 게 얼마나 바쁜지, 산다는 것이 일상의 생활들에 쫓겨 주님 생각할 겨를이 전혀 없는 것이 사실 아닙니까? 직장 다니랴, 학교 다니랴 아침부터 저녁까지 얼마나 바쁩니까? 남편과 애들 뒷바 라지 하기도 바쁜데, 언제 QT 하고 언제 성경공부하겠습니까?

새벽기도, 어디 꿈인들 꾸겠습니까? 정신 없이 지내기 쉬운 우리 의 삶에, 내 삶의 중심에 찾아 오사 '나를 좇으라' 말씀하셨다라는 것입니다. 우리도 이러한 주님의 음성 듣기를 원합니다.

자칫 무감각해질 수 있는 이런 삶의 자리에서 부르심의 소명이 무 엇이고, 내게 무어라 요구하시는지, 삶을 반성하며 주의 은혜들을 돌이켜 생각하는 복된 시간이 되시기를 기도합니다.

오늘 본문의 말씀을 통해 알 수 있듯이, **예수님이 세관에 찾아오 신 목적은 '레위'라고 하는 한 사람을 회복시키시기 위함이셨습니 다.**

주님의 관심사는 그의 직업이 아니었습니다. 그가 들고 있던 자질

구레한 서류의 내용들도 아닙니다. 냄새나는 그의 더러운 과거도 아니었고, 그가 얼마나 큰 죄를 지었는가 들춰 보고자 하기 위함도 아니셨습니다. 단지 레위라고 하는 그 사람 자체가 예수님의 관심사 전부였습니다.

예수님께서 보시기에 '레위'는 병자였습니다. 돈 잘 벌고 잘 나가는 인생 같았지만, 그는 구원자이자 만병의 치료자이신 예수님이 꼭 필요한 사람이었습니다.

레위의 영혼에는 자기의 죄와, 그 죄로 인한 자책감이 있었습니다. 자신도 지금 자기가 하는 일들이 잘못이라는 것을 압니다. 이렇게 행해서는 안되고, 이렇게 뜨듯미지근하게 예수 믿어서도 안된다고 하는 사실 역시 잘 압니다. 그렇지만 어떻게 할 수가 없는거라. 당장 먹고 살려면 돈을 벌어야 하는데…. 너무나도 삶에 지독하게 매여 있는 사람, 가버나움에 있는 수많은 병자들 중에 그는 치료자 예수님이 시급히 만나 주어야 할 영적 환자였습니다.

여기서 **'죄인'**이라 함은 도둑질하고 살인하고 간음한, 하나님의 계명을 범한 자들을 가리키는 말이 아닙니다. '죄인'이란, 바리새인들의 입장에서 바라볼 때에는, 율법과 전통에 대하여 무지한 자들, 그 법을 준행하지 못하는 자들이 죄인이었습니다.

그러나 예수님은 죄인에 대하여 아주 색다른 정의를 하고 계시다는 겁니다. 그분은 육신적으로 연약해서 비록 율법의 행위들을 범할 수밖에 없는 죄인의 부류에 속한 자이나, 겸손히 자기를 부인함으로써 '나는 예수님이 꼭 필요합니다' 그분의 초대에 응한 자는 더 이상 죄인으로 취급하지 않으셨습니다. 오히려 '용서받은 죄인'이요 도리어 그분과 '친구가 되어진 자'로, 그 존재 가치가 상승되고 변화되어졌음을 선포하고 계신다는 사실입니다.

반면에 **'건강한 자'**란, 타인의 그 어떤 도움이나 종교적인 권면도 필요치 않다고 느끼는, '그냥 내비둬. 이렇게 살겨' 종교적으로 아주 교만한 자들을 말합니다. 특별히 예수님의 치유 사역과 그분의 말씀들을 거부하는 자들, 은혜도 필요 없고 죄사함에 대한 간절한 필요성도 느끼지 못하는 자들, 그들은 자칭 건강한 자들인 것입니다.

실로 예수님은 이런 자기 의를 추구하는 의인들을 부르러 온 것이 아니었습니다. 도리어 예수님을 절실히 필요로 하고, 영혼의 의사이신 그분께 자신의 온 인격을 내어 맡기는 자, '나도 죄인입니다. 내게도 예수님이 필요합니다. 말씀대로 살기를 간절히 원하지만, 제가 연약한 것 아시죠. 주님이 붙잡아 주세요' 고백할 줄 아는 사람들. 그들이 곧 죄인들과 병든 자들입니다. 그들을 부르러 오셨다는 말입니다.

예수님은 이러한 죄인들과 함께 식탁 교제를 나누시고, 그들과 어울려 친구가 되어 주셨습니다. 그들을 더 이상 죄인 취급을 하지 않으셨습니다. 도리어 그들을 변호하는 자로, 하나님 나라의 유업을 함께 이을 거룩한 자녀들로 여겨 주셨습니다.

유대 사회에서 함께 식사를 나눈다는 것은 상호 간을 서로 인정하고 우의를 나눈다는 것을 의미합니다. 유대인들은 **식탁 교제**를 통해 평화로 하나가 되어졌고, 하나님의 언약 공동체에 함께 소속되어져 있다는 것, '저 사람도 하나님의 백성이구나' 그것을 서로 확인하는 한 방편으로 식사를 나누었습니다. 그래서 갈라디아서 2장을 보면, 베드로가 이방인들과의 식탁 교제 중에 예루살렘에서 내려온 유대인들을 보고 그 자리를 피했다가 바울에게 공개적인 비난을 받잖습니까? '하나님께서 허락하신 이방인의 구원을 왜 거절하는가?' 말이지요.

이처럼 식탁 교제는 참으로 중요한 의미를 지닙니다.

그런데 예수님께서 세리나 죄인들과 함께 앉아서 식탁 교제를 나누신다?! 평소 하나님의 아들이라고 주장하던 사람이, 율법을 완성하러 오셨다는 분이, '아니 재판장이 어떻게 마피아랑 같이 식사를 할 수가 있지?

당시 종교 지도자들의 관점에서 보면, 가히 혁명적인 행동이 아닐 수 없습니다. 바리새인과 서기관들은 예수님의 행동을 도무지 이해할 수가 없었습니다. 따라서 예수님과 바리새인들 사이의 격렬한 논쟁의 초점은 언제나 죄에 대한 정의에 모아지는 것을 볼 수 있습니다. '죄가 과연 무엇인가?' 자기들의 생각과 기준에 잘 맞지를 않는다는 것이죠.

그러나 예수님은 섬기시고 회복시키시려고 오신 분이었습니다. 예수님께서는 "의인을 부르러 온 것이 아니라 죄인을 부르러 오셨음"을 자신이 분명히 하셨습니다.

"내가 의인을 부르러 온 것이 아니요 죄인을 부르러 왔노라"(17절).

그분은 죄인을 심판하고 벌주러 오신 분이 아닙니다. 오히려 그 죄에서 해방시키고, 그들에게 자유함과 기쁨을 주시려고 오신 것입니다.

"하나님이 세상을 이처럼 사랑하사 독생자를 주셨으니, 이는 저를 믿는 자마다 멸망치 않고 영생을 얻게 하려 하심이니라"(요 3:16).

하나님이 그 아들을 세상에 보내신 것은 세상을 심판하려 하심이 아니요 저로 말미암아 세상이 어떻게 된다고요? "세상이 구원을 받게 하려 하심이라." 요한복음 3장 17절 말씀입니다. 3장 16절은 아셨어도, 바로 뒤 17절에 이 말씀이 있는지는 모르셨죠?!

'나를 좇으라'는 예수님의 음성을 듣자 레위에게는 즉시로 놀라운 변화가 일어났습니다.

이제까지 레위의 마음을 옭아매고 있던 돈의 쇠사슬이 순식간에 끊어져 버렸습니다. 그가 드디어 돈으로부터 자유함을 얻었던 것입니다. 그는 이제 하늘을 쳐다보며, 하나님을 아버지라 부를 수 있었고, 그분의 영광을 바라볼 수가 있었습니다. 기쁨의 광채가 이제 그의 마음 속에서 그를 환하게 사로잡았습니다.

예수 믿는다는 것이 뭔지, 그 기쁨이 뭔지, 왜 사는지, 무엇을 위해 사는지, 돈도 명예도 젊음의 이기적인 욕망도, 세상의 그 어떤 것에도 더 이상 얽매이지 아니하는 참 자유인, 그것이 레위의 변화된 모습입니다. 할렐루야!

레위가 어디에서 그런 힘을 얻을 수 있었을까요? 그것은 바로 예수님의 음성을 그가 들었기 때문입니다.

예수님의 말씀에는 이렇게 힘이 있습니다. 예수 그리스도의 음성을 듣고서 그 자리에 주저앉아 있을 수 있는 사람은 아무도 없습니다. 예수님께서 말씀하실 때 앉은뱅이가 일어나고, 예수님이 말씀하실 때 혀가 어눌한 사람들이 말을 하고, 예수님이 말씀하실 때 병들었던 자가 일어납니다. ('아멘'이 나올 때까지.)

예수님이 말씀하실 때 이미 죽었던 나사로가 그 무덤에서 벌떡 일어나는 역사가, 우리들 가운데에도 역시 일어날 줄로 믿습니다.

주님의 말씀에는 생명력이 있습니다. 삶을 변화시키는 능력이 있었습니다. 죄인의 자리, 세리의 자리에서 '하나님의 선물'·'마태'의 삶의 자리로 바꿔 주실 줄로 믿습니다.

따르기만 한다면, 그 말씀의 역사 앞에 반응하기만 한다면, 오늘날 우리에게도 동일한 말씀의 역사가 일어날 수 있다는 말입니다. 우리가 하나님 나라의 영광스러운 자녀로 살아가려면 '나를 좇으라'는 주님의 음성을 듣고, 그 삶의 자리에서 벌떡 일어나야만 합니다.

우리 역시 사고의 틀을 바꾸어야만 합니다. 과거 그 삶의 자리에 가만히 앉아서는 도무지 변화 받을 수가 없습니다. 과거의 죄악된 습관들, 정직하지 못하고, 혈기 부리며, 나만을 위해서 살아가던 이기적인 삶의 모습들, 이런 모습들을 신앙의 모습들로 바꿔 나가야만 합니다.

의식의 틀에서도 벗어나야만 합니다. 그래야만 변화받은 심령으로 구원의 기쁨과 감격을 누리며 살 수가 있는 것입니다. 그렇잖습니까? 그리스도 안에서 새로운 피조물 된 우리의 심령이 여전히 과거 먹고 마시는 문제들로 꽉 사로잡혀서 살아가고 있는데, 예수님이 비집고 들어올 틈이 없다는 것은 어찌 보면 당연합니다. 낡은 가죽 부대·과거 삶의 환경에, 예수 믿고 난 후의 내 삶과 사고들을 여전히 담아 두어서는 결국 터지고 말 것입니다.

새 포도주는 새 부대에….

"누구든지 그리스도 안에 있으면 새로운 피조물이라. 이전 것은 지나갔으니 보라 새 것이 되었도다"(고후 5:17).

무언가 좀 가치있고, 보람된, 의미있는 인생들을 한 번 살아봐야 하지 않겠습니까? 왜 사는지, 어떻게 사는 것이 진정 복된 것인지, 하늘에 보화를 쌓으며 살라고 하는데 그것이 무엇인지, 평생 주님을 위해 뭔가 해 본 경험이 없는 그런 애매모호한 태도로 그렇게 살아 간다면 곤란하지 않겠어요? **레위와도 같은 결단이 우리에게도 필요합니다.**

레위를 보십시오. 그가 예수 믿은 후 얼마나 마음이 기뻤던지, 자기 집에서 잔치를 베풀었습니다.

누가복음에 보면 레위가 이 잔치에 함께 동고동락하던 자들(온갖 죄인들과 세리 친구들)을 불러 모아, 자신의 예수 믿고 변화된 것을 축하하는 잔치를 베풉니다.

이 잔치가 얼마나 기가 막힌 의미를 지닌 잔치였는지 모릅니다.

이 잔치는 레위가 영적으로 다시 태어난 것을 기념하는 일종의 '생일잔치'이자 동시에 '송별회'적 성격을 띤 잔치로 보여집니다.

레위는 이 자리에서 결단하고 선언했던 것입니다.

그는 이 자리에서 자신의 모든 과거 죄악된 생활들을 청산하고 이제 새로운 삶, 곧 예수 그리스도를 따르는 제자로서의 삶을 구체적인 결단을 했던 것입니다. '마태'로서의 삶을 살기로 했다는 말입니다.

레위와 같은 큰 죄인이 새 사람이 되고, 예수님의 제자가 되었다고 하는 사실은 분명 하나님의 크신 은혜로 되어진 것입니다. 그래서 레위는 자기의 일평생 이름을 기록할 때에는, '마태'라는 이름 앞에 꼭 '세리'라고 하는 단어를 먼저 붙였다고 합니다. 죄인 중의 죄인 나 세리가 하나님의 은혜를 받아 '마태'가 되었다는 뜻이죠.

'큰 죄인 내가, 하나님의 은혜로 사람이 되었습니다' 일생 동안 되새기고 되새기며 살아갔던 사람, 그가 마태였습니다.

이 얼마나 감격스러운 이야기입니까? 우리들 역시 이러한 감격들 가지고 신앙생활 할 수 있기를 기도합니다.

2000년전 세리 마태를 찾아 오셨던 예수님은 오늘날 우리에게도 찾아 오십니다. 그리고 우리로 더불어 주님과의 식탁 교제 나누시기를 원하십니다.

예수님께서 우리에게 초점을 맞추시는 부분은 우리의 겉모양이 아닙니다. '네가 얼마나 부자로 살았느냐, 네 인생 얼마나 많은 지식을 쌓고, 얼마나 성공했느냐?' 성공의 문제가 아니라, 어디에다가 맞춘다고요? 죄(罪), 죄의 문제에다가… "네가 죄사함 받았느냐?"

예수님은 단지 우리 자신이 어떠한 존재인가에 대하여 초점을 맞추고 계십니다. "나는 어떤 존재인가?"

예수님은 병든 자와 죄인들을 부르러 오신 분이십니다.

스스로 지혜 있다고 생각하고, 스스로 힘이 있다고 생각하는 자에게가 아닙니다. '나 역시 세리처럼 부족한 죄인이다. 나에게도 예수님이 꼭 필요하다' 생각하는 그런 사람들에게 예수님은 찾아 오십니다.

우리가 그분 앞으로 나가기 위해서는 무엇보다 내 자신이 문제가 있음을 먼저 인정을 해야만 합니다.

사실, 저나 여러분이나 건강한 자들이 아닙니다. 목사라는 직함과 사장·과장의 직위를 가져 허우대는 멀쩡할지라도, 실상은 주님 앞에서 다 멸망 받고 다 진노 받아야만 할 불쌍한 존재들입니다.

내가 용서받아야 할 필요성 조차 느끼지 않고, 또 내가 죄인이라고 생각지도 않는데, 예수님이 찾아 오시겠는가 말이죠. 심령에 주님을 향한 이러한 간절함이 있어야만 합니다.

여러분의 마음에는 주님을 향한 이런 간절함들을 가지고 계신지요? 10년·20년 예수 믿었지만, 뜨거움이나 감격도 없고 신앙의 깊은 체험도 없어서 '내 신앙이 참 막연하다'고 느끼시는 분들이 계십니까? 아는 것은 많은 것 같은데, 신앙생활은 참 오래 한 것 같은데, 실제적인 삶 속에서는 구원의 감격과 열정들이 일어나지 않는 뜨듯미지근한 그러한 신앙, 찬양을 해도 감격과 희열이 없는 신앙….

아직도 그러한 주님을 만나보지 못했거나 경험해 보지 못했기 때문입니다. 세리장이 레위의 삶과 다를 것이 무엇인가 말이죠.

주님을 만나 뵈어야 합니다. 주님을 만나 뵙고 주님을 경험해야만 합니다.

저는 이 시간 여러분을 초청합니다.

주님 주시는 죄사함의 은혜, 감격을 경험하기를 원하시는 분은 주님께로 나오십시오.

문제가 있는 심령들은 모두 다 나아오십시오. 상처난 심령, 감격이 메마른 심령, 치유받기를 원하고, 신령적인 은사들을 사모하는 심령, 그 기쁨과 감격 누리기를 원하시는 분들은 모두 다 나아와 주님 앞에 나의 죄인됨을 고백하십시다.

"주님, 내게도 주님이 꼭 필요합니다."

"나를 긍휼히 여겨 주시고, 죄악에서 구원하여 주옵소서."

이 시간 다같이 '주여 삼창' 하시고 함께 통성으로 기도하십시다.

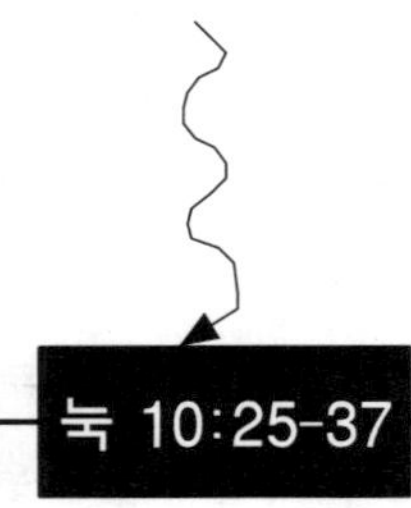

선한 이웃이란?

"어떤 율법사가 일어나 예수를 시험하여 가로되 선생님 내가 무엇을 하여야 영생을 얻으리이까 예수께서 이르시되 율법에 무엇이라 기록되었으며 네가 어떻게 읽느냐 대답하여 가로되 네 마음을 다하며 목숨을 다하며 힘을 다하며 뜻을 다하여 주 너의 하나님을 사랑하고 또한 네 이웃을 네 몸과 같이 사랑하라 하였나이다 예수께서 이르시되 네 대답이 옳도다 이를 행하라 그러면 살리라 하시니 이 사람이 자기를 옳게 보이려고 예수께 여짜오되 그러면 내 이웃이 누구오니이까 예수께서 대답하여 가라사대 어떤 사람이 예루살렘에서 여리고로 내려가다가 강도를 만나매 강도들이 그 옷을 벗기고 때려 거반 죽은 것을 버리고 갔더라 마침 한 제사장이 그 길로 내려가다가 그를 보고 피하여 지나가고 또 이와 같이 한 레위인도 그곳에 이르러 그를 보고 피하여 지나가되 어떤 사마리아인은 여행하는 중 거기 이르러 그를 보고 불쌍히 여겨 가까이 가서 기름과 포도주를 그 상처에 붓고 싸매고 자기 짐승에 태워 주막으로 데리고 가서 돌보아 주고 이튿날에 데나리온 둘을 내어 주막 주인에게 주며 가로되 이 사람을 돌보아 주라 부비가 더 들면 내가 돌아올 때에 갚으리라 하였으니 네 의견에는 이 세 사람 중에 누가 강도 만난 자의 이웃이 되겠느냐 가로되 자비를 베푼 자니이다 예수께서 이르시되 가서 너도 이와 같이 하라 하시니라" (눅 10:25-37)

어떤 율법 전문가가 일어나 예수님을 시험하려고 이런 질문을 했습니다. "선생님, 내가 무엇을 하여야 영생을 얻으리이까?"

이 질문에 대하여 예수님께서 다시 되묻습니다.

"율법에 무엇이라 기록되었으며 네가 어떻게 읽느냐?"

이에 율법사가 자랑스럽게 대답을 합니다.

"네 마음을 다하며 목숨을 다하며 힘을 다하며 뜻을 다하여 주 너의 하나님을 사랑하고, 또한 네 이웃을 네 몸과 같이 사랑하라고 하였나이다." 율법학자는 신명기 6:5절을 인용하면서 토씨 하나 틀리지 않고, 그 위에 주석까지 달아가면서 아주 자로 잰듯 정확한 대답을 하고 있습니다.

율법의 정신은 사랑입니다.

이는 위로 하나님과의 대신(對神) 관계이고, 아래로는 이웃과들의 관계, 즉 대인(對人) 관계입니다.

하나님께 대한 사랑은 "네 마음을 다하며 목숨을 다하며 힘을 다하며 뜻을 다하여 사랑하라"는 것입니다. '100% 완전한 사랑, 전인격적인 하나님께 대한 사랑'을 요구하십니다.

우리는 하나님이 당장 눈 앞에 보이지를 않으니까, 우리의 생활들 중 일부분 그것도 시간이 좀 남아야 주의 일들을 하는 것으로 착각하기 쉬운데, 그러나 그것은 하나님이 원하시는 모습이 아니라는 겁니다. 하나님이 원하시는 것은 내 생활의 전부, 그 어떤 것보다 하나님 스스로가 우선이 되어지기를 요구하십니다.

다시 말해 내 삶의 중심이 되시고, 하나님이 내 인생의 목적이 되시며, 나의 기쁨과 나의 소망·나의 전부가 되어야 한다는 말입니다.

"이를 행하라. 그리하면 살리라." 예수님께서 말씀하십니다.

행함이 없는 믿음은 죽은 믿음입니다.

말씀을 지식적으로만 알고, 삶에서 행치 아니할 때 신앙은 다만 빈 껍질에 불과할 뿐입니다. 마음 속에 아무런 기쁨과 소망이 없고, 도리어 의무감으로 인해 심령이 메마르게 되어지고 늘 어두워지죠. 교회에 나와도 공허한 마음이 없어지지 않습니다. 분명 문제가 있는 것입니다.

예수님께서 보신 청년의 문제는, 그가 '율법을 어느 정도나 알고 있는가?' 지식의 문제가 아니었습니다. 그는 어느 누구보다도 율법적(성경적)인 지식들이 해박하였던 사람이었습니다.

그는 모태 신앙이었습니다. 그래도 어려서부터 믿어온 신앙 습관들이 있어서 율법에서 벗어난 행동들을 별로 한 기억이 없었던 것 같습니다. 주일예배·수요예배·금요철야·새벽기도·십일조에 감사헌금까지, 거의 빼먹은 적이 한 번도 없었습니다.

그러나 그 청년에게 있어서 아주 치명적인 잘못이 하나 있었는데, 그것은 그런 그의 율법적인 행위들에 그의 마음이 전혀 들어가 있지를 않았다는 것이었습니다. 그는 말씀을 듣고 가르치고 그것을 자신이 지키는 것만으로, 자신이 신앙생활을 아주 잘 하고 있는 양 착각을 하고 있었습니다.

모든 예배에 다 참석하고 다른 이들보다 최소한 열심이니까, 속으면서 그렇게 그냥 신앙생활 하고 있는 겁니다.

이런 그에게 예수님은 **'이를 행하라'** 말씀하고 계시다는 것입니다. '네가 알고 있는 것, 네가 율법책에서 어려서부터 배워왔던 것 그것을 행하라.' 분명한 삶의 방향들을 설정해 주고 계시는데…. 이 말씀을 하시는 것으로 보아, 아마 이 친구는 이런 행함의 부분에 있어 상당한 약점이 있었던 것으로 보입니다.

이제 문제는 그가 과연 이러한 예수님의 요구와 명령에 결단하고 순응하느냐에 달려있다 할 것입니다.

29절을 보십시다. 이 친구가 뭐라고 응답합니까?

이 율법사가 자기를 정당화시키고 옳게 보이려고 예수님께 여짜오되 '그러면 내 이웃이 누구오니이까?' 묻고 있다는 것입니다.

'아니 내 이웃이 누구냐니?' 갑자기 왠 봉창두드리는 소리를?!

이 사람의 질문의 목적은 '자기를 옳게 보이려고' 이런 질문을 했다고 지적하고 있습니다. 회피죠, 회피. 그는 자신에 대한 명령과 요구들을 이웃에 관한 문제를 질문함으로써 화제를 바꾸려 하고 있는 것입니다. 사실 부담스럽거든요.

우리들도 가끔 이러한 오류에 빠질 수 있습니다. 말씀을 듣거나 성경공부를 하다가 실생활 면에 어떤 요구와 도전들에 부딪치게 되어질 때에, 내가 잘 안되고 있는 부분을 자꾸 설교할 때 짜증나잖아요. 이럴 때 '나 몰라라' 회피해 버리기가 쉽다는 것이죠.

말씀 앞에 자신을 드러내놓고 부딪쳐 몸부림치기 보다는 아예 그 문제를 합리화시켜 버리고, '어쩔 수 없잖아. 현실이 그런데,' 자신은 그 문제 뒤로 쏙 빠져버립니다.

그 사람에게 있어 성경의 요구들은 남의 문제이지 나의 문제는 아닙니다. 따라서 말씀은 많이 듣고 성경공부들은 많이 하지만 결단도 없고, 10~20년 신앙생활 하지만 어떤 변화나 성장 또한 기대할 수 없다는 것은 어찌보면 당연합니다.

말씀공부나 설교의 목적은 삶의 변화에 있습니다.

말씀을 들을 때 그 심성이 변화되어지고, 그 사람의 생활이 변화되어지며, 삶의 목적이 변화되어지는 것입니다. 그래서 세상적인 가치관들이 주님이 바라보시는 가치관·영적인 안목을 가지고 바라볼 수 있게 만드는 것이죠.

예전엔 돈 잘 벌고 호화저택에서 벤츠 몰고 다니는 것이 부러웠지만, 이제는 예수를 알지 못하는 사람들이 불쌍하고 그들이 결국 멸망을 받게 될 것이 안타까워 내 가진 바 모든 것들을 그들의 구원을 위해 쏟아 붓는 것, 이것이 바로 예수님의 마음이자 그분의 시각입니다. 변화되어지지 않으면 아무런 소용이 없는거라.

말씀을 듣고 도전을 받지 않는다면, 또 도전을 주지 못하는 설교라면, 그것은 더 이상 아무런 살아있는 말씀이 아닌 겁니다.

마찬가지입니다. 우리가 성경을 머리로만 공부하고 말씀대로 살려고 애쓰고 투쟁하지 않는다면, 성경 지식만이 가득한 바리새인과 다를 바가 없게 되어지는 것입니다. 듣는다는 것만으로 그것이 그 사람을 구원하겠는가 말입니다. 그 마음에 기쁨이 있을 리가 없습니다. 도리어 그 늘어난 성경 지식으로 인해 교만해지고, '그것 밖에 모르냐? 그렇게 섬기는 게 아냐!' 남들을 정죄하고 비난하는 자리에 이르게 될 뿐입니다. 우리가 이런 언행(言行)이 일치되어지는 마음 갖기를 소원합니다.

이에 예수님께서 비유를 들어 설명하고 계십니다. 이것이 바로 본문에 나타난 **'선한 사마리아인의 비유'**입니다.

선한 사마리아인의 비유는, 성도된 우리들이 어떻게 살아야 할 것인가를 가르쳐 주고 있습니다. 본문에는 특별히 세 종류의 사람들을 언급하고 있는데, 이들의 각기 살아가는 모습들에 대하여 생각해 보도록 하겠습니다.

제일 먼저 등장하는 인물들이 누구입니까?

첫째로 등장하는 것이, 강도들의 모습입니다.

이들은 자기를 위해 남의 생명이나 권리를 짓밟는 것을 아랑곳 하지 않는 사람입니다. 매우 이기적이고 동물적인 성품들을 지녔던 사람입니다.

자기만 압니다. 자신에게 손해가 오면 조금도 참을 줄을 모릅니다. 마치 거미와도 같이, 사방에 그물을 쳐 놓고 기다리다가 먹이 (이익)가 나타나면 가차없이 덮쳐 빼앗아 버립니다. 멸망의 자식들, 사탄의 하수인들로 쓰임받는 악한 자들의 모습입니다.

　예루살렘은 해발 760m의 산악지대입니다. 반면에 여리고는 해수면보다 약 250m나 낮은 곳에 위치한 저지대입니다. 두 지역 간의 거리는 약 36km 정도 되고, 길이 아주 가파르고, 길옆에는 석회암 암석들이 많아 도둑들이 자주 출몰하였다고 합니다. 제롬에 의하면, A.D. 4세기 말까지도 도둑들이 극성을 떨었다고 전해집니다.

　그곳을 지나가던 한 사람이 강도를 당한 상황에서 오늘 본문은 시작하고 있습니다. 그 사람이 왜 그곳으로 지나갔는지는 알 수 없습니다만, 어쨌든 그 사람은 길을 가는 중 강도들을 만나 가진 모든 것을 빼앗기고 뭐 하나만 남기고 다 빼앗겨 버렸습니다. 그리고 나중에 탄로날 것이 두려웠던지, 강도들은 그를 무자비하게 때려서 거반 죽게 만들어 버리고 갔습니다. 아마 죽은 줄 알았겠지요. 어쨌든 이 사람은 온몸에 피투성이가 된 채 지금 길바닥에 쓰러져 있습니다. 혼자서는 도저히 어찌할 수 없고, 누군가가 도와 주어야만 그 생명을 부지할 수 있는 아주 어려운 상황이었습니다.

둘째로 생각할 것은, 바로 제사장과 레위인의 모습입니다.

　여기서는 제사장과 레위인이 따로 지나간 것으로 구별해 놓았는데, 저는 한 부류의 사람들로 묶겠습니다. 어쨌든 제사장과 레위인의 주임무는 성전에서 하나님을 섬기는 것입니다. 한참의 시간이 경과한 후에, 한 제사장과 레위인이 우연히 그 길목을 지나가게 되었다는 겁니다.

　당시 '여리고'에는 제사장의 무리들이 많이 모여 살았다고 합니다. 따라서 이곳에는 그들의 왕래가 아주 빈번할 수밖에 없는 지역이었는데, 이들은 아마 성전에서 드리는 제사의무 기간들을 마치고 돌아오는 중이었거나, 아니면 제사를 드리러 현재 성전에 올라가는 중이었을 것으로 추측이 됩니다. 어쨌든 그들은 성전을 향해 가다가 이 강도 만난 사람을 우연히 만나게 되어졌다는 것입니다.

안 만났으면 몰라도, 만났다는 겁니다.

어떻게 해야만 할까요? 당연히 그 강도 만난 사람을 도와주어야만 마땅합니다. 그러나 이게 웬일? 그들은 강도 만난 사람을 보자 얼른 그 자리를 피하여 지나가 버렸습니다.

αντιπαρηθεν(안티파렐덴) '피하여 지나가고'.

'반대편의 길로 돌아서 가고'라는 뜻입니다. 그들의 마음 속에는 그 길을 피하여 가고자 하는 분명한 의도가 있었습니다. 마음 속에서 그를 도와야 한다는 양심의 소리가 분명히 있었으나, 그들은 이를 묵살해 버렸습니다.

비지니스가 바빴는지, 아니면 자기도 강도 떼를 만날까봐 두려워서 그랬는지, 아니면 시체를 만질 경우 자신도 7일간 부정함을 입게 되니까 제사 드리는데 방해가 된다는 핑계로 그랬는지 알 수가 없습니다. 하여튼 '내가 안해도 남이 하겠지, 누군가가 도와주겠지' 하는 식으로 그 길을 피해 지나가 버렸습니다.

그러나 그들의 행위는 어떠한 이유로도 결코 정당화될 수 없는 행위들이었다는 것입니다.

이는 마치 개미와도 같이, 자기 장래를 위해서는 열심히 저축하고 준비하지만, 남들의 유익·교회의 유익들에는 별반 관심을 기울이거나 도와줄 줄 모르는 이기적인 사람들의 모습입니다.

나 하나 천국가면 그것으로 만족하지, 다른 사람들이야 구원을 받든, 멸망을 하든 전혀 개의치 않는 사람들이 바로 이들이었습니다.

우리가 하나님의 백성 된다는 것, 그것은 단지 하나님 앞에 예

배 드린다고 하는 것만을 의미하지는 않습니다.

하나님께서 우리를 먼저 불러 주신 것은, 우리가 우리 주위에 주의 구원을 알리고 소외된 자·연약한 자들, 강도 만난 사람들을 찾아가 위로해 주고 도와 주는 역할을 하게 하기 위함이었습니다. 그런데 '내가 안 도와 줘도 누군가 도와 주겠지. 내가 섬기지 않아도 누가 대신 섬기고 누가 대신 전도하겠지.' 그런데 그 누군가가 바로 '나 자신'이라고 하는 사실들을 잘 모르는 것 같아 보입니다.

이 제사장과 레위인은 자기들만이 선민이고 거룩한 제자장 직분 맡은 사람이라는 것을 자랑만 할 줄 알았지, 하나님이 왜 자기들을 불러 주셨는지, 그런 상황에서 자기들이 어떻게 처신해야 하는지, 그 희생이나 헌신의 의미들을 전혀 알지를 못했다는 말입니다.

선민된 권리·내가 그리스도인 되어 구원받은 것만 행사했지, 그에 따른 의무들에는 전혀 관심이 없었던 사람들, 아니 그러한 하나님의 뜻들을 애써 외면해 버리려 했다는 말이 더 정확한 표현일지도 모르겠습니다. 하나님이 왜 세워 주셨는데….

애써 외면한다고 해서 나를 향한 의무, 이웃에 대한 하나님의 요구로부터 자유로워질 수가 있는가 말이죠. 결코 아니라는 겁니다.

세 번째로 등장하는 사람이, 사마리아인입니다.

이는 꿀벌과도 같이 타인의 유익을 위해서 자의적으로 일하는 사람들, 자신도 유익하지만 타인에게는 더 유익한, 그런 유익함을 위해 노력하는 사람들을 말합니다.

아시다시피 사마리아인들은 유대인에 의해 철저히 무시를 받는 아주 대표적인 사람들이었습니다. 그래서 이런 말이 있었습니다.

"개와 돼지가 구덩이에 빠지면 구해줘도, 사마리아인만은 안 구해준다." 개·돼지만도 못하게 취급받던 사람들이 그들입니다.

이들은 또 율법도 잘 지키는 사람들도 되지를 못했습니다. 그럼에도 불구하고 이 사람은 강도 만난 사람을 결코 외면하지 않았다는 것입니다.

더군다나 그 사마리아인은 지금 여행하는 중이었습니다.

자신의 여행이 어쩌면 강도 만난 사람으로 인해 다 망쳐질 판입니다. 아니, 망쳐질 수밖에 없는 상황입니다. 그도 얼마든지 핑계할 수 있고, 그냥 외면하고 지나칠 수도 있었습니다. 그러나 그가 어떻게 하고 있는가 말입니다.

선한 사마리아인은 강도 만난 자의 참혹한 광경을 보자 마음 속에 그 사람의 생명과 그 영혼을 불쌍히 여기는 마음, 그를 민망히 여기는 마음으로 가득했습니다.

그는 먼저 응급조치를 취하였습니다. 당시에는 요즘처럼 어떤 특별한 약들이 없었기 때문에, 기름과 포도주를 상처에 부어 치료를 해 주었습니다. 그리고 그 탈진한 환자를 자신의 나귀에 태워 여관까지 데려옵니다. 그럼, 누가 걷게 돼요? 자신은 나귀를 끄는 종의 모습으로 걸어서 가죠. 데려다 준 것에서만 그친 것이 아닙니다. 계속해서 그를 돌보아 주면서.

'이튿날' 시리아 시내역본에 의하면, '그 날 새벽에'(at down of the day). **그가 한가해서 이런 선행을 행했던 것이 결코 아닙니다.** 그 역시 직장 일도 해야 하고, 가정도 돌보아야 하고, 청춘사업도 해야 하지마는, 이러한 일들 다 뒤로 제쳐두고 생명 살리는 일에 먼저 동참했다는 것입니다.

우리만 바빴겠습니까? 그가 만약 큰 사업가였다면, 이 일로 인해서 더욱 바빠질 수밖에 없었을 것입니다. 중요한 사업에 관계된 여행이었다면, 아마 큰 어려움을 겪었을지도 모릅니다. 그는 새벽에 일찍 길을 떠나야 할 만큼 아주 바빴던 사람입니다.

그 이튿날 일찍이 길을 떠나며 주막 주인에게 말하기를, "추가 비용은 나중에 자신이 돌아올 때에 더 지불하겠다"고 약속을 합니다. 그리고 그가 두 데나리온을 지불하고 있는데, 그 지불했던 '데나리온 둘'은 당시 로마제국의 화폐로 계산한다면 약 두 달 간을 먹고 잘 수가 있는, 아주 엄청나게 많은 양의 숙박 비용이었습니다. 어찌 보면 이 사마리아인은 자신의 여행 경비 모두를 이 사람을 위해 쓰고 있는지도 모른다는 겁니다.

우리는 이 사마리아인의 모습을 보면서 **'완전한 사랑이란 무엇인가?'** 그 사랑의 개념들을 어느 정도 깨달을 수가 있습니다.

그는 어려운 자를 돕되, 모든 이해 관계들을 다 초월하여 사랑을 베풀었습니다. 자기를 좋아하든 미워하든, 이 일을 행함에 있어 자기의 신변에 어떤 위험들이 닥쳐올지 알 수는 없으나, 실제로 어느 정도 위험할지도 모릅니다. 그럼에도 불구하고 그는 생명 살리는 일들에 가장 최우선 순위를 두고 있다는 것입니다.

일반 세상 사람들이 볼 때는 분명 어리석은 사람처럼 보일지도 모릅니다. 자기가 탔던 좋은 자리 내어놓고, 자신은 친히 마부가 되어서 섬기는 종의 모습으로, 강도 만난 자를 안전한 곳으로, 그의 생명을 치료할 수 있는 곳으로 인도했던 그는 분명 헌신의 사람이었습니다.

교회에 이러한 사람들이 많을수록, 희망적이고 앞날이 밝습니다. 자기 권리만 주장하고 말만 많고 실천이 적은 그런 사람들이 많으면 많을수록, 그런 교회는 발전할 수가 없는거라.

반면에 서로 존경하며 마음으로 먼저 섬기는 교회, 주님께서 높여 주실 줄로 믿고 먼저 낮아지는 교회 또 그러한 교인들, 아주 발전적인 모습들입니다.

남에게 내 자신을 드러내려고 하지를 마시기 바랍니다. 천국에서 상급이 없어요. 도리어 소금처럼 자신을 녹이며 섬기고, 때로는 빛처럼 자신의 온몸을 주의 사역을 위해 불태우면서 헌신하는 그런 사람들을 주님께서는 높여 주십니다.

하나님은 바로 그러한 사람들을 사용하셔서 당신의 몸된 OO교회에 역꾼들로 만들어 나가실 줄 믿습니다. 다들 그러한 역꾼들이 되시기를 축원드립니다.

신앙생활을 좀 적극적으로 하자는 말입니다. 주일 날 하루 그것도 오전 예배만 덜렁 드리고서 '나도 주일 지켰다' 그런 피동적인 신앙이 아니라, 적극적인 신앙 '주일 날 이날 한 날만큼이라도 내가 주님 일로·생명 살리는 일로 힘쓰리라.' 그래서 전도도 하고, 봉사도 하고, 주일학교를 위해 땀과 수고도 하는, 그런 적극적인 신앙생활을 하라는 말입니다.

'**만인 제사장직**'이라고 하잖습니까?

우리 만인이 다 제사장이라고 하는 것은, 이런 섬김과 헌신을 통해 이방인들에 대해 제사장 역할을 한다는 것입니다.

사랑과 헌신을 통한 복음전파… 말로만 번드르하게 전하는 것이 아니라, 그들에 대한 이러한 사랑의 헌신이 우리들을 제사장답게·제사장으로서의 역할을 감당하게 만드는 겁니다.

'**주님과 함께 모으지 아니하면 헤치는 자**'(마 12:30)라는 예수님의 말씀 기억하시죠? 예, 함께 수고하지 아니하고 함께 동역하지 아니하면 결국 다 예수님 반대편에 서게 되어지는거라.

불쌍히 여기는 마음·긍휼히 여기는 마음으로, 신앙생활을 좀 적극적이고 구체적으로 찾아서 하시란 말입니다.

우리가 열심을 내지 않는 것은 실상은 다 외면하여 피하여 가는 것입니다. αντιπαρηθεν(안티파렐덴). 안 바쁜 사람이 어디 있겠어요? 다 바쁘죠.

사랑은 이론이 아니라 뭐라고요? 실천.

'나를 따라오너라' 요구하시는데, 말과 지식으로만 되는 것이 아니죠. 오히려 행함과 순종함을 통해 만들어집니다.

이제 예수님께서 말씀을 맺으시며 질문을 하십니다.
"네 의견에는 이 세 사람 중에 누가 강도 만난 자의 이웃이 되겠느냐?"
누가 되겠습니까? 예수님의 질문에는 '누가 나의 이웃인가?'에 초점이 맞춰져 있지 않습니다.
'내게 사마리아인처럼 잘 대해 주는 사람, 그가 나의 이웃 아닌가?' 거기에다 초점이 맞춰져 있는 것이 아니라, 도리어 '나는 누구의 이웃이 되어야 하는가, 또 내가 누구의 이웃이 될 수 있는가?' 거기에 관심을 돌리고 계시다는 겁니다.
내 이웃이 누군인가를 미리 설정해 두는 것이 아닙니다.
'누가 내게 이익을 주고, 누가 나에게 장차 도움이 될 수 있는가?'를 생각하는 것이 아니라 '내가 누구에게 도움을 줄 수 있는가?
○○교회에서, 내 소속되어진 기관에서 구체적으로 누구에게 도움의 손길을 펼쳐야 하겠는가?'… **'스스로 이웃을 만들어 나가라'** 요구하고 계신 겁니다.
말씀에 대한 전문적이고 해박한 지식·예리한 시각과 비판들, 이런 것들 요구하는 것이 아니라는 겁니다. 도리어 영육 간 나의 도움을 필요로 하는 그 구체적인 사람들에게 찾아가 실제적인 사랑을 실천하라고 요구하고 계신 것이죠.

그렇다면 오늘날 내 진정한 이웃은 누구인가? 우리 옆집에 사는 사람들?!
대하기 편하고, 부담 없고, 서로 뜻이 맞아 나와 의기투합 하는 그런 부담없는 사람들? 그런 사람들 말하고 있는 것이 아닙니다.

오히려 상처받고 고통 중에 있어서, 마치 강도 만난 것처럼 나의 도움을 간절히 필요로 하는 황폐해진 심령들, 그런 사람들이 바로 내가 돌보아 주어야만 하는 나의 이웃들인 것입니다.

그러고 보면, 우리들 주위에는 강도 만난 사람들이 참 많이 있습니다.

하나님을 알지 못하는 사람들, 거친 비바람에 상처나고 찢겨진 영혼들, 가정에 어려움 당한 사람들, 신앙이 IMF를 만난 사람들, 어떠한 이유에서든지 우리 주변에는 낙심한 사람들이 참 많이 있습니다. 우리가 돌보아 주어야 할 이웃들이라고 생각합니다. 돌보아 주지 않으면 다 멸망당하고 죽을 수밖에 없는 사람들입니다.

누가 이들의 이웃이 되어야만 합니까?

우리는 제사장이나 지나가는 레위인처럼 우리의 현실과 의무들을 외면할 수도 있고, 사마리아인처럼 적극적인 행함과 구제를 실현해 나갈 수도 있습니다.

저는 이들의 이웃이 되기 위하여, 여러분들의 간절한 도움을 요청합니다. 저 혼자서는 도저히 이 목회 사역들을 감당할 수가 없습니다.

어떻게 하시겠습니까?

예수님은 여러분들에게 동일하게 명령하십니다.

(예수님 이름으로) "가서 너도 이와 같이 하라. 그리하면 살리라."

그들에게 참 빛과 소망을 제공하는 이 ○○교회의 귀한 역사에, 여러분들이 다 동참하실 수 있는 귀한 축복이 있기를 기도합니다.

변화되는 그리스도인

"예수께서 한 벙어리 귀신을 쫓아내시니 귀신이 나가매 벙어리가 말하는지라 무리들이 기이히 여겼으나 그 중에 더러는 말하기를 저가 귀신의 왕 바알세불을 힘입어 귀신을 쫓아낸다 하고 또 더러는 예수를 시험하여 하늘로서 오는 표적을 구하니 예수께서 저희 생각을 아시고 이르시되 스스로 분쟁하는 나라마다 황폐하여지며 스스로 분쟁하는 집은 무너지느니라 너희 말이 내가 바알세불을 힘입어 귀신을 쫓아낸다 하니 만일 사단이 스스로 분쟁하면 저의 나라가 어떻게 서겠느냐 내가 바알세불을 힘입어 귀신을 쫓아내면 너희 아들들은 누구를 힘입어 쫓아내느냐 그러므로 저희가 너희 재판관이 되리라 그러나 내가 만일 하나님의 손을 힘입어 귀신을 쫓아내는 것이면 하나님의 나라가 이미 너희에게 임하였느니라 강한 자가 무장을 하고 자기 집을 지킬 때에는 그 소유가 안전하되 더 강한 자가 와서 저를 이길 때에는 저의 믿던 무장을 빼앗고 저의 재물을 나누느니라 나와 함께 아니하는 자는 나를 반대하는 자요 나와 함께 모으지 아니하는 자는 헤치는 자니라 더러운 귀신이 사람에게서 나갔을 때에 물 없는 곳으로 다니며 쉬기를 구하되 얻지 못하고 이에 가로되 내가 나온 내 집으로 돌아가리라 하고 와 보니 그 집이 소제되고 수리되었거늘 이에 가서 저보다 더 악한 귀신 일곱을 데리고 들어가서 거하니 그 사람의 나중 형편이 전보다 더 심하게 되느니라"(눅 11:14-26)

복음서를 보면, 예수님께서 무리들로부터 배척을 받으셨다는 기사가 여러 번 등장하고 있는 것을 볼 수 있습니다.

유대 종교 지도자들과 무리들은 예수님의 메시지와 권능을 목격할 때마다 '예수를 어떻게 볼 것이냐?' 하는 중대한 선택의 갈림길에 직면하곤 하였습니다. **말씀을 들었을 때, 어떻게 응답할 것인가?**

참 중요한 문제가 아닐 수 없습니다. 예수님의 말씀 앞에서 사람들은 이와 같을 것입니다. 말씀을 '아멘'으로 받아서 철저히 순종하든가, 아니면 그 말씀을 듣되 '아니올시다' 하고 불순종으로 일관하든가…

"나와 함께 아니하는 자는 나를 반대하는 자요 나와 함께 모으지 아니하는 자는 나를 헤치는 자니라"(23절) 말씀하시는데. 믿음의 중간지대는 결코 존재하지 않습니다. 위급한 상황에서, 복음이나 진리에 대해서 '나는 중립이다' 말하는 사람은, 중립이 아니라 이미 예수님 반대편에 서서 진리를 대적하고 핍박하는 헤치는 자의 모습이 되어진다고 하는 사실을 명심해야 할 것입니다.

바리새인들은 예수님을 결코 왕으로 인정하려 하지를 않았습니다.

그들은 예수님께서 벙어리 귀신을 쫓아내시는 것을 보자 그 사건 자체를 부인할 수는 없고, 예수님이 능력이 있기는 한대 그 능력이 귀신의 왕 바알세불을 힘입어 행하고 있는 것이라고 악의에 찬 비난들을 가하였습니다. 물론 예수님의 사역을 송두리째 파괴하고자 하는 음모지요. 그들은 예수님의 사역들을 정당하게 평가하려 하지를 않았습니다. 도리어 자신들의 거짓된 주장을 정당화시키고 그 잘못을 은폐하기 위해 온갖 말들로 진리를 매도하였습니다.

이러한 그들의 도전에 대해 예수님은 단호하게 공박하십니다.

"어찌 스스로 분쟁하는 나라가 설 수 있겠느냐. 서로 비방하며 분쟁하는 나라마다, 교회마다 황폐하여지고 다 무너지고 말 것이다."

영적 전쟁은 오직 사탄의 세력과 하나님의 통치 사이에서만 이루어지는 것입니다. 예수님의 귀신 축출의 사역은 하나님의 능력으로 되어지는 것이었습니다. 그래서 만일 우리가 하나님의 손을 힘입어 귀신을 쫓아내는 것이면, (마태복음에서는 '하나님의 성령'이라고 언급됨: 마 12:28), 성령을 힘입어 귀신을 쫓아내는 것이라면 하나님의 나라가 이미 너희에게 임한 것이니라 말씀하고 계십니다.

사실 예수님의 귀신 축출의 사역은 단순한 기적이 아닙니다.

그것은 하나님의 권능과 그분의 임재, 그 나라의 임함이 현재 그들 가운데 실제적으로 임하고 있다는 것을 체험적으로 보여 주는 중요한 표징인 것입니다.

마찬가지입니다. 성도가 하나님의 말씀에 의해 다스림을 받고, 그 삶에서 거룩한 변화가 일어난다는 것은 그분의 실제적인 통치를 받으며 산다는 것을 의미합니다.

그리고 나서 하신 말씀이 이것입니다.

"강한 자가 무장을 하고 자기 집을 지킬 때에는 그 소유가 안전하되 더 강한 자가 와서 저를 이길 때에는 저의 믿던 무장을 빼앗고 저의 재물을 나누느니라."

여기서 **강한 자**(a strong man, NIV)는 전통적으로 사단으로 설명되어져 왔습니다. 그리고 '집'은 사단의 지배 아래 놓여 있는 이 세상을, '그 소유'는 사단에게 빼앗겨진 사람들이나 소중한 가치들을 의미합니다. 이 '강한 자'(사단)를 **더 강한 자**가 와서 이기고 무장 해제 시킨다고 하는데 여기서 더 강한 자는 예수 그리스도를 지칭합니다.

사단이 제 아무리 강하다 할지라도, 예수님보다 강할 수는 없지요. 더 강한 자 예수 그리스도께서 오셔서, 그들을 궤멸시키시고 그들의 소유를 빼앗아 의와 새 생명으로 하나님의 백성들에게 나누어 줄 것입니다.

그런데 우리가 본문의 말씀을 자세히 보면, '예수'와 '사단'·'인간'이라는 세 존재 간의 관계를 설정해 놓고 또다시 사람을 세 부류로 나누고 있음을 알 수 있습니다. 첫째는 자연인이요, 둘째는 종교인이고, 셋째는 그리스도인입니다. 제가 무슨 말씀을 드리려는지, 여러분들은 아마 벌써 짐작하고 계실 겁니다. 여러분은 이 세 부류 중, 과연 어디에 속한다고 생각합니까?

대부분의 성도들이, 주일날 교회에 한 번 나와서 예배드리고 돌아가는 것으로 자신의 모든 영적인 문제들이 다 해결되어졌다고 생각합니다. 그리고 일주일을 그냥 다 보내 버립니다.

매주 그렇게 똑같은 생활이 지속되어지다 보면, 나중에는 자신이 어떤 상태에 놓여 있는지 조차도 분간치 못하고 영혼이 무감각해 버리기 쉽습니다. 이것이 자기의 영혼을 위해서는 대단히 불행한 일이 아닐 수 없습니다.

신앙이 좋고 영적으로 깨어 있는 사람들은 날마다 하나님의 말씀으로 자신의 영혼을 진단합니다.

지금 여러분의 마음은 누가 다스리고, 누가 지배하고 있습니까? 그것이 진정 성령님의 인도하심을 받는 것인지, 여러분들 스스로가 한 번 진단해 보시기를 바랍니다.

첫째로, 자연인에 관하여 먼저 말씀 드리겠습니다.

사람은 태어날 때부터 누구나가 다 '자연인'입니다. 그 마음 속에 하나님을 부정하는 어리석음이 있고, 죄가 왕이 되어서 그 마음 속에 자리잡고 있습니다. 사단은 이 죄를 무기로 사용하여 사람들의 마음 속에 거하며, 그로 하나님의 은혜를 깨닫지 못하도록 역사하는데…. 사단의 힘은 대단히 강합니다. 인간의 힘으로는 도저히 마귀를 대적하여 이길 수가 없습니다.

사단의 주무기는 거짓입니다.

저는 "진리에 서지 못하고, 거짓을 말하는 거짓말쟁이요, 거짓의 아비"(요 8:44)라고 했습니다.

사단에게 속한 자가 거짓말을 행합니다.

마귀는 진리를 거짓으로 의심하게 만들며, 참 하나님을 찾지 못하게 하고, 거짓 신에게 절하게 만듭니다. 결국 마음이 혼탁해져서 참된 진리의 말씀에서 멀어지게 합니다. 그래서 세상의 물질에 집착하게 하고 명예에 집착하게 만듭니다. 이 무서운 사기극을 꾸미는 것이 바로 마귀가 하는 일입니다.

오늘날의 현대인들은 점점 마귀가 유도하는 대로 따라가고 있습니다. 서로 싸우고 물어뜯고, 내 목적을 위해서라면 수단과 방법을 가리지 않는, 그래서 온갖 거짓말과 중상모략으로 마치 미친 사람처럼 인생을 본능적으로 살다가 본능으로 끝을 내버리고 맙니다.

자연인으로 있는 한, 사람은 계속 마귀의 지배를 받으면서 거짓말에 속아서 살 수밖에 없습니다. 오직 예수 그리스도를 통해서 추악한 마귀의 지배 하에서 벗어나야만 합니다. 누구라도 그리스도 앞으로 돌아오지 아니하면 그는 자연인입니다.

둘째로, 종교인에 관한 문제입니다.

24절입니다. "더러운 귀신이 사람에게서 나갔을 때에 물 없는 곳으로 다니며 쉬기를 구하되 얻지 못하고 이에 가로되 내가 나온 내 집으로 돌아가리라 하고"

마귀의 지배 받기를 거부하지만 그 마음 속이 텅 비어 있는 사람, 하나님의 은혜와 권능을 체험하긴 했으나 그 안에 성령님이 거하시지 않는 사람, 이런 사람을 일컬어 '종교인'이라고 할 수 있습니다.

종교인이라는 명칭이 적당한지는 모르겠지만, 우리 그리스도인들에게 대단히 실감을 주는 용어라고 생각합니다.

25절입니다. "와 보니 그 집이 소제되고 수리되었거늘 이에 가서 저보다 더 악한 귀신 일곱을 데리고 들어가서 거하니 그 사람의 나중 형편이 전보다 더 심하게 되느니라."

여러분, **'소제하고 수리한다'**는 것이 무엇입니까? 먼지를 털고 쓸어내는 것, 고칠 것 고치고 끊을 것 끊는 것이 소제하는 것입니다.

"예수 믿는다." 또는 "기독교에 대해 대단히 관심이 있다."고 하면서 교회에 다니다가, 어느 날 자기도 모르게 술과 담배를 끊고 예배 출석도 착실히 하는 사람을 볼 수가 있습니다.

사람이 겉으로 보기에 뭔가 달라져 있습니다. 예수님의 십자가가 벽에 걸려 있기도 하고, 성경이 책장 한가운데 꽂혀 있기도 합니다.

성경공부 모임에도 꾸준히 참석하고, 기도회 모임에도 잘 빠지지 않습니다. 그래서 그리스도인으로서 꽤 질서가 잡힌 모습으로 보이기도 합니다.

그러나 진짜 예수 믿는 사람은 이와 다릅니다. 대충 자기 마음 속에 있는 먼지들을 털어 내며, 소제하는 정도가 아니라 머리끝에서 발끝까지, ('밀리오레' 홍보 같은데) 어쨌든 머리끝에서 발끝까지 예수 그리스도의 피로써 거듭난 사람이라야 합니다.

완전히 개혁된 사람, 예수 그리스도 안에서 완전히 새롭게 거듭난 사람, 곧 그 삶이 그리스도화 되어지는 사람들인 것입니다.

'기독교적 인문주의 사상'은 항상 자아(自我)가 중심이 되어집니다. 이런 사상을 가지고 있는 사람들은, 항상 자기 자신이 모든 가치판단의 기준이 되어 일들을 처리합니다. 이미 마음은 비었고, 마귀는 떠났습니다. 그러나 마귀 대신에 '나', 내가 지배합니다.

가령 유대인들이 좋아하는 종교생활은 제사를 지내는 것이었습니다. 우리 주변에도 유대인처럼 종교적 의식들에만 관심을 가지는 사람들이 많습니다. 단지 예배 보고 간다는 종교적인 의식에 모든 것을 걸고 있는 사람들입니다. 그래서 설교자가 어떤 박사 학위를 소지했다느니, 혹은 성가대가 참 좋다느니, 교인 수가 얼마나 모이는 교회라느니, 그런 외적인 분위기에 연연(戀戀)합니다.

그러나 정작 자신 안에는 아무런 새 생명의 역사가 없습니다.

헬라 사람들은 미를 추구하는 것을 인생의 가장 중요한 목적으로 생각합니다. 그것은 인생의 모든 문제들을 지성(知性)을 통해 해결할 수 있다고 보기 때문입니다. 교회를 다니면서 이런 헬라적인 사고방식을 가지고 신앙생활을 하려는 사람들이 종종 있습니다. 그래서 교회를 회사에서나 쓰는 경영철학으로 이끌려고 생각하죠.

또 로마 사람들은 법과 질서를 매우 존중합니다. 그래서 성경에 나오는 고도의 윤리적 규범들과 질서를 통해 자신을 수양하려는 사람, 그리스도인 가운데서도 상당수가 여기에 해당되어집니다.

내가 좀더 고결한 사람이 되어지고, 자녀가 정직한 인격의 소유자가 되기를 바라는 마음에 교회 보내는 것이고, 혼자서 살 수 없으니까 교회에 나와 사람들과 친분을 익히고 교제를 통해 이윤을 바라는 것 그것이 유대적이든 헬라적이든 이런 사고방식을 가지고 신앙 생활을 하는 사람들은, 아무리 겉모양이 변화되었다고 하더라도 그 마음 주인은 언제나 자기 자신입니다.

자기 기준에 따라서 하나님의 말씀을 판단하고, 자기 기준에 따라 모든 신앙생활을 평가합니다. 자기에게 좋아 보이는 것은 받아들이지만, 그렇지 못한 것은 항상 거부합니다.

하나님의 말씀에 순종하는 것이 아니라 자기 주관에 순종합니다. 이런 사람이 바로 종교인입니다. 그래서 '칼 바르트' 라는 신학자는 이런 유명한 말을 했습니다.

"사람 안에 마지막으로 무너져야 할 벽이 하나 있는데 그것은 바로 ego를 숨겨 놓은 벽이다."

자아(自我)라고도 번역되어지죠. 그래서 '자기 본위', '자기 중심적'인 성향을 영어로 egoism(에고이즘·이기주의)이라 부릅니다.

교회에 다니면서도 여전히 자기의 고집들과 생각의 벽을 깨뜨리지 못한 사람은, 그가 비록 교회에는 다닐지는 모르나 그는 종교인에 불과합니다. 아무리 허울 좋은 직분들을 가졌을지라도 분명 그리스도인은 아닙니다.

만일 그러한 상태로 계속 신앙생활을 하면 어떻게 되어집니까?

26절입니다. "이에 가서 저보다 더 악한 귀신 일곱을 데리고 들어가서 거하니 그 사람의 나중 형편이 전보다 더 심하게 되느니라."

여기서 '거한다'라는 말이 헬라어로 'κατοικεω(카토이케오)'라는 단어입니다. '정착한다', '영구히 자리잡고 거주한다'라는 말입니다.

사단이 하나님의 권능으로 인해 잠시 쫓겨나기는 했지만, 다시 와 보니 그 마음에 성령이 거하시지 않음으로 인해 더 악한 영들이 들어와 등기부 등본에다가 확정일자까지 받아 놓고 마음 푹 놓고 산다는 것을 말합니다. 예전보다도 훨씬 더 악해진다는 말입니다.

옛날 신앙의 선배들이 이런 말들을 합디다.

"그리스도인들이 예수 잘 믿다가 타락하게 되면 이방인들보다 훨씬 더 악해진다."

그 말이 일리가 있는 것 같습니다. 예수님을 믿되, 여전히 말씀에 의한 다스림을 거부하고 자기 중심적 신앙생활을 할 때 자꾸만 신앙에 저항력만 생기는 것을 볼 수 있습니다.

"예전에도 들었던 얘긴데 뭐."

그래서 말씀을 수납하기가 점점 더 힘들어지고, 성경지식은 많은 것 같은데 마음은 점점 더 강퍅하고 황폐해집니다.

본인은 이성적으로 믿는 것이라고 이야기합니다만, 글쎄요. 그것은 아는 것이지 믿음은 아니죠. 아집이요, 막말로 신앙의 타성이 붙는 것이고 곤조가 생기는 겁니다.

마음의 묵은 땅을 기경(起耕)해야 합니다.

하나님의 능력으로 마귀를 결박함은 물론이거니와, 예수 그리스도를 주(主)로 모셔서 말씀의 다스림을 받도록 해야 합니다. 그래서 주인의 생각과 목적을 반영하며, 그분의 말과 행동 그 모든 것이 그 자신의 것이 되며, 점차 그분을 닮아가는 것입니다. 이런 사람이 참 그리스도인이요 변화되는 사람입니다.

여러분, 바리새인들이 왜 바리새인이 될 수밖에 없었는지 그 이유를 아십니까? 곰곰이 생각해 보십시다.

'주(主)를 닮아감'이 없이도 그 사람을 그리스도인이라 부를 수 있을까요? 거룩하심을 따르고자 노력조차 하지 않는 사람들을 과연 하나님의 백성이라고 부를 수 있습니까? 아니요. 하나님의 백성도 아니고 그리스도인도 아닙니다.

오직 예수 그리스도가 우리 마음 속에 내주하시고, 우리를 주관할 때에라야 비로소 그리스도인이 될 수가 있는 것입니다. 예수님이 다스리시고 그분께 마음을 전부 내어 준 사람에게는 하나님의 나라가 임합니다.

종교는 한 사회의 정의의 요람이요 중심이기에, 종교의 타락상은 다른 일반 사회의 죄악보다도 훨씬 더 심각성을 띤다고 할 수 있습니다.

예수께서 당시 유대 사회에 횡행하던 도둑질이나 간음보다, 종교적 기득권자들의 외식과 위선을 더 신랄하게 책망을 하신 이유가 바로 여기에 있습니다.

하나님을 믿는다고 자부하는 성도들이 교만하고 진리에 순종치 않으며 자꾸 거짓을 일삼는다면, 예수님 당시의 유대인들처럼 정죄함 받지 않는다고 어느 누가 단언할 수 있겠습니까? 하나님 앞에서 무릎을 꿇지 않고 순종함이 없는 사람은 사단의 하수인밖에 되지 아니할 것입니다.

우리가 겉과 형식만 번지르르한 사람들이 되지 말고, 신앙의 진실함으로 그분 앞에 서실 수 있기를 기도합니다.

그리스도가 마음에 있는 사람은 문제가 전혀 없기를 바라는 사람이 아닙니다. 도리어 주께서 모든 문제들을 해결해 주시기를 바라는 마음으로 극복하고 이겨내는 사람일 것입니다. 이러한 심령의 변화가 말씀으로 다스림 받기를 원하는 주의 백성들에게 임하시기를 기도합니다.

영생하는 샘물

"예수께서 대답하여 가라사대 이 물을 먹는 자마다 다시 목마르려니와 내가 주는 물을 먹는 자는 영원히 목마르지 아니하리니 나의 주는 물은 그 속에서 영생하도록 솟아나는 샘물이 되리라 여자가 가로되 주여 이런 물을 내게 주사 목마르지도 않고 또 여기 물 길러 오지도 않게 하옵소서 가라사대 가서 네 남편을 불러오라 여자가 대답하여 가로되 나는 남편이 없나이다 예수께서 가라사대 네가 남편이 없다 하는 말이 옳도다 네가 남편 다섯이 있었으나 지금 있는 자는 네 남편이 아니니 네 말이 참되도다 여자가 가로되 주여 내가 보니 선지자로소이다 우리 조상들은 이 산에서 예배하였는데 당신들의 말은 예배할 곳이 예루살렘에 있다 하더이다 예수께서 가라사대 여자여 내 말을 믿으라 이 산에서도 말고 예루살렘에서도 말고 너희가 아버지께 예배할 때가 이르리라 너희는 알지 못하는 것을 예배하고 우리는 아는 것을 예배하노니 이는 구원이 유대인에게서 남이니라 아버지께 참으로 예배하는 자들은 신령과 진정으로 예배할 때가 오나니 곧 이때라 아버지께서는 이렇게 자기에게 예배하는 자들을 찾으시느니라 하나님은 영이시니 예배하는 자가 신령과 진정으로 예배할지니라 여자가 가로되 메시야 곧 그리스도라 하는 이가 오실 줄을 내가 아노니 그가 오시면 모든 것을 우리에게 고하시리이다 예수께서 이르시되 네게 말하는 내가 그로라 하시니라"(요 4:13-26)

　　본장에 수록된 사마리아의 수가성 여인과의 대화는, 2장에서 언급된 가나에서의 첫 번째 표적과 서로 연결이 되어집니다. 사마리아 여인과의 대화에 나타난 예수님의 말씀은 "내가 구약에서 말하고 있는 모세와도 같은 그 선지자 곧 내가 메시아이다"라고 하는, 예수님의 자기 계시와 자기 선언으로 일관되게 나타나고 있다는 것입니다.

　　사마리아 지방은 원래 북왕국 이스라엘의 땅으로, 에브라임 지파와 므낫세 반 지파 사람들이 거주하던 땅이었습니다.
　　이들은 B.C. 722년경 앗수르에게 점령당하게 되어집니다.
　　당시 앗수르왕 사르곤 II세는 이곳의 살던 이스라엘 백성들을 자기 나라에 포로로 잡아가면서, 타지방의 이방인들을 이곳으로 이주시키는 정책을 썼습니다. 따라서 이곳에 남아있던 이스라엘 백성들은 이방인들과의 잡혼과, 그들이 가지고 함께 들어온 이방 신들로 말미암아 혈통적인 순수성과 종교적 유일신 사상이 흔들리기 시작했습니다.
　　결국 남왕국 유다가 바벨론 포로에서 다시 귀환할 즈음에는, 사마리아 주민들은 종교적으로나 혈통적으로 거의 이방인화되어 버렸던 것입니다.
　　이러한 상태는 점점 더 악화되어지기만 했고, B.C. 444년경 느헤미야가 이끌었던 유다의 3차 귀환시 한 사건이 터집니다.
　　유다 백성들은 포로귀환 후 성전을 착공하게 되어지는데, 이 일에서 사마리아인이 함께 일해 보자고 하는 제의를 단호하게 거절했던 것입니다. 물론 종교적인 혼합을 염려했던 것이죠. 결국 이 일로 인하여 서로 간에 적대적인 관계로 변해 버립니다.
　　에스라 4장에 나오죠.
　　이로써 유대인과 사마리아인들은 서로 간의 상종조차 완전히 금해 버렸고 그들은 서로 다른 예배 장소(유대인들―예루살렘 성전, 사마리아인들－그리심산)에서 자기들 나름대로의 성전과 율법책으로 예배를 드렸던 것입니다.

이러한 과거의 어두운 역사들은 유대인들로하여금 사마리아인들의 마을로 통행하는 것조차 꺼리게 만들었습니다.

우리가 이러한 배경들을 염두해 두고.

사실 예루살렘에서 갈릴리로 가는 길은 요단 동편으로 해서 돌아서 갈 때에는 약 6일 정도의 시간이 소요되지만, 본문처럼 사마리아를 직접 통과할 경우에는 한 3일밖에는 걸리지를 않습니다.

한 반정도 밖에 걸리지를 않는 거리를 뼁 돌아서 다녔다는 이야기인데, 그러나 경건한 유대인들은 이것조차도 허락하지를 않았습니다. 그러면 예수님께서는 왜 사마리아로 길을 택하셨을까요?

사마리아로 여정을 택하신 데에는 몇 가지 이유가 있습니다.

① 대적들과의 불필요한 마찰을 피하기 위함입니다. 그래서 본장에서는 그러한 대적들과의 긴장 관계가 전혀 엿보이지를 않습니다.

② 소외받고 천시받던 이방인들에게도 동일한 하나님의 구원을 이루시기 위함입니다. 본장에 등장하는 사마리아 동네에서의 선교나 왕의 신하의 아들(이방인)을 치유하셨던 것도 다 그러한 의도를 보여준다고 하겠습니다.

오늘 본문에 등장하는 수가성의 여인은 한(恨)많은 여인입니다. 그녀에게는 정신적인 고통과 소외감이 있었습니다.

유대 사회에서는 그 관습상 세 번까지 결혼을 용납했었는데, 지금이 우물가에 있는 여인은 벌써 다섯 번째나 남편을 맞이한 여인입니다. 그러니 지금 살고 있는 남자와도 그 결혼관계를 인정받지 못하고 있었습니다.

그녀가 '왜 다섯 번이나 결혼했었는지?'에 대해서는 언급되어 있지 않습니다.

당시 고아와 과부로서 혼자 살아가는 것이 힘들어서 그랬는지 아니면 원래 바람기가 있었는지 잘 알 수는 없으나, 지금 있는 남편도 어쩔 수 없어서 함께 사는 것이지 언제 헤어질 지도 알 수 없는 노릇입니다. 아마 자식들도 없었던 것 같은데….

요즘도 이혼에 대해서 별로 인식이 안 좋은 판에, 하물며 간음한 여인을 돌로 쳐죽이는 그러한 시대에 남편을 다섯 번씩이나 갈아치웠다?! 사람들이 이 여인을 어떻게 대했겠습니까? 대개의 사람들은 손가락질을 하거나, 과격한 사람과 어린이들은 침 뱉고 돌팔매질을 했을 것입니다. 그 때마다 여인은 내면에 깊은 상처를 받고 모든 사람과 벽을 쌓으며 살아갈 수밖에 없었습니다.

당연히 이웃이 있을 리가 없습니다. 사람들 만나기도 싫고, '나는 왜 지지리도 복이 없냐' 자신을 한탄하며 자포자기 하는 심정으로 살았을 것입니다.

어찌 보면 이 여인의 고통은 사랑의 갈증이라 할 수 있습니다. 사마리아 여인이 우물가에 나타난 시간은 햇빛으로 한창 뜨거워진 낮 12시입니다. 이웃들이 다 휴식을 취하는 시간, 남들의 눈을 피해 물을 길러 올 정도로 철저히 '왕따'를 당하고 있었습니다.

사랑 받지 못한다는 것만큼 사람을 비참하게 만드는 것이 없죠. 늘 피해의식 속에서 살아갑니다. 그러니 심령의 상태가 온전할 리가 없습니다. 그녀는 자신의 떳떳치 못한 생활을 보면서 항상 마음 속의 죄책감과 불안을 씻어내지 못하고 있었습니다.

'내가 이렇게 살아서는 안 되는데' '내가 이렇게 살다가 나중에 하나님의 심판을 받는 것 아닌가?' 아무리 술을 퍼마셔도 취할 때뿐이지, 술에서 깨면 언제나 고통과 불안에서 헤어나지 못했던 여인이었습니다. 그녀는 도저히 헤어나올 수 없는 자신의 절박한 처지를 보며, 마음 속 한편으로는 내심 '구원자이신 메시아'를 바라고 있었습니다.

우리는 예수님과의 대화 중에 그녀가 '메시아를 기다리고 있었다'
는 사실을 알 수가 있습니다.

그녀에게는 영적인 갈증이 있었습니다. 이 영혼의 울부짖음을
아시고 예수님께서 이곳 사마리아 땅까지 찾아오셨던 것입니다.

예수님이 걸으셨던 거리가 정확히 어느 정도인지는 알 수가 없지
만 예루살렘에서 아침에 출발해서 수가성에 거의 12시 경이 되어서
야 도착했으니까, 대략 서너 시간은 충분히 걸으셨다는 결론이 나옵
니다.

중동의 내리쬐는 태양과 뜨거운 모래 바람으로 인해서 숨이 콱콱
막혀오는 그 정오 시간에, 손가락질 당하는 일개 사마리아 여인 하
나를 구원하기 위해 하나님의 아들 예수님이 찾아오셨다는 것이 이
해가 가십니까? 그리고 여인을 만나 복음(福音)을 선포해 주셨습니
다.

예수님은 먼저 우물가에 나온 사마리아 여인을 바라보셨습니다.
그분은 여인의 곤비한 상태와 그녀가 가지고 있는 내면의 깊은 상처
들을 아셨습니다. 예수님께서 여인에게 말씀하셨습니다. "미안하지만
물 한 바가지만 주겠습니까?" 실제 목이 마르기도 했지만, 일종의
접촉점이죠. 아무리 총각이라지만 남녀가 유별한데, 유부녀에게 함
부로 접근할 수 없잖습니까?

어쨌든 예수님의 전도 방법에 의해 사마리아 여인의 바라보는 시
각이 차츰 달라지기 시작했습니다. 그리고 복음에 대해, 예수님에
대해 인식에 변화가 생깁니다.

우리는 이 여인이 **예수님을 부르는 호칭**에서 그 변화를 읽을 수
있습니다. 처음 예수님을 만났을 때, 그분에 대한 호칭이 무엇이었
습니까?

9절에, "사마리아 여자가 가로되 당신은 유대인으로서 어찌하여

사마리아 여자 나에게 물을 달라고 하나이까 여기에는 물길을 그릇도 없나이다.”

예수님을 단지 평범한 유다 사람 중의 한 사람으로 생각하고 ‘당신’(YOU)으로 부르고 있습니다.

사실 물길는 두레박은 항상 우물 곁에 놓여져 있었습니다. 다만 유대인의 정결법에 의하면, 사마리아인들이 사용하는 그릇을 유대인들이 함께 사용할 경우 부정함을 입기에 “당신과 함께 사용할 그릇이 없다.”고 말합니다.

예수님은 여인이 영적인 무지에서 벗어나기를 간절히 원하셨습니다. 그래서 자신이 누구인지를 알고 자신이 주는 생수를 받아 누리기를 원하셨습니다.

여기서 생수란, 식당에서 정수기로 걸러서 주는 지하 150m ‘생그린’ 석수가 아닙니다. Living Water, 곧 우리의 내면에 참 생명을 가져다주는 신령한 물을 말합니다.

그러나 여인은 예수님의 말씀을 잘 이해하지 못했습니다. 그래서 다시 묻습니다.

11-12절. “주여 물 길을 그릇도 없고 이 우물은 깊은데 어디서 이 생수를 얻겠삽나이까? 우리 조상 야곱이 이 우물을 우리에게 주었고 또 여기서 자기와 자기 아들들과 짐승이 다 먹었으니 당신이 야곱보다 더 크니이까?”

‘이 우물은 그 깊이가 32m요 수심이 5m나 되어 수천 년이 지나도 결코 마르지 않았던 좋은 물인데, 이 물 한 번 드셔 보셨습니까? 얼마나 시원한지 압니까?’ 그러자 예수님은 이런 여인에게 조용히 말씀하셨습니다.

본문 13-14절입니다.

“이 물을 먹는 자마다 다시 목마르려니와… 내가 주는 물을 먹는 자는 영원히 목마르지 아니하리니 나의 주는 물은 그 속에서 영생하도록 솟아나는 샘물이 되리라."

예수님은 여인에게 결코 목마르지 않는 생수에 관해 이야기하심으로 그녀의 관심을 유도하셨습니다.

특별히 예수님 자신을 일컬어 **'영원히 목마르지 않는 생수'**를 제공하는 분으로 표현하고 계신 것을 볼 수 있는데, 구약적 의미에서 생수는 하나님의 구원을 상징합니다. 그래서 유대인들은 하나님의 구원을 바라는 것을 종종 영혼의 갈증으로 표현하고 있는 것을 볼 수 있습니다.

"하나님이여, 사슴이 시냇물을 찾기에 갈급함 같이 내 영혼이 주를 찾기에 갈급하니이다."(시 42:1)

"너희 목마른 자들아 물로 나아오라. 돈 없는 자도 오라. 너희는 와서 사 먹되 돈없이 값없이 와서 포도주와 젖을 사라."(사 55:1) 그러자 예수님께 대한 호칭이 다시 바뀝니다. 무엇으로 바뀝니까?

15절. "주여, 이런 물을 내게 주사 목마르지도 않고 또 여기 물 길러 오지도 않게 하옵소서."

이제 사마리아 여인의 눈이 영적인 것에 대해 관심을 열리기 시작합니다. 그녀는 예수께서 말씀하신 영생수를 마시고 싶었고, 목마름을 채우기 위해 매일 물을 길어야만 하는 피곤한 삶에서 벗어나고 싶었습니다. 그래서 영생수 주시기를 간절히 구합니다.

이런 여인에게, 예수께서 무어라고 말씀하고 계십니까?

16절. "네 남편을 데리고 와라…"

사마리아 여인이 지닌 최대의 핸디캡이 하나 있다면 그것은 분명 남편의 문제일텐데, 이 남편의 문제를 아주 노골적으로 지적하고 계십니다.

예수님께서 왜 이 여인의 아픈 상처를 들추어내시는가? 그것은 이 여인이 자신의 죄악된 모습을 하나님 앞에 그대로 고백하며, 예수 그리스도 앞에서 처방 받기를 원하셨기 때문일 것입니다. 그래서 여인이 주 안에 감추어진 진정한 기쁨 맛보기를 원하셨습니다.

사람이 그 죄를 숨기고 하나님의 말씀에서 생수를 마실 수는 없습니다. 말씀의 부딪침을 통해 그 앞에 무릎 꿇음으로, 회개라는 관문을 거치게 되어 있습니다.

여인이 영생수를 받아 마시려면, 반드시 예수님 앞에 내면의 죄악들을 고백하고 회개해야만 합니다. "참된 만족의 대상은 내 남편이 아니라 오직 예수님이십니다." "믿음과 신뢰의 대상은 오직 예수님 한 분밖에 없습니다."

여인의 입장이 갑자기 난처해졌습니다.

남편이 다섯이나 있다가 지금 또다른 남자와 동거하고 있다고 말할 수도 없고, 그만 얼떨결에 "남편이 없다."고 대답은 했지만 예수님이 그것을 모를 리가 없지요.

"그래 네 말이 옳다. 지금 있는 남편도 네 남편이 아니니, 과연 네 말대로 없다고 말하는 것이 더 참된 표현일게다."

예수님은 여인의 숨겨진 비밀들을 낱낱이 다 알고 계셨습니다.

그녀는 예수님의 능력을 접하자, 먼저 놀라움과 두려움을 갖기 시작했습니다. '이분이 뉘시길래, 내 삶의 관계들을 이렇게 속속들이 꿰뚫어 보시는가?'

여인은 예수님의 능력으로 보아, 예수님을 하나님이 보내신 '선지자'쯤으로 생각하였습니다.

"주여, 내가 보니 선지자로소이다."(19절)

사마리아 여인은 예수님이 백성들로 하여금 스스로의 죄 문제를 깨닫게 하고, 그들을 하나님께로 돌리는 이스라엘의 선지자로 생각하였습니다.

따라서 어떻게 하나님께 나아가야 하는지 예배에 관하여 묻습니다. "내가 어떻게 하나님 앞에 서야 합니까? 어떤 것이 참 예배자의 모습이고, 그 방법이 무엇입니까? 우리 조상들은 그리심 산에서 예배를 드리라고 그러고, 당신네들은 예루살렘 산에서 드리라고 그러는데, 어디서 예배드리는 것이 옳은 것입니까?"

다섯 남편을 갈아치우며 살았던 이 여인에게 왜 갑자기 예배의 문제가 이토록 중요한 문제로 부각되어지는 것일까요? 그것은 이 여인의 문제가 바로 예배의 문제와 직결이 되어지기 때문입니다.

여인의 문제는, 참된 예배의 대상을 찾지 못한 데서 기인된 것이었습니다. 어찌 보면 사마리아 여인에게 있어 남편이라는 존재는 우상과도 같은 존재였습니다.

남편은 그녀의 목마름을 채워 주며 그녀를 영원토록 행복하게 해 줄 것이라고 굳게 믿었던 대상입니다. 그래서 남편을 경배의 대상으로 삼고 자신의 청춘과 마음, 모든 것을 다 바침으로 행복을 얻고자 했습니다. 그런데 어디 그렇던가요?!

여러분들도 결혼해 봐서 아시겠지만, 결혼이라는 것이 어디 그리 꿈만 같던가요. 결혼하기 전에는 뭐든지 다 예뻐 보이고 좋아 보이더니, 10~20년 결혼생활들을 해 보면 흠들이 하나씩 보이기 시작하죠.

연애할 때는 매일 저녁 자기를 위해 그렇게 많은 시간을 내주던 그이가, 결혼하고 나더니 이제는 매일 직장을 핑계로 곤드레만드레 술에 취해 늦게 들어옵니다. 예전에는 말을 그렇게 유머스럽게 잘하더니, 이제는 목석같이 말도 잘 안합니다. 기껏 하는 말이라고는 "밥 무근나? 얼라들은? 마 이불 피고 퍼뜩 자자!" 그때는 정말 화가 치밀죠.

사실 이 여인이 남편에게서 사랑을 받고자 하는 것은 잘못된 것이 아닙니다. 모든 대한민국 국민들은, (저와 여러분을 포함하여) 모두가 저마다 좋은 남편과 좋은 아내를 만나 행복을 추구하며 살 권리가 있습니다. 그것이 헌법에 보장되어 있는 한. 그 권리 문제를 이 야기하는 것이 아니고, 제가 문제삼는 것은 그 바지 저고리 입은 연약한 형제·자매들에게 모든 인생을 걸지 말라는 것입니다. 그들이 경배와 신뢰의 대상이 될 수는 없습니다.

많은 사람들이 속아서 삽니다. 꼭 남편의 문제는 아니더라도 자녀의 문제나, 물질의 문제, 사업과 건강의 문제들로 인해 골머리를 썩히며 삽니다.

20평짜리 집을 짓고 살다가 불만이 일어나니까 40평짜리 아파트가 사고 싶고, 조금 더 살다보니 그것도 모자라 80평·90평의 커다란 맨션을 원합니다.

인간의 욕망이란 것이 끝이 없습니다. 인간의 욕망을 물질로써 채우겠다고 하는 것보다 어리석은 일이 없고, 돈으로 아무리 채운다 손 치더라도 돈으로 그 욕망을 만족시킬 수가 없습니다. 돈으로 만족되어지는 존재가 아니기 때문입니다.

근본적인 문제는 항상 마음에서 일어납니다. 안으로부터의 근본적인 변화, 말씀을 통한 근본적인 변화가 그 심령에 일어나지 않는 이상, 우물가의 여인이 가지고 있었던 문제는 결코 해결되어질 수 없습니다.

우리가 영적인 자각으로 깨어나 주께 나아갈 때, 예수님께서 우리가 가진 모든 문제의 해답이 되어 주실 것입니다. 여인은 '메시아 곧 그리스도라 하는 이'를 간절히 소망하게 되었습니다. 그래서 그분만 오신다면 자신의 모든 의문을 풀어 주시고, 자신의 모든 죄와 허물을 용서하여 주실 것이라 믿었습니다.

예수님께서 여인에게 말씀하셨습니다.

"네게 말하는 내가 그로라…."(26절)

사마리아 여인의 눈이 번쩍 뜨였습니다. 여인은 바로 자기 앞에 계신 분이 '메시아'라는 것을 이제야 깨닫게 되었습니다.

내 모든 허물을 이미 다 알고 계셨지만 아무 말없이 용서와 사랑을 베풀어 주신 분, 내가 그토록 간절히 기다리고 소망했던 메시아가 바로 이 분일 줄이야. 어느 누가 이런 여자에게 물을 달라 하겠습니까?

세상 모든 사람들이 다 그녀를 멸시하고 부담스러워 했지만, 예수님은 그녀의 영혼을 불쌍히 여기사 뜨거운 사막을 지나 겸손히 이 먼 사마리아에까지 찾아오셨습니다.

세상의 모든 사람들이 다 그녀를 정죄한다 할지라도, 예수님만큼은 그녀를 감싸 주시고, 그녀의 모든 허물들을 덮어 주셨습니다. 그녀는 이 벅찬 감격들을 맛보았던 것입니다.

예전에는 수치와 멸시로 인해 난 상처들로, 항상 짓눌린 마음으로 감히 얼굴도 못들고 다녔는데, 이제 예수님으로 인해 그 앞에 가슴 벅찬 감격과 기쁨을 누립니다.

주께서 약속하신 '영원히 목마르지 않은 생수'를 마신 것입니다. 그녀에게는 이제 물뜨는 것이 문제가 아니었습니다. 사람들의 이목이나 자신의 부끄러운 과거 역시 더 이상 문제가 되지를 않았습니다. 물동이조차 다 버려 두고, 자기가 살던 동네로 들어가 증거하기 시작했습니다.

"나의 행한 모든 일을 내게 말한 사람을 와 보라. 이는 그리스도가 아니냐. 이 사람이 메시야가 아니냐. 와 보라." 삶이 변화되어진 사람의 모습입니다.

우리는 이 사마리아 여인을 보면서, 우리 성도들이 어떠한 예배자로서의 모습을 갖추어야 하는지를 발견하기 원합니다.

"이 산에서도 말고, 예루살렘에서도 말라. 아버지께 참으로 예배하는 자들은 신령과 진정으로 예배할 때가 오나니 곧 이때라. 아버지께서는 이렇게 자기에게 예배하는 자들을 찾으시느니라. 하나님은

영이시니 예배하는 자가 신령과 진정으로 예배할지니라.”(23-24절)

하나님께 예배 드리러 나가는 데에는 예루살렘 성전이나 그리심산 같은, 어떤 특별한 예배 장소에 더 이상 얽매이지 않습니다.

우리는 성전이라 할 때 꼭 가시적인 교회 건물만을 생각해서, 꼭 교회에 나와야만 하나님께 예배 드릴 수 있다고 생각하는데 결코 그렇지를 않습니다.

성경은 우리를 일컬어 “하나님의 성전이요, 성령님이 거하시는 전”(고전 3:16)이라고 말씀하고 계십니다.

이제는 언제, 어디서라도, 장소에 구애됨없이, 예수 그리스도를 힘입어, 성령님 안에서 하나님께 나아갈 수 있고 예배 드릴 수 있습니다. 이것이 성도들에게 허락된 신령적 예배입니다.

그리스도인들이 드리는 영적 예배는 예수 그리스도 안에서 계시되어진 진리 가운데 성령님의 인도를 따라, 삶 가운데서 드려지는 것입니다.

하나님께서는 이렇게 예배하는 자들을 찾으십니다.

“하나님은 영이시니 예배하는 자가 신령(神靈)과 진정(眞情)으로 예배할지니라(24절) 아버지께서는 이렇게 자기에게 예배하는 자들을 찾으시느니라.”(23절)

‘찾는다’라고 번역된 동사는 ‘원한다’(desire, wish), ‘요구한다’(demand)라는 단어의 강한 의미를 지닙니다.

하나님께서는 당신의 택한 자녀들을 그와 같은 예배자로 만드시려고 강렬한 열망을 품으시고, 또 그러한 것들을 요구하고 명령하신다는 말입니다. 마땅히 우리가 그러한 성도들이 되어야만 합니다.

교회가 커다란 시험에 들다보니, 이 핑계 저 핑계 대며 교회를 옮기고자 하는 어리석은 사람들이 있습니다.

옳지 않습니다.

우리 ○○교회에 함께 계셨고, 이곳에서 예배를 받아 주시며 임재

하셨던 하나님이, 어느 날 내가 다른 교회에 간다고 해서 "그래 잘 왔다. 어서 오너라." 말씀하실 리가 없지요.

하나님께서는 각 사람을 바른 예배자로 만들어 가시기를 원하시는데, 내가 하나님께 대하여 참다운 예배자의 모습도 회복치 아니한 채 이 교회 저 교회 장소만 바꾼다고 해서 내가 새로워지는 것은 아닐 것입니다. 우리가 10~20년 예수 믿었으면, 좀 유치한 신앙에서 벗어나야 하지 않겠나 생각합니다.

먼저 우리가 심령 속에 있는 근본적인 변화들이 먼저 일어나야 합니다. 예수 그리스도의 십자가 구속의 은혜와 그 벅찬 감격들이 우리의 마음 속에 있어야만 합니다.

이 감격 속에 신앙생활을 하는 것이고, 구원받은 기쁨을 가지고 '삶의 예배들'을 회복해 나가는 것입니다. 감격이 없으니까 삶이 힘이 있을 리가 없지요.

예수를 믿어도 삶이 여전히 괴롭고 힘들기만 한 사람들은 자신을 돌아보아야 합니다.

문제는 딱 한 가지입니다. 그 마음에 아직도 예수님이 주시는 생수를 마시지 못했기 때문입니다. 어떻게 보면 예배라는 것이 '하나님과의 관계성 회복'이라고 말할 수 있습니다. 그래서 우리의 영적인 목마름들, 죄악으로 인한 상처와 여러 갈등들, 삶의 공허함들을 그분 앞에 나아와 깨끗이 청산하고, 생수이신 예수님을 먹고 마시는 것입니다. 그래서 그 공허한 자리에 예수 그리스도의 부활이 일어나고, 진리의 생수를 가득 채우는 것, 이것이 바로 신앙생활입니다. 자꾸 다른 것들로 채우려 하지 마십시오.

예를 들어 어떤 물질적인 것들로 삶을 배불리려 한다든가, 성도들 간의 교제를 통해서 심령을 만족케 하고자 한다든지, 말씀 앞에 결단도 없이 귀만 즐겁게 하는 설교를 들으려고 하는 것들…. 그래서 그 속에서 '나도 신앙생활 하고 있나보다.' 스스로를 만족해서는 안 됩니다. 그것들이 나를 변화시켜 주는 것이 아닙니다. 만약 그것들이 사라지면 어떻게 하겠습니까?

혹시 내가 병이 들거나, 내 마음에 드는 목회자가 사라진다면?! 그러면 내 신앙이 허공에 붕 뜨지 않겠습니까? 마음의 질병은 여러 가지이겠지만 해답은 오직 하나, 예수 그리스도밖에 없습니다.

예수 그리스도께서 나의 마음에 찾아오시면, 그 순간 나의 모든 갈증들은 깨끗이 끝이 나는 것입니다. 오직 그 방법밖에 없습니다.

우리가 이 십자가 구속의 근본적인 감격들을 경험해야 합니다. 말씀 가운데서 삶의 예배들을 회복하십시다.

오늘도 신령과 진정으로 예배하는 자들에게, 말씀 안에 솟아나는 영생하는 샘물을 공급해 주실 것입니다. 그래서 더 이상 "주리지 않고, 목 마르지도 아니하는"(요 6:35) 영원한 생수가 여러분의 심령 속에 넘쳐가기를 바랍니다.

"그러므로 형제들아, 내가 하나님의 모든 자비하심으로 너희를 권하노니 너희 몸을 하나님이 기뻐하시는 거룩한 산 제사로 드리라. 이는 너희의 드릴 영적 예배니라"(롬 12:1)

하나님께서 우리로 거룩한 산 제사를 드리기를 원하시는데 우리의 시선이 신령한 일들을 찾기를 원하고, 우리 삶의 예배와 입술의 열매로 우리 마음에 생수를 얻으시는 복된 날 되시기를 기도합니다.

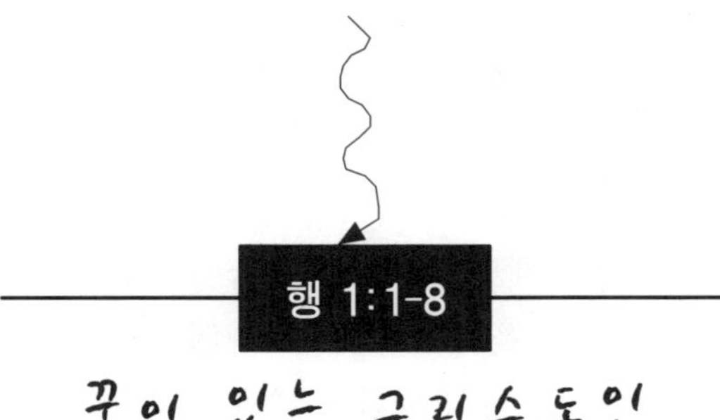

꿈이 있는 그리스도인

> "데오빌로여 내가 먼저 쓴 글에는 무릇 예수의 행하시며 가르치시기를 시작하심부터 그의 택하신 사도들에게 성령으로 명하시고 승천하신 날까지의 일을 기록하였노라 해 받으신 후에 또한 저희에게 확실한 많은 증거로 친히 사심을 나타내사 사십 일 동안 저희에게 보이시며 하나님 나라의 일을 말씀하시니라 사도와 같이 모이사 저희에게 분부하여 가라사대 예루살렘을 떠나지 말고 내게 들은 바 아버지의 약속하신 것을 기다리라 요한은 물로 세례를 베풀었으나 너희는 몇 날이 못되어 성령으로 세례를 받으리라 하셨느니라 저희가 모였을 때에 예수께 묻자와 가로되 주께서 이스라엘 나라를 회복하심이 이 때니이까 하니 가라사대 때와 기한은 아버지께서 자기의 권한에 두셨으니 너희의 알 바 아니요 오직 성령이 너희에게 임하시면 너희가 권능을 받고 예루살렘과 온 유대와 사마리아와 땅 끝까지 이르러 내 증인이 되리라 하시니라" (행 1:1-8)

참으로 사랑했던 첫사랑의 여인이 죽어 버리자, 그 실연의 상처를 달래기 위해 정치에 투신했던 한 젊은이가 있었습니다.

그는 정계에서 상당한 위치까지 올라갈 수 있었지만, 곧 더럽고 추한 정치게임에 휘말려 누명을 쓰게 되었습니다. 결국 자기 고향 프로렌스에서 추방을 당해 다시는 고향에 돌아올 수 없는 몸이 되어 버리고 말았는데 사랑과 정치 모두에 실패하고 고독한 방랑 길에 나선 그가, 어느날 밤 하늘에 떠있는 수많은 별들을 쳐다보며 새로운 꿈을 꾸기 시작합니다. 그것은 자기가 진정 사랑했던 여인 '베아뜨리체'가 자기를 영원한 세계로 안내한다는 꿈이었습니다.

그는 붓을 들어 그 꿈을 글로 쓰기 시작했습니다. 이렇게 해서 탄생한 장편의 대서사시가 그 유명한 단테의 **'신곡'**이라는 작품입니다.

저는 이 책을 대할 때마다 두 가지 생각을 하게 됩니다.

첫째는 한 사람이 지니고 있는 떨쳐 버릴 수 없는 첫사랑의 환상, 다시 말해 첫사랑에 대한 인간의 끈질긴 집착에 관한 것입니다. 그리고 둘째는 정치가의 꿈이 좌절되었을 때, 오히려 그를 새롭게 태어나게 만들었던 또 다른 작가에로의 꿈에 관한 것입니다.

단테의 꿈은 분명 그에게 이전보다 훨씬 더 나은 인생을 가져다주는 새로운 계기가 되었다고 말할 수 있을 것입니다.

이처럼 삶의 위기들을 극복하고 다시 재개한 성공한 사람들의 이야기를 읽어 보면, 하나의 공통점이 있습니다. 그것은 하나의 꿈이 사라졌을 때 그들이 그 자리에 주저앉아 한탄하는 것이 아니라, 또 다시 새로운 꿈을 꾸기 시작한다는 점입니다. 그러나 보편적으로 대부분의 사람들은 하나의 꿈이 사라질 때 너무나 쉽게 그리고 너무 빨리 '내 인생 이렇게 끝나나 보다' 모든 것을 체념해 버리는 경향이 있습니다.

일이 풀리지를 않고 싸움이 끝이 보이지를 않을 때, '내가 원하는 삶에 대한 가능성이 다 사라져 버렸다' 느끼는 그 순간이야말로 가장 큰 절망의 순간일 것입니다. 여기에 삶의 위기가 있습니다.

예수님의 제자들에게도 하나의 꿈이 있었습니다.

그것은 자기들의 조국 이스라엘이 로마의 압제로부터 해방되는 꿈이었습니다. 그 당시 로마의 지배 아래에서 짓밟히고 신음하던 유대 백성들에게 이보다 더 절실한 꿈이 어디 있었겠습니까?

이러한 때 팔레스틴 땅에 어떤 젊은 예언자 나사렛 예수가 등장했고, 팔레스틴의 민중들은 그분 예수에게 모든 정치적 메시아의 기대를 걸었습니다.

"저 예수라면, 하늘의 메시지를 말하고 이적과 권능을 행하고 앉은뱅이와 죽은 나사로를 살릴 수 있는 저 분이라면, 우리 민족을 능히 로마의 압제로부터 해방시킬 수 있을 것이다." 이것이 그들이 꿈꾸는 바였습니다.

여러분, 예수님의 제자들 중 상당수가 당시의 소위 열혈당원, 독립운동원 출신이라는 학설이 있다는 사실을 아십니까?

우리나라도 그랬잖습니까? 소위 일제의 식민통치 시대 때에 많은 사람들이 기독교로 개종을 했었는데, 그들 중에 상당수가 독립 운동가들이었다고 하잖습니까? **이들은 예수님을 통해 민족의 독립과 부활의 꿈을 실현시키고자 했던 것입니다.** 아니, 한 걸음 더 나아가 민족이 회복되고 예수께서 왕이 되어 그 땅을 새롭게 다스리는 그 날, '나도 예수님 좌·우편에 앉아 한 자리 해 먹겠다'는 개인적인 욕심까지도 섞여 있었던 사람들이었습니다.

그러던 어느 날, 그 정치적 메시아가 허무하게 십자가에서 죽고 맙니다. 예수께서 죽으셨던 날은 제자들에게 있어 분명 그들의 꿈이 사라져 버린 날이었습니다.

그들은 삼삼오오(三三五五) 짝을 지어 흩어지기 시작했습니다.

제자들은 '모든 것이 끝났다'고 생각하여 엠마오로 내려가던 두 제자처럼, 저마다의 고향으로 허무한 발걸음을 옮기고 있었습니다.

그런데 이 흩어졌던 제자들 사이에서 한 가지 소식이 퍼지고 있었습니다. 그것은 죽었던 예수가 다시 살아나셨다고 하는 소식입니다. 그리고 한 제자 한 제자가 부활하신 주님을 만나는 체험들을 하기 시작하죠. 이에 고향으로 흩어졌던 제자들이 하나둘 예루살렘으로 다시 모여들기 시작했고, 예수 그리스도를 위해서 목숨을 바치겠다며 다시 그분을 따르기 시작했습니다. 그리스도의 죽으심이 제자들에게 있어 꿈의 소멸이었다면, 그분의 부활하심은 새로운 꿈의 부활이었던 것입니다.

제자들은 부활하신 예수님을 보면서 정말 궁금한 점이 하나 있었습니다. 제자 중 한 사람이 대표로 나와 예수님께 그 궁금한 점을 묻습니다. 6절입니다.

"저희가 모였을 때에 예수께 묻자와 가로되 주께서 이스라엘 나라를 회복하심이 이때니이까 하니."

여기서 '물었다'라는 단어가 ηρωτων(에로톤)이라는 단어입니다. 미완료 과거형으로 쓰여, 제자들이 거듭 반복해 물었던 것으로 나타나 있습니다.

제자들의 관심은 오직 민족의 독립에 있었습니다.

'예수님 부활을 축하드립니다. 놀랍습니다. 그런데 언제쯤 왕위에 오르실건데요? 말씀 잘 들었습니다. 은혜 많이 받았습니다. 그런데 제 기도는 언제쯤 들어주실 겁니까?' 자꾸 물어봤던 것 같습니다.

말씀에 대한 순종은 안하고, 뭐라고 말씀하셨는지 앞의 명령들은 다 까먹고, 오직 자기들의 관심에만 초점이 있었습니다.

본문의 배경은 주께서 부활하신 다음입니다.

제자들은 예수의 십자가 처형을 보며 그들의 기대가 산산이 부숴졌었지만, 이제 부활하신 주를 보면서 다시금 정치적 회복에 관한 기대가 되살아났던 것입니다. '이제 때가 됐나 보다.'

그러나 예수님의 꿈은 제자들의 꿈과는 달랐습니다. 제자들은 이스라엘 민족의 회복이라는 꿈을 꾸고 있었지만, 예수님은 그보다 더 커다란 꿈을 갖고 계셨습니다. **제자들의 꿈이 이스라엘의 독립에 머물고 있었다면, 예수님의 꿈은 '하나님 나라의 통치와 그 확장'이라고 하는 원대한 꿈이었다고 말할 수 있을 것입니다.**

"해 받으신 후에(부활하신 후에) 또한 저희에게 확실한 많은 증거로 친히 사심을 나타내사 사십 일 동안 저희에게 보이시며 하나님 나라의 일을 말씀하시니라."

예수님이 말씀하셨던 것은 '하나님 나라의 일'이었습니다. 예수님은 제자들의 눈을 보면서 그들에게서 이루어질 미래의 왕국을 보셨습니다.

본문 8절 말씀은 그 나라의 꿈을 실현하기 위한 명령이었습니다.

"오직 성령이 너희에게 임하시면 너희가 권능을 받고 예루살렘과 온 유대와 사마리아와 땅 끝까지 이르러 내 증인이 되리라 하시니라."

예수님은 제자들의 질문에 대해 직접적으로 '아니다' 말씀하지 않으시고, 대신에 **'그들의 관심이 어디에 맞춰져야만 하는가?'** 들이 감당해야 할 사명에다 초점을 돌리셨습니다.

모든 초점이 전도와 선교에 맞추어져 있습니다. 제자들의 삶의 목적도 역시 여기에다 맞추어야 할 것입니다. 교회가 이를 위해 존재합니다. 교회와 성도들이 전도의 사역들을 감당하지 못하고, 그 속에서 자신의 기득권만을 지켜 나가기 위해 아옹다옹할 때 그 존재 가치를 상실하게 되어집니다.

사랑도 중요하고 하나님의 공의도 중요하지만, 그 모든 것이 땅 끝까지 주의 복음을 증거하라는 명령에 초점이 맞춰져야 합니다. 그러기 위해서 서로 사랑하라는 것이고, 거짓말하고 자꾸 전도 사역들에 방해가 되니까 하나님의 공의를 세우기 위해 죄악된 누룩을 제거하려 하는 것입니다.

저는 ○○교회 사건을 보면서, 너무나 실망되는 것들이 있습니다. 무조건 사랑으로 덮어 줘야 한다고 주장하며 교회를 해치는 누룩을 그냥 용납해 버리는 사람들도 잘못이고, 하나님의 공의를 세운다고 하면서 기도 한 번 하지 않고 혈기로만 일을 행하려는 것도 역시 잘못입니다. 아무리 말씀으로 가르치고 권면해도 두 귀를 막고 옳고 그름 자체를 아예 생각지 않으려는 사람들이 있는가 하면, 기도로서 하나님의 도우심을 구하자 해도 아무도 더 이상 말씀에 순종치를 않습니다.

예수께서 꿈꾸셨던 나라는 제자들이 꿈꾸던 나라와 분명 달랐습니다. 제자들이 꿈꾸던 나라가 힘의 논리와 폭력에 의해 세워질 수 있는 정치적인 나라라면, 예수께서 말씀하신 하나님 나라는 정치적인 나라이기보다 영적인 왕국이며, 보이지는 않으나 지금 여기에서부터 시작되어 그 완성점을 향해 계속 확장되어지고 있는 도덕적인 특성을 지닌 나라입니다.

그러므로 사도 바울은 이렇게 충고합니다.

"그러므로 나의 사랑하는 자들아 너희가, 나 있을 때 뿐 아니라 더욱 지금 나 없을 때에도 항상 복종하여 두렵고 떨림으로 너희 구원을 이루라."(빌 2:12)

제자들이 꿈꾸던 나라는 이스라엘 민족으로 태어난 사람이라면 누구나 관계없이 다 들어갈 수 있는 그런 나라인지는 몰라도, 예수님이 말씀하시는 나라는 그분의 통치와 다스림을 받지 않고서는 들어갈 수 없는 나라입니다.

그 나라는 영적인 출생, 거듭남을 체험한 자만이 들어갈 수 있는 나라입니다. 자기의 죄인됨을 깨닫고, 하나님 앞에 엎드려 자신의 삶을 믿음으로 드리지 않고서는 결코 그 나라의 백성이 될 수가 없습니다.

예수님께서는 이 하나님 나라의 메시지를 가지고 역사 속에 침투해 들어오셨습니다.

"회개하라. 천국(하나님의 나라)이 가까웠느니라."(마 3:2; 막 1:15)

이 나라는 전쟁을 통하여서 확장되어지는 것이 아니라, 회개와 믿음의 순종, 전도를 통해서 이루어질 나라입니다.

예수님은 하나님 나라에 대한 메시지를 전하신 후, 아직도 이스라엘의 독립에만 모든 관심을 집중하고 있는 제자들에게 이렇게 말씀하십니다. "때와 기한은 아버지께서 자기의 권한에 두셨으니 너희의 알 바 아니다."(7절)

이는 자기 나라 이스라엘의 독립에 대해 무관심하라는 이야기가 아닙니다. 도리어 이런 말로 풀어 이해할 수 있습니다. "이스라엘의 독립은 하나님의 때에, 하나님이 알아서 하실 것이다. 그것은 하나님이 하실 일이고, 그러나 그보다 더 중요한 일이 있다. 그것은 오직 성령이 너희에게 임하시면 너희가 권능을 받고, 예루살렘과 유대와 사마리아와 땅 끝까지 이르러 내 증인이 되는 것이다."

아마도 예수님의 십자가 사건과 그분의 부활과 승천, 그분의 명령을 직접 목격했었던 제자라면, 이 극적인 체험을 통해 예수님이 말씀하신 하나님 나라의 새로운 꿈을 공유할 수 있었을 터인데…. 우리는 사도행전을 통해서 볼 때, 처음 제자들이 이 하나님 나라의 꿈을 '아멘'으로 수락했다는 여러 증거들을 볼 수 있습니다.

사도행전 8:12절에 보면, 빌립의 메시지가 나옵니다. (찾아보십시다)

"빌립이 하나님 나라와 및 예수 그리스도의 이름에 관하여 전도함을 저희가 믿고 남녀가 다 세례를 받았다."

빌립이 그냥 예수님에 관하여 전도했다고 기록하지 않았습니다.

성경은 빌립이 '**하나님 나라**'와 '**예수 그리스도의 이름**'에 관해 전도하였다고 말합니다.

또 사도행전 14:22절입니다. "제자들의 마음을 굳게 하여 이 믿음에 거하라 권하고, 또 우리가 '하나님 나라'에 들어가려면 많은 환난을 겪어야 할 것이라 하고." 이것은 사도 바울의 메시지입니다.

그가 그토록 많은 환난과 채찍들을 맞으면서도, 그것들을 극복하고 앞으로 전진할 수 있었던 비결은 무엇인지 아십니까? 그것은 바로 하나님 나라에 대한 찬란한 꿈 때문입니다.

"하나님 나라에 들어가려면 많은 환난을 겪어야 할 것이라."

오늘날의 얄팍한 기복 신앙들과 얼마나 많은 차이를 보이는지 모릅니다. "예수 믿으십시오. 목사를 잘 섬겨야만 축복을 받습니다."

그게 전부가 아니라는 말입니다. 하나님 나라에 들어가려면 마땅히 그 가운데 있는 환난과 고난의 흔적들을 몸에 지닐 수 있어야만 한다는 것입니다.

바울도 자기 앞에 결박과 환난이 기다리고 있다는 사실을 잘 알고 있었습니다. 그러나 그 모든 것을 각오하고 올라가면서, 이런 유명한 고백을 남기죠.

"나의 달려갈 길과 주 예수께 받은 사명 곧 하나님의 은혜의 복음 증거하는 일을 마치려 함에는 나의 생명을 조금도 귀한 것으로 여기지 아니하노라."(행 2:24)

그래서 어떤 신학자는 이렇게 말합니다. "이 시간이야말로 민족주의자들이었던 제자들이 세계주의자로 거듭나는 순간이었다."

민족주의나 국수주의는 부정적인 모습으로 전락할 수 있습니다. 우리는 역사 속에서 배타적이고 독선적인 민족주의가 자기 나라와 민족을 살리기 위해 타민족들을 너무나도 쉽게 짓밟아 버리는 모습들을 많이 보아왔습니다. 독일이나 일본이 이를 위해 얼마나 많은 전쟁들을 치뤘습니까?

그리스도인의 꿈이 이 민족주의의 수준 정도는 뛰어 넘어야 하지 않겠습니까?!

'우리 ○○교회, 총회장 나온 교회', '목사님, 우리 ○목사님' 하는 차원이 아니라 이방인을 향한 복음 사역들을 위해, 하나님 나라의 거룩한 통치를 ○○교회에 확장시켜 나가기 위해 초점을 맞춰야 하지 않겠습니까. 그래서 그분 앞에 총회장도 내려놓고, ○목사님도 내려놓고, 내 생각·내 주장들도 다 내려놓는 겁니다.

하나님보다 앞설 수는 없습니다.

남들이야 죽든 말든, 교회야 깨어지든 말든 전혀 상관치 않고 오직 내 주장들만 관철시키고자 하는 것은 주님께 악한 모습들입니다.

교회를 분열시키며 거짓으로 악한 일들을 도모한다는 것은, 더더군다나 생각할 수 없는 악한 행동들·저주받을 행동들이라고 할 것입니다. 그것이 아무리 선한 의도와 목적을 가졌다고 할지라도 결코 정당화되어질 수 없습니다.

그리스도인들에게는 우선순위가 있습니다. 우리가 먼저 꾸어야 할 꿈이 있습니다.

내 민족, 내 교회, ○○목사님이 나가느냐 안 나가느냐 하는 그 진퇴 문제보다도 훨씬 더 중요한 문제, 우리가 더 간절하게 바라야 할 중요한 꿈이 있습니다. 그것은 하나님 나라에 대한 꿈입니다.

어떻게 하면 주의 교회가 서로 일치될 수 있을까? 어떻게 하면 복음을 더욱 왕성하게 감당할 수 있겠는가? 하나님이 원하시는 성도의 거룩한 모습은 어떻게 만들어 나가는 것일까? 하나님이 내게 무엇을 원하시는가? 이 모든 것들이 우리가 평생 꿈꾸고 이루어 나가야 할 사명들입니다.

여러분의 꿈은 무엇입니까?

여러분이 그리스도인으로서 마땅히 가지고 있어야 할 꿈이 무엇입니까? 여러분은 지금 어떤 꿈들을 꾸고 계십니까?

○○교회에 여러 가지 어려움들이 있지만, 나의 생각이나 내 개인의 주장들보다는 훨씬 더 크고 위대하신 하나님 나라의 꿈을 발견하시기를 원하고… 그 꿈에 믿음과 순종함으로 응답하시는 성도님들 되시기를 바랍니다. 그래서 기도하는 것들이 주님의 도우심을 받으시고, '아멘'으로 그분의 임재와 통치를 마음껏 경험하시는 복된 연단의 기회가 되어지기를 기도합니다.

기도하시면서 하나님께서 주시는 꿈을 품는 시간들 되시기를 원합니다.

하나님을 경외하는 가정

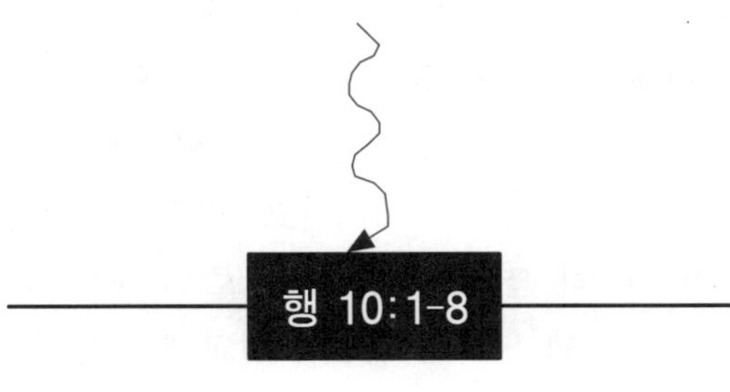

하나님 나라의 복음 전파를 사도행전 1:8절에 의거 사도행전을 지리적으로 세분화한다면, 예루살렘과 유대 지역의 복음 전파를 하나로 묶을 수가 있고, 사마리아에 대한 선교와, 그리고 이방인을 향한 세계 선교 세 부분으로 나눌 수가 있습니다.

본문은 복음이 유대에서 이방인 지역에로의 실제적인 확장을 보여
주는 사건으로 아주 중요한 의미를 지닙니다.

가이사랴 지방에 '고넬료'라 하는 이방인이 있었습니다.

그는 '이달리야대'라 하는 로마 군대에서 백부장의 직위를 가지고
있는 사람입니다. '가이사랴'가 어디인고 하면 예루살렘으로부터 약
104km 떨어진 지중해 연안의 해안 도시로 로마의 지배 하에 있었
고, 사도행전 8:40절에 의하면 빌립이 선교 활동을 벌였던 지역 가
운데 하나로 언급되어지고 있습니다.

당시(A.D. 40년경) 가이사랴에는 총독 관저가 있어서 다섯 부대
의 군대들이 주둔하고 있었는데, 이중 네 개 부대는 본토인들로 구
성되어져 있었고, 나머지 한 부대는 순수 로마인들로 구성되어 있었
습니다. 자연히 네 부대들은 로마 부대를 지원하는 임무를 수행하는
역할을 해야 했는데, 이 로마인들로 구성되어진 부대가 바로 **'이달
리야대'**입니다.

아마 로마인이었던 것 같은데, 그는 이달리야대의 백부장이었습니
다. 로마 군대의 한 부대(部隊)가 300~600명으로 구성되어 있었
으니까, 당시 팔레스틴 땅에 파견된 로마 군대의 지휘관으로서 백
명을 거느리고 있었다면 이것은 상당한 지위에 속한 것입니다. 오늘
날 계급이?! 대위쯤 되겠죠. 더군다나 그는 식민지 통치 아래 있는
가이사랴에 주둔하고 있었으므로, 그 지역에서 무시 못할 권세를 가
지고 있었다고 할 것입니다.

성경은 이런 고넬료를 다음과 같이 소개하고 있습니다.

"경건하여 온 집으로 더불어 하나님을 경외하며 백성을 많이 구제
하고 하나님께 항상 기도했다."(2절)

'경건하다'(ευσεβης, 유세베스)라는 말은 문자적으로 '독실한 신앙

을 지닌', '바른 예배를 드린다'라는 의미입니다.

특히 실생활에 관련하여, 하나님 앞에서 인간이 가져야 할 올바른 태도들을 지칭할 때에 이 말을 사용합니다.

고넬료는 이방인입니다. 여기서 그가 이방인이었다는 말은 그에게 소위 신앙적 유산들이나 믿음의 계승이라는 전통이 전혀 없었다는 뜻입니다.

기독교 가정에서 자라난 성도님들은 별로 실감을 못 느끼시겠지만, 기독교적 배경이 전혀 없는 사람들은 처음 예수를 믿을 때 여러 가지로 어렵죠. 어떻게 섬기고 어떻게 예배 드려야 하는지, 그렇다고 성경을 찾을 줄 아나, 찬송가를 부를 줄도 모르고…. 여기 초신자 옆에 놓고 나만 혼자 예배 드리는 사람 없으시죠?! 어쨌든 익숙해질 때까지 내가 다 알아서 해야 합니다.

고넬료도 역시, 이런 신앙의 유산이나 믿음의 전통들을 전혀 가진 것이 없었습니다. 결국 유대인들로부터 율법과 규례들을 배웠다는 이야기인데, 사실 고넬료처럼 신앙을 갖기에 불리한 조건을 가진 사람도 드물 것입니다.

당시 군인들의 상황을 볼 때 더욱 그러합니다. 누가복음 3:14절에 보면, 당시 군인들은 강포하였고 거짓 고소를 일삼아 돈을 벌었습니다. 또 군인들의 세계가 매우 육신적이고 음란이 가득합니다. 특히 직업 군인들의 경우에는 (여기 직업 군인 출신 없죠?) 진급하기 위해 부하들을 함부로 부려먹는 경우가 허다합니다.

자기는 안 그렇다고 칩시다. 그렇다면 로마의 군대 장관이 자기네 군인들의 수레바퀴 아래 짓밟힌 피압박 민족의 하나님을 신앙한다는 것을 상상해 보십시오.

대개 정복당한 백성들이, 자기들을 정복한 힘있는 나라의 종교나 문화들을 부러워하는 것이 보통 아닙니까? 유대인들이 남다른 선민

의식과 우월의식들이 있다고 말하지만, 사실 따지고 보면 고넬료가 그런 의식들은 더 많이 가지고 있지 않았겠습니까? 그의 사회적 지위와 체면에는 별로 어울리지 않는 선택이라 할 수가 있습니다.

그럼에도 불구하고 성경은 "그가 하나님을 경외하는 자였다." 말하고 있습니다. 비록 유대인은 아니었지만, 유대교로 개종하여 회당 예배에 참석하여 율법을 배우며, 그 율례를 힘써 지키려고 노력하는 등 하나님께 대한 열심이 있었습니다.

이런 분위기에서 그가 '온 집으로 하나님을 경외하며, 그분께 항상 기도한다'는 것이 얼마나 어려웠을까 생각해 보셨습니까? 아마 영적인 경건을 이루기 위해 피눈물 나는 투쟁을 했을 것입니다.

히브리서 12:4절에 "너희가 죄와 싸우되 피 흘리기까지 대항하라."고 권면하시는데, 우리에게도 이런 모습이 있어야 하지 않을까 생각합니다.

고넬료에게 나타난 두 번째 특징은, 그가 식민지 백성들을 사랑하여 많은 구제를 행했다는 사실입니다.

여기서 '구제했다'는 말은, 궁핍한 자들을 물질적으로, 정신적으로 도왔다는 말입니다.

초대교회 당시, 궁핍한 자들(고아·과부·나그네)에 대한 구제가 교회의 깊은 관심거리였습니다.

어쩌다가 한 번 구제한 것이 아닙니다. 어쩌면 고넬료에게는 구제가 일상적인 삶이었는지도 모릅니다. 그가 유대인들로부터 칭찬을 받을 정도였으니까, 아마 구제하는 일에 상당한 열심을 가졌던 것 같습니다. 특히 하나님의 백성 공동체 안에서 더욱 많은 구제들을 행했습니다.

그렇다고 고넬료의 구제가, 식민지 백성의 환심을 사기 위한 정치적인 제스츄어는 결코 아니었습니다. 그것은 사랑하기 때문에 진심에서 우러나오는 것이었습니다. 자신이 받은 축복이 넉넉하고 많아서가 아니라, 자신에게 주어진 삶의 소담한 축복들을 함께 나누고 싶고, 그것이 감사해서 끊임없이 도울 사람들을 찾고 있었던 모습이 고넬료의 모습이 아닌가 생각합니다.

우리가 **'하나님을 얼마나 사랑하고 있는지'**를 시험해 볼 수 있는 좋은 방법이 하나 있습니다. 그것은 '내가 우리의 이웃을 얼마나 사랑하고 있는가, 이웃의 필요 앞에서 내가 어떻게 반응하고 있는가?' 그것을 통해 알 수 있습니다.

누가 우리의 이웃입니까? 예수님께서 선한 사마리아인의 비유를 통해 이 질문에 정확한 답을 제시하셨죠.

나의 옆집에 살기 때문에 내 이웃이 아니라, 내가 걸어가는 삶의 길목에서 부딪히는 나의 도움을 절실히 필요한 모든 사람들. 나의 애정어린 눈물과 위로가 있어야 하고, 때로 나의 물질과 헌신을 쏟아 부어야 하는 곳, 그것을 필요로 하는 모든 대상들 그들이 바로 내 이웃인 것입니다.

고넬료는 이웃을 향해서 열린 마음을 가지고 있었습니다.

하늘을 향한 마음을 이웃을 향해서 열고 하나님 사랑을 이웃들에게 심어가던 사람 고넬료는, 분명 단순히 교회에만 출석하고 있는 그러한 사람이 아니라 자신의 삶 속에서 구체적으로 그 신앙을 실천하는 사람이었습니다.

그는 하나님께 항상 기도하는 영적인 사람이었습니다.

고넬료는 하나님을 향해서 열린 창을 가지고 있던 사람입니다.

그의 기도가 이 사실을 증명하는데, 본문 3절을 보십시오.

"하루는 제구시쯤 되어 환상 중에 밝히 보았다."

어떤 특별한 날을 정해 금식기도 하다 본 것이 아니라, 매일 습관적인 기도를 하다가 어느 날에 하나님이 주시는 환상을 보았다는 것입니다. 그는 일상생활 중에 항상 정기적인 기도의 시간을 갖고 있었습니다. 다른 일을 다 하고서 남아도는 시간에 와 무릎꿇고 기도한 것이 아니라, 자기의 삶에서 가장 소중한 시간들을 창조주 하나님 앞에 드려 기도했다는 말입니다. 그는 하나님을 사랑하는 사람이었습니다.

여러분, '기도한다'는 것이 무엇을 의미하는 것일까요? '무엇을 간절히 구하여서 그것을 얻는 것'도 기도의 정의가 될 수 있을 것입니다. 그러나 그것은 기도의 한 측면에 불과하다고 생각합니다.

기도라는 낱말의 가장 중요한 정의는 "하나님과 같이 있는 것"이라고 생각합니다. 하나님과 함께 있으면서 그분과 대화하는 것.

내가 정말 주님을 사랑한다면, 하나님이 내 삶의 등불이며 인도자이고, 소망의 근원이며 내 영혼이 최후에 돌아가야 할 어머니의 품 같은 그러한 분이시라면, 그분과 함께 있는 시간들이 참으로 즐겁지 않겠습니까?!

루터는 기도의 십일조를 드렸던 사람으로 유명합니다. 그의 일기장에 다음과 같은 명언이 있습니다. "너무 바쁘다. 내가 요즘 너무 바쁘다. 내가 더욱 더 열심히 기도해야겠다."

기도의 십일조를 드리며, 십일조를 물질로만 드린다고 생각지 마세요. 하루에 두 시간 사십 분 동안을 살아계신 하나님께 엎드려 기도하기를 즐겼다는 루터의 삶의 기록들이, 오늘 여러분들에게는 어떤 부딪침을 주고 있습니까? 그냥 막연하십니까? 아니면 '그 사람은 루터잖아, 당연히 그 정도는 되야지.' 생각하십니까?

신앙에 있어 좀 자극을 받아야만 합니다.

하나님의 말씀을 들어도 그 마음에 자극이 없고, 순 남의 이야기로만 듣는다면 말씀이 내게 무슨 유익함을 주겠습니까? 나와 전혀 무관한, 전혀 상관이 없는 말씀이 될 것입니다.

그런 것 같아요. 제가 ○목사라서 그러는지, 아니면 나이가 어려 우습게 보여서 그러는지… 말씀의 권위 앞에 순종을 해야 하는데, 사람들을 보면 아직도 많은 수의 중직들이 말씀의 권면들을 잘 순종 하지를 않는 것 같습니다.

교회가 영적으로 매우 어려운 때인 고로 함께 매일 저녁 기도회를 열자고 그래도 참석하는 사람만 참석을 하지 몇 명 참석치를 아니하 고, 두 주간을 계속해서 광고를 해 중직들은 반드시 참석을 하라고 해도 들은척 만척입니다.

오늘 이따가 또 광고할 겁니다. 들을 때까지 계속해야지.

제가 자꾸 여러분들의 귀에 자꾸 거슬리는 말을 하는 것 같은데, 죄송합니다. 누가 거슬리는 말을 하고 싶어서 하겠습니까? 저도 듣 기 좋은 말은 할 줄 압니다. 그러나 본인도 마찬가지겠지만, 우리가 말씀 앞에서 함께 서서 이러한 영적으로 잘못된 부분을 과감히 개혁 해 나가야 하지 않을까요?!

저는 담임 목사님 한 분 바뀐다고 해서 바뀐다고 생각하지는 않습 니다. **이제부터는 우리들과의 영적인 싸움입니다.**

교회의 문제가 저는 ○목사님 한 분에게만 있다고 생각하지는 않 습니다. 우리 모두의 문제요, 곧 나의 문제입니다. 내가 영적으로 깨어 있지 못해서 일어난 일들을 시간만 빨리 단축시킨다고 되어지 는 일은 아닐 것입니다.

하나님께서 이 사건을 통해 우리들 각자에게 이루시려고 하는 목 적들이 있습니다.

내가 개혁하는 것 아니요, 장로님들이나 목사님들이 개혁하는 것 아닙니다. "개혁의 주체는 하나님이십니다. 하나님이 하십니다." "하나님께서 주도권을 가지고 계시고, 당신의 뜻에 맞게 움직여 나가십니다." 말들은 다들 그렇게 하죠. 그러나 행동은 전혀 아니올시다. 다들 내가 해결하려고 합니다. 하나님께 엎드려 나의 분량도 채워야 하는데, 내 잘못들은 하나도 고치지 않고 다들 남의 잘못들만 고쳐 나가려고 합니다.

그러니 개혁이 되겠습니까? 목사님은 목사님들대로, 장로님은 장로님들대로, 모든 성도들이 각자 자신의 신앙적 상태를 점검하며 자신들을 돌아보아 고쳐나가야지요. 어쨌든 교인들의 영적인 감각이 상당히 무뎌진 것만은 사실입니다.

고넬료는 최소한 **'편견은 없었던 사람'**이라고 생각됩니다.

그것이 유대인이든 피지배 민족이든, 아니면 ○목사든 그것이 하나님의 말씀이라면 그 말씀에 대해 늘 열린 마음을 가지고 있었습니다. 그러기에 그는, 자기들의 말발굽 아래 짓밟힌 유대 민족의 율법들 속에서 하늘과 땅을 지으신 창조주 하나님을 발견하게 되었던 것입니다. 다 그런 것은 아니지만 대개 사회적 신분이나 직위가 있고 많이 배운 사람일수록, 겸손히 신앙을 갖는다는 것이 참 어렵습니다.

때때로 우리의 체면이 있고, 신분이 있어서 '좋은 말씀인 줄 알면서도' 행동이 잘 따라 주지를 않습니다. 그래서 귀중한 신앙의 문제가 항상 뒷전으로 물려날 때가 많은데….

내가 혹시 내 자존심 때문에, 나의 신분과 내 직장 때문에 나와 주님의 관계가 소홀해지고 있는 부분은 없습니까?

고넬료는 자기의 높은 지위와 신분에도 불구하고 정복당한 피압박 민족의 기도를 배웠고, 그들의 신앙고백을 배웠습니다.

"심령이 가난한 자는 복이 있다"고 하셨는데, 고넬료가 아마 이런 사람이 아니었는가 생각합니다.

우리 ○○교회 성도님들도 말씀 안에서 이와 같은 마음 품기를 원합니다.

그러나 이러한 그에게도 치명적인 결점이 하나 있었습니다.

그것은 그가 비록 이렇게 훌륭한 신앙과 고매한 인격을 소유했지만, 참 복음을 알지 못했다는 것입니다. 비록 하나님을 매일 같이 예배하며 기도할지라도, 또 많은 이스라엘 백성들을 구제하기 위하여 힘쓰는 자였을지라도 그의 섬김은 하나님과의 친밀한 섬김은 아니었습니다.

왜냐하면 그는 언약에 속한 자가 아니었기 때문입니다. 이와 같은 사실은 그의 신앙 생활에 짐이 되었을 것이고, 복음을 알지 못했기에 그의 심령에 회개나 참된 생명의 역사가 아직 일어나지를 않았습니다(행 11:18).

하나님은 이러한 고넬료에게 뜻을 두시고, 그를 구원코자 하셨습니다. 그래서 고넬료가 전혀 예상치 못한 방법으로 그의 문제들을 해결해 주셨습니다.

어느날 고넬료가 제구시쯤(오후 3시)에 한참 열심히 기도하고 있던 중이었습니다. 이때 주의 사자가 환상 중에 나타나서 고넬료의 기도실을 방문하였습니다.

하나님께서는 이방인 고넬료의 삶 속에 자신을 계시하셨던 것입니다. 고넬료에게 일어난 일은 주님의 사역이요 그분의 은혜였습니다. 하나님께서는 고넬료를 당신의 언약 속으로 불러들이고자 하셨습니다.

그리고 그에게 복(福)을 허락해 주셨습니다.

그가 받은 축복의 내용이 무엇입니까? 4절을 보십시오.

"고넬료가 주목하여 보고 두려워 가로되 주여, 무슨 일이니이까? 천사가 가로되 네 기도와 구제가 하나님 앞에 상달하여 기억하신 바가 되었으니"

무엇보다 먼저, 하나님께서는 고넬료의 기도와 구제를 인정하시고 그를 기억하여 받아 주셨다는 것입니다.

'상달되었다'는 말은 하나님의 뜻과 일치되었다는 말입니다.

우리가 아무리 많은 기도를 드린다 해도 그것을 하나님께서 응답하시지 않으신다면, 그 기도는 결국 독백(獨白)에 불과합니다. 그러나 환상 중에 천사가 하나님께서 고넬료의 기도를 기억하셨다고 말합니다.

하늘 보좌 위에 앉으신 이, 살아 계신 하나님이 나의 비천한 기도를 인정하신다?! 이것은 사도행전 10:31절에서, 베드로를 통해 반복되이 증언되고 있습니다.

"고넬료야, 하나님이 네 기도를 들으시고 네 구제를 기억하셨다."

'네 구제를 안다. 나도 알아 알아. 내가 네 사랑의 행위와 네 인내, 네 삶의 헌신들, 그 실천들을 내가 인정한다. OK 거기까지'

이러한 선포를 들은 고넬료의 삶이 얼마나 부요해졌겠습니까?! 주께서 내 삶을 인정하셨다고 하는 것보다 더 큰 축복은 없습니다.

제가 앞에서 기도가 응답될 수 없다면 그것이 독백에 불과하다고 말씀을 드렸는데, 이웃을 향한 사랑의 실천이 하나님께 인정받을 수 없는 것이라면 솔직히 그것은 자기 선전이요 자기 PR에 불과합니다. '피할 것은 피하고 알릴 것은 알리는 것'이 'PR'이라던데.

우리의 삶의 정황에서 때로 그것이 필요한 경우도 있으리라고 생각합니다. 그러나 더 중요한 사실은 '하나님이 과연 내 행위들을 어떻게 평가하시느냐?' 하는 문제입니다. 내가 마지막 날, 하나님의 심판대 앞에 설 때 하나님은 나의 모든 삶의 행위들에 대하여, 신앙에 관하여 어떤 평가를 내리시겠는가? 이것들을 생각하면, 삶에 부끄러움이 없어야겠지요.

두 번째 복은 고넬료의 가정에 일어난 일들입니다.

하나님은 주의 사자를 통해 멀리 욥바에 떨어져 있던 시몬 베드로를 고넬료의 집으로 초청하게 만드셨습니다. 그때까지 베드로는 자기에게 주어진 환상이 무엇인가 의아해 하고 있었습니다. 이때 고넬료가 보낸 종들이 도착한 것입니다. 10장 후반부에 나오죠.

유대인들은 이때까지도 이방인들과 전혀 상종을 하지 않았었습니다. 비록 사도들일지라도, 이방인들에 대한 복음전파는 전혀 상상치를 못하고 있었습니다. 이러한 유대인과 이방인들 간의 견고한 벽을 깨뜨리시고자, 하나님은 하나님의 사람 베드로를 통해 고넬료의 가정에 복음을 전하게 하셨습니다.

결과 고넬료의 가정에 온전한 복음이 선포되어지고 그들이 성령을 함께 체험합니다. 그들은 진정한 의미의 참 그리스도인이 된 것입니다.

더 나아가 이보다 더 큰 축복이 있습니다.

그것은 고넬료를 통해서 비로소 이방인 선교가 시작되었다는 사실입니다.

물론 사도행전 8장에서 빌립을 통한 에디오피아 내시의 회심이 나오기는 합니다만, 그러나 본격적인 이방 선교의 계기가 된 사건이 바로 오늘 고넬료의 사건입니다.

하나님은 당신을 경외하며 말씀을 따라 경건하게 살고자 투쟁하는 고넬료를 통해 로마와 세계 복음화의 통로로 삼으셨습니다. 그가 로마를 향한 구원의 매개체가 되었다. 구원의 통로가 되었다.

하나님께서는 비단 한 개인뿐만이 아니라, 그의 가정과 주위의 만 백성을 구원하려는 원대한 계획을 가지고 계신 분이십니다.

하나님은 한 개인을 사랑하시고 여러분을 사랑하십니다. 여러분을 한 사람도 빠짐없이 다 구원하시기를 원하십니다. 그리고 한 걸음 더 나아가 하나님은 여러분을 통하여 여러분의 가족과 그 이웃들이 함께 구원의 길에 동참하기를 원하십니다. 그래서 여러분을 통해 하나님 나라의 영광스러운 모습을 그려 나가고 보여 주기를 원하십니다. **우리들이 구원을 위한 매개체요 통로인 것입니다.**

　신앙적인 아버지와 어머니를 두신 분들께서는 감사하십시오.
　나에게 하나님의 사랑에 대해 눈을 뜨게 하신 내 어머님의 기도와 기도를 알게 하신 아버지에게 감사하십시오.
　여러분들 가운데 참된 신앙의 인도자가 있다고 하는 것을 감사하십니다.
　만약 이런 부모가 없다면, 여러분이 신앙의 제1세대가 되어서 여러분의 자녀들에게 기도와 사랑에 눈뜨게 해 주십시오. 그래서 온 집안이 다 하나님을 함께 섬기고 경외하는 집이 되어지도록 여러분이 만들어 나가시기를 바랍니다.
　여러분의 생(生)이 끝나고, 하나님의 결산의 심판대 앞에 서게 되는 날, '그래. 네가 나를 경외한 것을 안다. 네 수고와 인내를 안다', 하나님을 경외하는 가정이었음을 인정받게 되기를 기도합니다.

　고넬료의 모습은 분명 우리의 신앙에 큰 자극과 도전을 줍니다. 그의 모습을 보면서 우리가 신앙에 자극 받기를 원하고, 그의 기도와 구제가 하나님께 인정받았듯이 우리의 신앙 역시도 하나님께 상달되어지기를 원합니다. 남이 감당하기를 바라는 것이 아니라 내가 신앙의 제1주자가 되어서, 내 가정과 이웃들에게 하나님의 나라를 그려 나가십시다.
　쉽지는 않겠죠. 교회가 어렵고 성경 지식이 든든하지 않으니까, 결코 쉽지는 않을 것입니다. 그러나 최소한 고넬료의 환경보다는 낫겠죠.

힘써서, 함께 주의 역사들을 감당하기 위하여 노력하십시다. 주의 베푸시는 구원의 역사가 여러분들을 매개체로 하여, 여러분의 가족과 하나님과 이웃과의 관계에서 아름답게 펼쳐지기를 기도합니다.

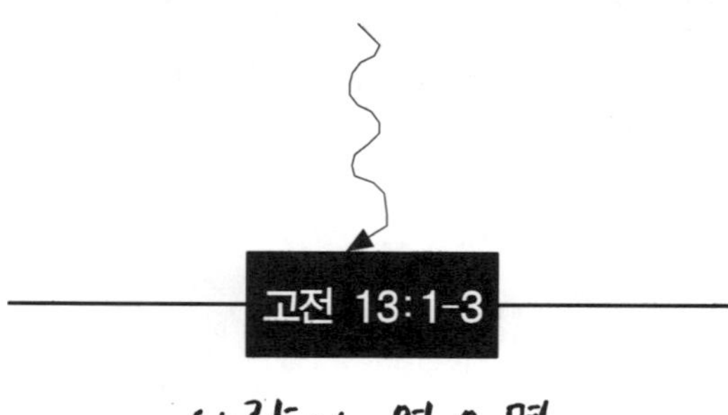

사랑이 없으면

> "내가 사람의 방언과 천사의 말을 할지라도 사랑이 없으면 소리나는 구리와 울리는 꽹과리가 되고 내가 예언하는 능이 있어 모든 비밀과 모든 지식을 알고 또 산을 옮길 만한 모든 믿음이 있을지라도 사랑이 없으면 내가 아무것도 아니요 내가 내게 있는 모든 것으로 구제하고 또 내 몸을 불사르게 내어 줄지라도 사랑이 없으면 내게 아무 유익이 없느니라" (고전 13:1-3)

예수님은 말세의 징조들에 대해 예언하시면서 이런 말씀을 하신 적이 있습니다. "불법이 성하므로 많은 사람의 사랑이 식어지리라" (마 24:12). 여기서 '식어진다'는 말은 "멸종한다"는 뜻을 지니고 있습니다.

우리가 바로 그러한 시대를 살아가고 있지 않나 생각합니다.

요즈음 우리 사회에서 사랑과 인정이 넘치는 흐뭇한 이야기들을 찾아내기가 무척 어렵게만 느껴집니다. 그래서 TV나 신문을 통해 사회가 돌아가는 것을 보면, 짜증나고 답답한 소식들만이 전해질 뿐입니다. 정치가나 기업가 더 나아가 우리나라 백성들 전체가 더 이상 어떤 윤리의식이나 도덕적 감각들이 실종된 것처럼 보이기도 합니다. 모두가 자신의 이익을 위해서라면 무엇이나 다 합니다.

남에 대한 배려가 전혀 없는 그러한 이기심들은 결국 그 사회를 병들게 하고 황폐화시킬 것이 분명합니다. '다들 어쩌려고 저러나?' 말들은 하지만, 우리도 그 속에서 나도 모르게 이기심만 배우게 됩니다. 사랑이 멸종되어갈 위기에 놓여 있는 것입니다.

더욱더 안 좋은 것은, 사람들이 사랑에 대해 무감각하며 모든 일에 무관심해진다는 사실입니다. 자신이 어떠한 사랑을 받고 살아가고 있는지, 또 어떻게 사랑하며 살아가야 하는지 별로 관심이 없습니다. 그래서 "사랑의 반대는 미움이 아니라 무관심"이라는 말도 있습니다.

자식들이 5~6명이 있어도 그 부모가 집에 들어가지도 못하고 공원 주위를 배회하는가 하면, 심지어 아파트 맞은 편에 사는 사람이 죽은지 며칠씩이나 되었어도 죽은 줄도 모르는 이런 무관심이 가득한 사회에서 살아가고 있습니다.

이런 현상은 교회 안에서도 마찬가지입니다.

함께 예배를 드리고 있는 옆사람이 누구인지 관심을 가지려 하지 않고, 누가 결석을 하거나 입원하고 심지어 누가 죽었다고 해도 그냥 무심히 듣고 흘려버리고, 교회가 마치 계모임화 되는 오늘날의 교회도 분명 병이 들어 있는 것입니다. 사랑이 멸종되어 가고 있다는 말입니다.

우리는 진정한 사랑, 즉 하나님의 '아가페적 사랑'이 사라져 가고 있는 시대 상황 속에 살아가고 있는 것입니다.

이러한 위기 의식들을 가지면서, 우리들 속에 사랑의 회복을 절실히 느끼게 되는 귀한 시간이 되시기를 바랍니다.

오늘날 병들어 있는 이 사회와 교회를 치유할 수 있는 것은 오직 사랑밖에 없다는 사실을 깨달아야만 합니다.

오늘 본문은, 그리스도인의 삶에 하나님의 사랑이 반드시 필요한 이유 세 가지를 들고 있습니다.

먼저, '사랑이 없는 은사'에 대하여 생각해 보겠습니다.

1절입니다. "내가 사람의 방언과 천사의 말을 할지라도 사랑이 없으면 소리나는 구리와 울리는 꽹과리가 되고"

당시 고린도교회의 교인들은 헬라 사상의 영향으로 '영(靈) 숭배 사상'이 있었는데, 그 중 많은 이들이 자신이 성령의 은사들을 받았음을 주장하며 자칭 '영의 사람'이라고 내세우는 경향이 있었습니다.

또한 그들은 자기가 받은 서로 다른 은사들에 대해 상대적인 중요성들을 둠으로써 혼란을 겪고 있었습니다. 그 중에서도 방언의 문제가 가장 시끄러웠던 것 같습니다.

따라서 사도 바울은 여러 은사들에 대해 자세히 설명하고 있습니다.

그런데 우리가 유의 깊게 살펴 볼 것이 하나 있습니다. 그것은 성령의 은사들에 관한 것은 이미 12장부터 계속해 언급되어지고 있었다는 사실입니다. 그러다가 13장에 와서 갑자기 화제를 사랑으로 바꾸어 이야기하고 있습니다.

바울의 이러한 표현은 모든 은사들이 사랑이 전제되어야 한다는 겁니다.

바울은 성령의 은사를, 결코 소용이 없는 것이라고 말하지 않습니다. 여러 은사들이 교회의 덕을 세우는데 다 필요한 것이지만, 모든 은사의 서열에서 항상 사랑의 행위에 초점을 맞추고 있다는 것입니

다. 그것은 방언의 은사나 예언, 치유, 통역의 은사들보다 더 필요
하고 더 사모하여야만 할 것임을 암시한 것입니다. 그래서 12장 제
일 마지막 절을 살펴보십시오. 뭐라고 말합니까?

31절이죠. "너희는 더욱 큰 은사를 사모하라. 내가 또한 제일 좋
은 길을 너희에게 보이리라." 하고 나온 것이 바로 13장입니다.

바울의 은사에 대한 견해는 고린도전서 14:26절에 이미 언급한
바와 같이, 모든 은사들은 오직 교회의 덕을 세우기 위하여서만 사
용하라고 권면한 바 있습니다. 아무리 좋은 성령의 은사라도, 사랑
이 없으면 그것은 오히려 각 사람에게 해로운 것이 될 것이기 때문
입니다.

사랑은 성령의 열매이지 은사가 아닙니다.

그것은 모든 믿는 사람이 반드시 이루어 나가야 할 필수적인 덕목
입니다. 사실 방언이나, 병을 고치는 능력은 없어도 별 상관이 없습
니다. 그러나 만약 사랑을 행하지 못하면 그를 참 그리스도인이라고
부르기가 어렵습니다. 비록 성령의 은사들일지라도 그것이 사랑의
마음을 바탕으로 하지 않으면, 그것은 이미 성령의 은사가 될 수 없
다는 사실입니다.

사랑이 없는 방언이나 천사의 말은 오히려 소리나는 구리나 울리
는 꽹과리가 된다고 하였습니다. 여기서 '방언'은 외국어(행 2:8)를
비롯해서 타문화권의 사람들이 사용하는 모든 언어를 말하고, '천사
의 말'은 천사들이 사용하는 천상의 용어를 가리킵니다. '꽹과리'는
당시 이방 종교의 제례들에서 신들을 깨우거나 악령을 추방하는 의
미로 이런 악기를 울렸다고 합니다. 따라서 이 꽹과리 소리는 사람
들이 듣기에 좋을 리가 없습니다.

사랑이 없는 지식의 은사, 제2외국어 제3외국어를 하고 남이 알
지 못하는 다방면의 지식을 가지고 있다 할지라도, 그것이 교회의

다른 지체들을 유익하게 하려는 사랑의 마음에서 펼쳐지지 않는다면 그것은 교인들에게 불안과 불쾌감을 안겨 주게 된다는 것입니다.

상대방의 마음을 아프게 하며 고통을 주는 성령의 은사란 있을 수 없습니다. 그러므로 은사가 우선이 아니라 사랑이 우선입니다.

우리가 먼저 구하여야 할 것은 사랑입니다. 교회 안에서 우리가 주어진 은사를 따라 봉사할 때에도, 거기에 사랑이 항상 동반되지 않으면 그 봉사가 오히려 짐이 되고 문제가 되며, 결국은 교회에 누를 끼치는 결과를 낳게 될 것입니다.

두 번째로 생각할 부분은 '사랑이 없는 영적 능력'에 대해서입니다.

2절입니다. "내가 예언하는 능이 있어 모든 비밀과 모든 지식을 알고 또 산을 옮길 만한 모든 믿음이 있을지라도 사랑이 없으면 내가 아무것도 아니요"

'예언하는 능력'이란, 하나님의 구원 역사에 대한 통찰력을 말합니다. 여기서는 하나님의 섭리에 대한 모든 비밀과 모든 지식을 아는, 특별히 탁월한 예언의 능력을 말하고 있습니다.

실제로 이런 예언의 능력을 가진 사람은 없을 것입니다. 그러나 이러한 하나님의 섭리에 대한 모든 비밀과 모든 지식을 안다고 가정하고 있습니다. 바울은 지금 최고의 예언자를 가정하고 있는 것입니다.

사실 오늘날 우리 시대에게 꼭 필요한 것이 바로 이런 예언의 능력이라고 생각합니다. 사도 바울도 결코 예언의 능력을 과소 평가하지 않았습니다. 바울은 방언보다는 예언을 하라고 권한 바도 있습니다(고전 14:1).

교회가 이 예언자적인 사명을 지니고 있어야만 합니다.

하나님의 구원 역사들을 통찰할 수 있고, 이 시대를 올바로 판단하고, 불의와 타협치 아니하며, 이 시대 속에 실현되어야 할 하나님의 정의(正義)가 무엇인지를 알 수 있는 분명한 능력, 이 능력이 꼭 필요합니다.

한국 교회가 그간에 이 예언자적 사명을 올바로 감당치 못함으로 인해 무기력한 교회로 낙인찍혀 왔던 것이 사실입니다.

우리 사회가 악으로 치달을 때 교회는 하나님의 공의를 선포하는 대신, 불의한 정치에 의해 저질러지는 온갖 억압과 부조리들을 외면함으로 이 예언자적 사명을 포기하여 왔었습니다. 또한 하나님의 역사를 통찰하는 능력이 없으므로 인해서, 이 시대의 변화를 감지하지 못하고 오히려 시대를 역행하는 어리석은 행동을 할 때도 많았습니다. 한국 교회에 절실히 요청되는 은사가 바로 예언자적 은사라고 할 것입니다.

그러나 일부 교회들은 우리의 어려웠던 정치적 상황 아래에서도 이 예언자적 사명을 잘 감당하고자 노력했습니다.

일부 젊은 목사나 많은 기독 청년들이 불의와 대항하다가 감옥살이를 해야 했고, 결과 이 나라의 민주화와 인권이 이만큼 성장할 수 있었음을 부인할 수 없습니다.

그러나 거기에도 문제가 있는데, 그들은 많은 사람들에게 정의가 무엇인지는 가르쳐 주었지만 사람들의 마음을 따뜻하게 만들어 주지는 못했다는 것입니다.

사랑이 없는 정의는 날카로운 칼날이 되어 사람들에게 두려움을 안겨 주게 되는 것입니다.

우리는 구약성경의 예언자들에게서 죄에 대한 날카로운 말씀의 선포와 하나님의 심판의 경고들을 듣습니다. 그러나 동시에 심판받을 이스라엘 민족에 대한 그들의 강한 연민과 애정을 볼 수 있습니다.

호세아나 예레미야 같은 예언자들을 살펴 보시기를 바랍니다.

우리는 그들에게서 진정한 예언자적인 삶이 무엇인지를 배울 수 있습니다. 결국 예언자가 되는 첫째 조건 역시 사랑에서 비롯되어야 한다고 강조합니다.

예언은 사랑을 바탕으로 한 하나님의 말씀을 선포하는 일인데, 그 예언자에게 사랑이 없으면 하나님의 말씀을 바로 전할 수가 없는 것은 당연한 일일 것입니다.

우리는 교회에서 바른 말 한다는 사람들을 많이 봅니다. 나름대로 하나님의 공의를 세운다고 동분서주하며 입바른 말을 많이 하나, 그들이 주장하는 것이 똑똑하고 나름대로 일리가 있기는 하나 그들에게 치명적인 약점이 하나 있는데, 그것은 가슴 속에 사랑이 없다는 것입니다.

그러나 생각하십시오. 이 나라가 똑똑하고 잘난 사람들이 없어서 이 모양 이 꼴로 돌아가는 것이 아닙니다. 그 속에서 국민들을 위해 사랑으로 수고하는 사람들이 없어서 그렇습니다.

교회도 마찬가지입니다. 입바른 말을 할 줄 아는 사람, 똑똑한 사람들이 필요한 것이 아니라, 사랑으로 수고하고 헌신으로 눈물 뿌리는 자들이 필요한 것입니다.

반면 이런 예언자들의 모습과는 달리 이제 산을 옮길 만한 믿음을 소유한 사람에 대해서도 언급하고 있습니다.

이들은 하나님의 공의를 선포하는 예언자들과는 달리, '믿습니다' 하나로 하나님의 위대한 능력들을 보여 주는 믿음의 소유자들을 말합니다.

기독교가 전파되는 곳에는 항상 이런 기적의 역사들이 언제나 동반되어졌습니다. 사도 바울도 가끔 기적을 행했었죠.

하나님의 능력은 분명 기적을 통해서 나타나고, 그 기적들은 복음을 전파하며 하나님 나라의 공동체인 교회를 세우는데 큰 역할을 했던 것이 사실입니다. 기독교의 모든 역사는 기적의 연속이라고 해도 과언은 아닐 것입니다.

오늘 한국 교회의 선교역사를 보더라도, 이것은 하나의 기적이라고 할 수 있습니다. 특히 1960년대 이후, 한국 교회들은 정치·경제적인 여러 상황과 맞물리면서 숫자적으로 급성장하기 시작합니다. 그래서 많은 대형교회들이 생겨나기 시작하는데, 그 교회들의 목회철학이 하나 있다면 그것은 적극적 사고입니다.

"내게 능력 주시는 자 안에서 내가 모든 것을 할 수 있느니라"(빌 4:13). 다시 말해서 산을 옮길 만한 믿음을 강조한 것입니다.

이 믿음 하나로, 그들은 세계 모든 교회들이 놀랄 만한 기적과도 같은 성장을 일으켰던 것입니다.

그러나 이 기적들 속에는 사랑이 없었습니다. 교회가 커지면 커질수록 사랑은 그에 반비례하여 점점 더 식어져만 갔습니다. 천만을 헤아리는 교인들이 생겨났음에도 불구하고, 사회 일각에서는 "교회가 사회에 대한 기여도가 너무 낮다"고 하는 비난의 소리가 높아져만 갔습니다. 자기들끼리만 사랑했다는 말입니다.

교회가 성장만을 목표로 하면 대형화 될 수는 있을 것입니다.

그러나 교회의 목표는 결코 기적적인 성장에 있는 것이 아닙니다.

도리어 이 땅 위에 하나님의 공의를 선포하며, 그 베푸신 사랑을 배우고 실천하는데 보다 우선적인 목표를 두어야 할 것입니다.

예수님께서 수많은 병자들을 고치시며, 오병이어의 기적을 베푸실 때에 가지셨던 마음이 무엇입니까? 그들을 고치시면서 자신의 명예가 높아지기를 바라셨습니까? 돈을 바라셨습니까? 아니지요.

주님은 그들을 고치시되, 긍휼히 여기시며 죄의 영향으로 죽을 수밖에 없는 인생들을 민망히 여기는 마음으로 고쳐 주셨습니다.

사랑이 없는 기적은 하나님의 영광을 나타내기보다는, 인간의 욕망을 들추어내어서 그를 교만하게 키워 줄 뿐입니다.

하나님의 역사를 통찰할 수 있는 예언 능력도 필요하고, 교회에서 불의를 지적할 줄 아는 용기도 필요하고, 믿음으로 큰 역사들을 감당하는 것도 중요하나, 그 역시 사랑을 바탕으로 하지 않으면 아무런 의미가 없다는 것입니다.

끝으로 생각할 것은, '사랑이 없는 희생'입니다.

3절입니다. "내가 내게 있는 모든 것으로 구제하고, 또 내 몸을 불사르게 내어 줄지라도 사랑이 없으면 내게 아무 유익이 없느니라"

여기서 말하고 있는 것은 순교 뿐만 아니라, 그리스도인들이 몸으로 할 수 있는 최고의 희생의 행위 곧 '최상급의 박애(博愛) 행위'를 의미합니다. 가난한 사람들에 대한 인간적인 관심을 말합니다. 그러나 이것 역시 하나님의 사랑이 없으면 아무 소용이 없다는 것입니다.

여기서는 사랑과 아주 가까운 행위들에 대해 언급하고 있습니다. 내게 있는 모든 것으로 남을 구제한다는 것을, 우리는 사랑이라고 말할 수 있습니다. 그런데 바울은 구제와 사랑을 구별하여 쓰고 있다는 겁니다. **'구제가 곧 사랑은 아니다'**라는 말입니다.

사실 사랑이 없어도 얼마든지 구제는 할 수 있습니다. 예수님께서 산상설교에서 남에게 구제할 때 오른손이 하는 것을 왼손이 알지 못하게 하라고 하셨습니다.

많은 사람들이 빠지기 쉬운 함정이 바로 이 구제에 있는 것입니다. 실제로 사랑이 없으면서도, 자기 이름을 내기 위하여 구제하는 사람은 많습니다. 수재의연금이나 불우이웃돕기를 할 때 보면, 신문에 큼직하게 나는 기업의 이름들을 흔히 볼 수 있습니다. 그 사람들이 사랑이 넘쳐서 거액의 기부금을 낸 것일까요? 우리가 아는대로 대부분의 기업들이 울며 겨자 먹기로 성금을 내고 있지 않습니까? 정부에게 혹은 국민에게 잘 보이기 위해서 싫어도 낼 수밖에 없는 것입니다. 사랑과는 아무 상관이 없는 것입니다.

사랑이 없이 남에게 줄 수는 있습니다. 그러나 주지 않고 사랑할 수는 없습니다. 그러므로 남에게 주는 일을 멈추지는 마십시오. 그러나 그 주는 일 가운데 그리스도의 사랑이 들어 있는가를 생각하시기를 바랍니다.

한 걸음 더 나아가 내 몸을 불사르게 내어 주는 일, 즉 자기 희생을 기꺼이 할 수 있다 할지라도, 사랑이 없으면 내게 아무 유익이 없다고 하였습니다.

이런 예를 우리는 구약에서 봅니다. 요나가 하나님의 명령을 피하여 다시스로 가다가 풍랑을 만나 자기가 제비에 뽑히자 말하기를 "나를 바다에 던지라"고 하였습니다. 그는 그 배에 타고 있던 다른 사람들이 볼 때 참으로 영웅적이고 희생적인 사람으로 내비쳐졌을 것입니다. 하나님의 명령을 거역했기에 죽은 것이 아니라, 다른 사람들을 생명을 구원하기 위하여 자신을 희생한 사람이라는 명예로운 호칭을 얻을 것이 분명합니다.

그러나 하나님은 요나의 그런 희생을 값진 것으로 받지 않으셨다는 것입니다.

일제시대나 6·25전쟁 때에, 일부 사람들은 순교야말로 가장 확실하게 하나님께로 가는 길이라고 생각하고 죽은 사람들이 많이 있었습니다. 그러나 그러한 죽음은 사랑에서 나오지 않은 희생이기에 아무런 의미가 없습니다. 다만 낭비에 불과합니다.

하나님의 뜻을 따라, 사랑을 가득 담은 희생과 헌신만이 참으로 아름다운 희생제물이 될 수 있는 것입니다.

ex) 구역장·권찰, 성가대, 교사, 김장 김치

사랑하는 여러분!

고린도전서 13장 첫 부분에 나열된 덕목들은 우리에게 모두 있어야 할 것들입니다. 성령의 은사나 예언의 능력이나 기적을 행하는 믿음, 그리고 구제나 희생 이 모두가 우리가 신앙생활을 하는데 아주 중요한 덕목들입니다. 하지만 그보다 우선적인 것이 **'아가페의 사랑'** 입니다.

사랑이 없으면 은사도, 예언도, 기적도, 구제도, 희생도 아무런 의미가 없습니다.

오늘 우리에게는 이 모두가 다 필요합니다. 은사와 예언과 기적과 구제와 희생이 있어야 하겠습니다. 그러나 무엇보다 사랑의 마음이 먼저 가득해야 할 것입니다. 이것이 먼저 갖추어지지 않으면 모든 기초들이 다 무너지고 말 것입니다.

바울에 의하면 본질적인 문제는 참된 그리스도의 영을 가졌는가 하는 것이며, 진정으로 그리스도의 영을 가진 사람이라면 성령으로부터 주어진 영적 은사들을 사용하는데 있어 하나님의 뜻에 부합하도록 해야 한다는 것입니다.

분쟁을 일삼는 고린도 교인들에게 무엇보다 절실하게 필요한 것이 바로 사랑의 은사였습니다.

오늘날 우리 ○○교회에서 가장 필요한 것이 무엇일까요?

교인들이 성장하는 것입니까? 아니면 헌금이 회복되어지는 것입니까? 제가 알기로는 ○○교회에서 지금 가장 필요한 것은 사랑이 회복되어지는 것이라고 생각합니다.

우리가 지난 해 얼마나 많은 업적을 남겼느냐 하는 것이 중요한 것이 아닙니다. 그보다는 오히려 우리의 사랑이 얼마나 더 풍성해졌느냐를 결산해 봐야 할 것입니다. 사랑의 열매를 남기는 사람들이 되십시다. 이것이 훨씬 더 중요하기 때문입니다.

　사랑에 풍성한 사람들·사랑이 가득한 사람들이 다 되어서, 우리
의 섬김들이 주님께 대하여 어떤 의미있는 몸짓들이 다 되어질 수
있기를 주님의 이름으로 축원합니다.

다른 복음은 없나니

"사람들에게서 난 것도 아니요 사람으로 말미암은 것도 아니요 오직 예수 그리스도와 및 죽은 자 가운데서 그리스도를 살리신 하나님 아버지로 말미암아 사도된 바울은 함께 있는 모든 형제로 더불어 갈라디아 여러 교회들에게 우리 하나님 아버지와 주 예수 그리스도로 좇아 은혜와 평강이 있기를 원하노라 그리스도께서 하나님 곧 우리 아버지의 뜻을 따라 이 악한 세대에서 우리를 건지시려고 우리 죄를 위하여 자기 몸을 드리셨으니 영광이 저에게 세세토록 있을지어다 아멘 그리스도의 은혜로 너희를 부르신 이를 이같이 속히 떠나 다른 복음 좇는 것을 내가 이상히 여기노라 다른 복음은 없나니 다만 어떤 사람들이 너희를 요란케 하여 그리스도의 복음을 변하려 함이라 그러나 우리나 혹 하늘로부터 온 천사라도 우리가 너희에게 전한 복음 외에 다른 복음을 전하면 저주를 받을지어다 우리가 전에 말하였거니와 내가 지금 다시 말하노니 만일 누구든지 너희의 받은 것 외에 다른 복음을 전하면 저주를 받을지어다 이제 내가 사람들에게 좋게 하랴 하나님께 좋게 하랴 사람들에게 기쁨을 구하랴 내가 지금까지 사람의 기쁨을 구하는 것이었더면 그리스도의 종이 아니니라"(갈 1:1-10)

바울은 총 3차에 걸쳐서 전도여행을 시행한 적이 있습니다. 특별히 제1차 전도여행 시에 루스드라와 이고니온·비시디아 안디옥에서 전도한 적이 있었는데, 그는 가는 곳마다 유대인들의 조직적인 핍박을 받았던 경험이 있습니다. 그래서 그는 한 곳에 머무르지 않고 여러 곳에서 각각의 장로들을 세워 교회들을 조직했던 바 있는데, 바로 이 때에 세워진 교회들을 일컬어 '**갈라디아교회**'라고 부릅니다.

어떻게 보면 바울의 제1차 전도여행 때에 흘렸던 눈물과 헌신의 결과가 바로 갈라디아 교인들이라고 할 수 있습니다. 갖은 핍박을 당하며 개종시킨 교인들이기에 무척 애정이 가죠.

바울은 자신의 사역을 통해서 그들이 예수를 믿고 세례를 받아 성령을 체험하는 것들을 보며 얼마나 마음 뿌듯하였는지 모릅니다(갈 3:5, 27).

그러나 문제는, 갈라디아 교인들의 신앙이 뿌리가 깊지를 못했다는 것입니다. 더군다나 그들 중 대부분이 이교도들이었기 때문에(갈 4:8), 얼마든지 그리스도의 신앙을 자기들이 전에 신봉했던 우상숭배적인 요소들과 결합시킬 가능성을 갖고 있었습니다. 더군다나 교회에 들어온 몇몇 유대주의자들이 바울의 가르침을 거부하고 "너희도 율법을 지켜야만 구원받을 수 있다"고 주장하자 성도들 사이에서 혼란이 일어나기 시작했습니다. 따라서 이 소식을 들은 바울은 갈라디아교회에 퍼진 유대주의를 없애고, 더 나아가 믿음으로 의롭게 되어진다고 하는 '**이신득의 교리**'를 재강조함으로써 교인들이 다시 순수한 신앙으로 되돌아오기를 바랐습니다. 그래서 '과연 기독교에서 말하는 순수한 복음이라는 것이 대체 어떤 것인가?' 하는 문제로 '복음'과 또 '다른 복음'을 비교하고 있습니다.

1절입니다. "사람들에게서 난 것도 아니요, 사람으로 말미암은 것도 아니요, 오직 예수 그리스도와 및 죽은 자 가운데서 그리스도를 살리신 하나님 아버지로 말미암아 사도된 바울은"

그는 복음의 근원을 밝히고 있습니다. 이 복음은 '사람들에게서 난 것도 아니고 사람으로 말미암은 것도 아니고', 오직 누구를 통해서 나왔다고요? 오직 예수 그리스도와 그를 죽은 자 가운데서 다시 살리신 하나님 아버지로 말미암아 되었다. '자신으로 말미암았다' 말하지 않고, 오직 예수 그리스도와 하나님 아버지께로부터 말미암아 되어졌다고 기록하고 있습니다.

복음은 사람에게서 난 것이 아닙니다. 오직 예수 그리스도와 하나님께로부터 난 것, 주어지는 것입니다.

우리는 가끔 복음의 근원을 사람들에게로 두는 경우가 종종 있습니다. 예를 들어 목사의 말이라면 그것이 다 진리인 양 생각하고, 그것이 진리이든 아니든 무조건 목사를 잘 섬겨야 복을 받는다고 맹신하는 것입니다. 기복신앙이죠.

만약에 그것이 하나님이 싫어하시는 일이라면 어떻게 합니까? 하나님이 싫어하시는 일이어도, 무조건 목사만 잘 섬기면 하나님께서 복을 주실까요? '목회자는 잘못을 범하지 않는다'고 생각한다는 것은 어리석은 일입니다. 단순히 그의 직분이 목사라는 이유만으로, 그 사람의 말에 대해서 절대적인 신뢰를 두는 것은 상당히 위험합니다.

사람이 아무리 훌륭하다 하더라도 그가 육체로 있는 한, 항상 연약함으로 인해 오류를 범할 가능성을 지닌 존재들입니다.

하나님께서 은혜를 베풀어 주시기에 비로소 가능한 것들입니다.

성도들이 목회자를 따라가는 것은 "성경에 기록된 바 주께서 이렇게 말씀하셨다"라고 할 때 따라가는 것이지, 무조건 그 사람의 말을 따라가는 것이 아닙니다. 성경 이외의 것은 더 이상은 따라가서는 안될 것입니다.

여러분, 성경을 통해 **유다 왕 요아스**를 아실 겁니다. 참으로 선한 왕이었죠. 그런데 역대하 24:2절을 보면 재미있는 기록이 등장하고 있습니다.

"제사장 여호야다가 세상에 사는 모든 날에 요아스가 여호와 보시기에 정직히 행하였으며"

그는 정말 정직히 행하였습니다. 그러나 그것은 외삼촌인 제사장 여호야다가 사는 날 동안만 그랬지, 그가 죽은 후에는 요아스의 신앙 역시 죽어 버리고 마는 것을 볼 수 있습니다. 결국 요아스는 외삼촌 여호야다를 보고 신앙생활을 했던 것입니다.

마찬가지입니다. 우리가 목회자에게 모든 신앙을 걸면, 그가 죽은 후에는 우리의 신앙도 모두 죽게 될 것입니다.

목회자가 변질되면 우리의 신앙도 변하게 될 것이고, 목회자가 곁길로 나아가면 우리의 신앙도 잘못 나아갈 것입니다. 단순히 "목회자가 내게 이러 저러한 말을 했기 때문에 나는 행한다." 말하지 마시기 바랍니다. 그 구원에 대한 책임은 누가 집니까? 목회자가 지겠습니까? 오히려 "나는 하나님의 말씀에 이렇게 기록되었기 때문에 이렇게 행한다." 라고 말할 수 있어야 합니다.

구원은 여러분들 스스로가 책임지는 것. 우리 스스로 말씀 안에서 진리의 샘을 파야 합니다. 스스로 그 말씀의 샘을 찾아가 자신의 영혼을 진단하며, 자신에게 무엇이 필요한지, 또 어떻게 행해야 하는 것인지 그 안에서 자꾸 진리의 샘물을 퍼내는 것입니다.

따라서 바울은 갈라디아 교인들에게 먼저 은혜와 평강이 임하시기를 위해 기도하고 있습니다. "우리 하나님 아버지와 주 예수 그리스도로 좇아 은혜와 평강이 있기를 원하노라."

바울 서신을 보면, 그의 인사가 언제나 **'은혜와 평강'**의 순서로 되어 있는 것을 봅니다. '평강이 먼저 있고 은혜가 있기를 원하노라'가 아닙니다. 언제나 '은혜'가 먼저 있고, 그 다음이 '평강'입니다.

은혜란 부흥회에 참석해서 가슴이 뜨거워졌다고 해서 받게 되어지는 것이 아니라, 죄인과 하나님 사이에 근본적인 변화가 일어나야 받는 것입니다.

예수 그리스도를 통해서 나의 죄 문제가 해결되어지고, 내가 하나님 자녀가 되었다고 하는 인식이 생길 때 비로소 베푸신 은혜들을 체험하게 됩니다. 아무런 받을만한 자격이 없는 죄인들에게 무조건적으로 베푸시는 하나님의 호의, 무조건적이며 계속적인 용서와 자유의 선물. 돈을 안 내고 받는 것이 선물이죠.

돈을 내고 받는다면 그것은 더 이상 선물이 아닙니다.

"너희가 그 은혜를 인하여 믿음으로 말미암아 구원을 얻었나니 이것이 너희에게서 난 것이 아니요 하나님의 선물이라."(엡 2:8)

우리 중에 누가 하나님께 구원을 받을 만한 자격증 소지하고 계신 분 있습니까? 아무도 없습니다. 그러나 내가 구원받은 것이 확실하다면, 그 구원은 무엇으로 받은 것입니까?

은혜로, 주(主)의 은혜로 받은 것입니다.

이 은혜를 소유한 사람들에게 다음에 찾아오는 것이 '평강'입니다.

하나님의 은혜(구원)가 임한 사람들에게 그 마음 속에 하나님의 평강이 주어집니다. 하나님과 평화하지 않고 죄를 자꾸 짓는 자에게 평강이 주어질 리가 없습니다. 그래서 성경은 예수 그리스도를 구주로 영접치 못한 자들에게 그들이 "하나님과 원수된 관계에 있다"(롬 5:10)고 말합니다. 하나님이 인간들에게 제일 참을 수 없어 하시는 것이 바로 '죄'입니다. 죄가 있는 곳에 하나님의 거룩하신 공의와 진노가 임합니다. 따라서 이 죄 문제를 해결하기 위해 오신 분이 바로 '예수 그리스도'이십니다.

4절. "그리스도께서 하나님 곧 우리 아버지의 뜻을 따라 이 악한 세대에서 우리를 건지시려고 우리 죄를 위하여 자기 몸을 드리셨다."

이것이 복음의 내용입니다.

"그리스도께서 하나님 곧 우리 아버지의 뜻을 따라서"

왜 예수님께서 십자가의 길을 걸어가셨는가? 십자가를 지신 이유가 무엇인가? 아버지의 뜻이었다는 말입니다.

하나님의 뜻은, 독생자 예수 그리스도가 십자가 제단의 어린 양 속죄제물이 되심으로 그를 통해서 온 인류가 구원 얻도록 하시는 것입니다.

예수님은 하나님 아버지의 뜻을 따라 이 악한 세대, 즉 사단이 지배하는 세대에서 우리를 건지시려고 단번에 자기 몸을 드리셨습니다. 그래서 다시는 반복되지 않는 영원한 속죄로 이루셨습니다.

이를 바라보는 자마다 다 구원을 얻죠. '바라본다'는 것은 의지한다는 말입니다. 그분의 능력과 그분께서 흘리신 피, 그 말씀을 믿고, 그분의 지시를 따라 전적으로 의지하면 구원을 얻는다.

그래서 히브리인들은 서로 인사할 때 "샬롬!"이라고 합니다. '당신에게 하나님의 평강(구원)이 임하기를 바랍니다.'라는 의미인데, 그것이 성경에 기록될 때는 이러한 놀라운 신학적인 의미가 포함된 말로 사용이 되어지고 있습니다.

그런데 지금 이러한 은혜와 평강이 갈라디아 교인들 사이에서 깨어지고 있었다는 것입니다. 그것은 그들이 복음에서 떠나 율법주의로 되돌아가고 있었기 때문입니다.

바울은 놀랍니다. "그리스도의 은혜로 너희를 부르신 이를 이같이 속히 떠나 다른 복음 좇는 것을 내가 이상히 여기노라. 다른 복음은 없나니 다만 어떤 사람들이 너희를 요란케 하여 그리스도의 복음을 변하려 함이라."(6-7절)

여기서 '다른 복음'이라고 할 때에는 또 다른 어떤 복음이 있다는 것을 의미하는 것이 아니라, '왜곡되고 변질된 복음'을 의미합니다.

복음 위에다 율법과 행위들을 더하고, 성경 말씀 위에 사람의 말을 더하는 것. 왜곡되고 변질된 복음은 더 이상 복음이라고 말할 수 없습니다.

갈라디아 교인들이 이러한 말들을 뒤쫓아가고 있었다는 것입니다. 그들의 믿음은 흔들리고 있었습니다. '바울이 우리에게 전해준 말씀이 사실일까? 과연 율법을 지키지 않아도 구원받을 수 있는가?' '성도를 요란케 한다'는 말이 바로 이런 말입니다. '성도를 흔든다, 선동한다'라는 뜻입니다.

거짓 선지자들이 전한 다른 복음은 갈라디아 교인들의 믿고 있는 복음을 변질시키고, 그들의 믿음의 근본 뿌리와 질서를 흔들기 위함이었습니다. "에라, 너 죽고 나 죽자."

따라서 사도 바울은 그들에게 강한 저주가 담긴 경고를 가하고 있습니다.

"그러나 우리나 혹 하늘로부터 온 천사라도 우리가 너희에게 전한 복음 외에 다른 복음을 전하면 저주를 받을지어다. 우리가 전에 말하였거니와 내가 지금 다시 말하노니 만일 누구든지 너희의 받은 것 외에 다른 복음을 전하면 저주를 받을지어다."(갈 1:8-9)

하나님의 말씀의 법도를 흐리게 하고 변질시키는 자, 주님의 몸된 교회를 어지럽히며 훼방하는 자, 결단코 하나님 앞에 저주를 받을 것입니다. 그가 어떠한 직위에 있는 사람일지라도, 혹 하늘로부터 내려온 천사라 할지라도 주의 피를 멸시한다면, 저주를 피할 길이 없습니다.

바울이 이렇게 격렬한 어조로 말할 수밖에 없었던 것은 그에게 갈라디아 성도들을 지극히 사랑하는 마음이 있었기 때문입니다.

바울은 자신이 낳은 갈라디아 교인들이 다른 복음으로부터 그들

자신을 스스로 지켜나가기를 원했습니다. 참 복음과 거짓 복음을 구별하기를 원했고, 잘못된 길로 나간 사람이 있거들랑 다시 돌아오기를 원했습니다.

바울의 이러한 격렬한 어조 때문에, 어떤 사람들에게는 빈축을 사고 때로 바울에게서 떨어져 나갈지도 모릅니다. 누가 욕먹고 비난받기 좋아하는 사람이 어디 있겠습니까?! 그러한 반발을 예상하면서도 바울은 그가 진리를 진리 그대로 전파할 수밖에 없는 불타는 심정을 이렇게 토로합니다.

"이제 내가 사람들에게 좋게 하랴, 하나님께 좋게 하랴. 사람들에게 기쁨을 구하랴. 내가 지금까지 사람의 기쁨을 구하는 것이었더면 그리스도의 종이 아니니라."(10절)

종은 주인의 뜻에만 복종하는 자입니다. 사람을 위하고, 그에게 복종하는 자가 아니라 하나님에게만 복종하는 자입니다.

오늘날 교회에 출석하는 성도들 중에 얼마나 많은 사람들이 이러한 복음의 갈등들을 이해하고 있는지 모르겠습니다.

바울이 수호하고 싶었던 이 복음, 그가 전하고 싶었고 갈라디아 교인들에게 심어 주고 싶었던 이 복음, 이 복음 안에서 우리 성도들이 발견해야 할 진리와 삶의 본질은 과연 무엇일까요? 우리가 말씀을 통하여 그런 것들을 하나하나 배워나가는 것입니다.

교회 내에서 '분열과 분리'라는 것은 반드시 회피해야 할 일들입니다.

이것들은 기독교가 복음을 전파하는데 있어서 대의적(大儀的)인 명분들을 약화시키고, 이방인들로 하여금 성도들을 반대하고 욕하게 만드는 빌미를 제공합니다.

교회의 질서와 평온함은 그리스도인에게 힘을 줍니다. 그것은 금으로도 살 수가 없는 아주 소중한 경건의 모습들입니다.

따라서 대부분의 사람들은 그들의 평화와 질서를 지키려고 무척이나 노력합니다. 단지 조용하게 신앙생활 할 수만 있다면, 단지 교회가 잠잠하게 평온해질 수만 있다면 하는 마음으로 그들 신앙에 있어 그 어떤 것이라도 참으려고 하며, 심지어 진리를 희생시켜서라도 참고 넘어가려고 하는 추세가 있습니다.

그러나 생각해 보십시오.

교회 안에서 진리가 사라지고 온갖 거짓말쟁이들과 도둑놈들이 난무한데, 우리에게 성도들의 연합이 무슨 의미를 줄 수 있겠습니까?

우리 가운데 '진리'라고 명명되어지는 말씀이 존재하기 때문에, 우리가 ○○교회에 나와 거룩한 모임들·성도(聖徒)로서의 모임을 이루어 나가는 것 아닙니까?

진리를 위해 마틴 루터는 그가 자라난 카톨릭 교회의 일치를 깨고 교황주의자들과 논쟁하였으며, 종교개혁이라는 새로운 가르침으로 말씀의 토대를 세웠습니다. 그래서 저와 여러분이 이 자리에 있는 것 아닙니까?

신교의 개혁이 성공할 수 있었던 것은 논쟁과 싸움으로 인해서입니다. 어느 누가 루터나 칼빈의 행동이 잘못되었다고 감히 비난할 수 있겠습니까?

분열이나 논쟁은 나쁩니다. 그러나 분열이나 논쟁보다 더욱 더 나쁜 일은, 교회 내에서 거짓 교훈들이 그 어떠한 저항이나 방해도 받지 않고 묵인되어지며 허용 내지 용납되어지는 것입니다.

예수님은 요한계시록에서 아시아의 일곱 교회들에게 말씀하십니다.

"···악한 자들을 용납지 아니한 것과 자칭 사도라 하되, 아닌 자들을 시험하여 그 거짓된 것을 네가 드러낸 것과 또 네가 참고 내 이름을 위하여 견디고 게으르지 아니한 것을 아노라"(계 2:2-3)

또 다른 교회에 대해서는 강하게 책망하십니다.

"내가 네 사업과 사랑과 믿음과 섬김과 인내를 아노니, 네 나중 행위가 처음 것보다 많도다. 그러나 (내가) 네게 책망할 일이 하나 있는데 (그것은) 자칭 선지자라 하는 여자 이세벨을 네가 용납함이다."(계 2:19-20)

유대인들은 그들이 구약 성경을 필사하다가 단 한 글자라도 틀리면 여지껏 썼던 모든 사본들을 다 불태워 버리고 처음부터 다시 베껴 썼다고 합니다. 하나님의 말씀이 일점일획이라도 잃어버릴 위험을 감수하는 것보다 차라리 그것이 낫다고 생각했던 것이죠.

우리에게도 이런 정신이 필요합니다.

"내가 세상에 화평을 주러 온 줄로 생각지 말라. 화평이 아니요 검을 주러 왔노라."(마 10:34; 계 6:4) 말씀하시는데, 교회 안에서 이런 순수한 복음의 진리를 지키기 위해 언제든지 싸울 준비가 되어 있는 전투적인 교회가 되어야만 합니다.

다른 것이라면 몰라도 그것이 진리를 위한 싸움이라면, 어떤 희생과 위험을 감수할 준비가 되어 있어야만 하며, 의견의 차이와 분열의 위험을 무릅쓰더라도 진리를 지켜 나가야만 합니다.

여러분, 오늘날 동서양의 수많은 교회들이 왜 오늘날과 같은 영적인 침체에 빠졌는지 아십니까? 그들에게 목사나 장로가 없었습니까? 그렇지 않습니다. 그렇다고 그들이 예배 의식들을 거른 것도 아니고, 행할 것 다 행하고 치를 것 다 치뤘습니다. 똑같은 예배와 똑같은 찬송을 부르며 똑같은 성찬을 나눠 마셨습니다.

그러나 그들에게 있어서 아주 치명적인 결점이 하나 있는데, 그것은 진리의 말씀을 잃어버렸다는 것입니다.

그들은 조금 더 편안하고 안일함을 위해 진리를 한 발 양보를 하고, 교회가 조금 빨리 부흥하고 조금 평안하게 한답시고 불의한 방법들을 그냥 용납해 버렸습니다. 마치 이스라엘 백성들이 약속의 땅 가나안에서 여부스 족속을 조금 남겨두어 화근이 되었듯이, 교회 안에 불의를 조금 남겨두어서 하나님이 사건들을 통해 이루어 나가시는 개혁의 방향들을 영 그릇되이 만들어 버렸던 것입니다. 진리를 항상 뒷전으로 미루어 놓았기 때문에, 오늘날의 타락한 교회로 변질되어질 수밖에 없었던 것입니다.

진리가 없는 평화는 거짓된 평화입니다.

더군다나 진리를 희생하면서까지 얻은 연합과 평화다?! 그것은 마귀가 주는 평화요, 이방인들과 지옥의 자녀들 사이에게서나 볼 수 있는 타협입니다. 아무 짝에도 쓸모가 없는, 하나님을 전혀 기쁘시게 못하는 연합이 될 것입니다. 무지한 성도는 언제나 교회의 독소(毒素)가 될 것입니다.

그가 목사든 장로이든, 하나님의 섭리와 그분의 손길이 어떻게 돌아가고 있는지를 발견하지 못한다면, 그 사람은 교회를 다 망쳐놓을 것입니다. 시간이 얼마나 소요되든지 1년이든 3년이든 불의와 타협치 마시고, 신앙의 절개를 힘써 지키시는 여러분들 되시기를 바랍니다.

말씀을 맺습니다. 사도 베드로와 요한은 유대 지도자들의 협박 앞에 이런 말을 했습니다. "하나님 앞에서 너희 말을 듣는 것이 하나님 말씀 듣는 것보다 옳은가 판단하라."(행 4:19)

오늘 사도 바울도 본문에서 그런 말을 했구요.

"내가 하나님을 기쁘시게 하랴. 사람을 기쁘게 하랴."

지도자들은 자신의 행위가 과연 하나님을 기쁘시게 하는 것인지를 구별하며, 마땅히 하나님만을 기쁘시게 해 드려야 할 줄로 알고, 성도들 역시 그러한 사람을 위해. 또 그러한 지도자들을 만날 수 있기를 위해 기도해야 할 것입니다.

하나님을 기쁘시게 하기 위해 기꺼이 자신을 희생할 수 있는 그런 지도자 만나는 것이 얼마나 커다란 축복인 줄 모릅니다. 그러한 교인들은 행복합니다. 이는 그런 목자에게서 언행이 일치된 참 진리의 말씀을 배울 수 있기 때문입니다.

그러나 이러한 것보다 더 큰 축복이 있습니다. 그것은 본인 스스로가 그러한 성경적인 가르침대로 따라 사는 것입니다. 본인이 말씀대로 따라 살려고 하는 의지가 없는데, 누가 대신하여 그 사람의 신앙을 지켜 주겠는가 말이죠.

제가 일전(日前)에 '목사는 구원을 베풀어주는 사람이 아니다.' 말씀 드렸었죠. 다만 도와 드릴 뿐입니다.

여러분들 스스로가 말씀을 지켜 나가시되, 그 옳고 그름·복음과 비진리들을 구별하며 지켜 나가야만 합니다. 결코 쉽지 않은 일입니다. 누가 대신 판단해 주지도 않을 것이고, 누가 대신해서 지켜 주지도 않습니다.

오직 성경·Sloa Scriptura, 모든 성경·Tota Scriptura
이 성경 말씀 안에서 진리를 찾아야만 합니다.

말씀에 없는 것과 성경으로 증명될 수 없는 것들은 결코 따라가지 마십시오. 오직 기록된 하나님의 말씀 안에서 여러분 신앙의 기초석을 다지시기를 바랍니다.

그리고 그 말씀으로 여러분들이 듣는 모든 말씀의 가르침들(저를 포함하여 이 강단에서는 모든 사람들)을 말씀을 따라 '과연 그러한가?' 그 옳고 그름을 판단하십시오. 여러분의 신앙이 의 뿌리가 말씀 안에서 더욱 견고해질 것입니다.

갈라디아 교인들의 어리석은 길들을 그대로 답습하는 것이 아니라, 말씀 안에서 지혜와 명철을 얻어 하나님의 거룩한 백성의 모습을 이루어 가시는 복된 성도님들이 다 되시기를 주의 이름으로 축원합니다.

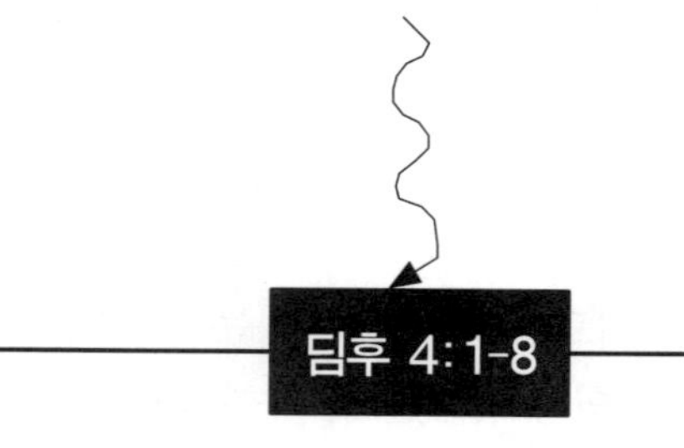

때를 얻든지 못 얻든지

> "하나님 앞과 산 자와 죽은 자를 심판하실 그리스도 예수 앞에서 그의 나타나실 것과 그의 나라를 두고 엄히 명하노니 너는 말씀을 전파하라 때를 얻든지 못 얻든지 항상 힘쓰라 범사에 오래 참음과 가르침으로 경책하며 경계하며 권하라 때가 이르리니 사람이 바른 교훈을 받지 아니하며 귀가 가려워서 자기의 사욕을 좇을 스승을 많이 두고 또 그 귀를 진리에서 돌이켜 허탄한 이야기를 좇으리라 그러나 너는 모든 일에 근신하여 고난을 받으며 전도인의 일을 하며 네 직무를 다하라 관제와 같이 벌써 내가 부음이 되고 나의 떠날 기약이 가까왔도다 내가 선한 싸움을 싸우고 나의 달려갈 길을 마치고 믿음을 지켰으니 이제 후로는 나를 위하여 의의 면류관이 예비되었으므로 주 곧 의로우신 재판장이 그 날에 내게 주실 것이니 내게만 아니라 주의 나타나심을 사모하는 모든 자에게니라"(띰후 4:1-8)

"하나님 앞과 산 자와 죽은 자를 심판하실 그리스도 예수 앞에서 그의 나타나실 것과 그의 나라를 두고 엄히 명하노니 너는 말씀을 전파하라."

복음사역을 위해 일평생 충성하다가 이제 로마 감옥에 갇혀 머지 않아 순교를 당하게 될 운명에 놓인 바울은, 젊은 목회자 디모데를 향하여 마지막 자신의 확고한 소망들을 밝히고 있습니다. 그것은 자신이 그리스도의 훌륭한 군사로 "믿음의 선한 싸움과 달려갈 길들을 다 마쳤다"고 하는 아름다운 고백입니다. 그러니까 이 디모데후서는 차세대의 일꾼들, 다음 세대를 책임져야 할 일꾼들을 향한 권면의 서신(書信)이라 할 것입니다.

바울이 여기서 **'말씀을 전파하라'** 엄히 명(命)하고 있는 것은, 바울이 디모데보다 나이가 많다거나 경험이 풍부한 선배라서 이런 명령을 하는 것이 아닙니다. 도리어 그는 하나님 앞과 심판주 되시는 예수님 권위로 엄히 명하고 있는 것입니다.

"하나님 앞과 산 자와 죽은 자를 심판하실 그리스도 예수 앞에서 그의 나타나실 것과 그의 나라를 두고 엄히 명하노니 너는 말씀을 전파하라."(1-2절)

때문에 신자라면, 너나 할 것 없이 누구나 순종해야만 하는 절대적 명령이라고 할 것입니다.

왜 이렇게 엄히 명령하고 있습니까? 그것은 오직 예수 그리스도의 십자가만이 죄악된 인생들과 타락한 이 시대를 구할 수 있는 유일한 해결책이 되어지기 때문입니다. 이 복음에 대한 순종이 '산 자와 죽은 자를 심판하시는 예수 그리스도 백보좌 심판대 앞에서' 우리의 판단 기준이 되어지기 때문입니다.

이 복음 안에는 인생의 모든 문제와 그 해결책들이 들어 있습니다.

복음이 전파되어질 때, 죄 가운데 있던 자들이 자기의 죄를 깨닫고 회개하여 새로운 인생을 살게 되어집니다.

세상에 자기밖에 모르던 세리 마태가 복음을 접하자, 그는 더 이상 세리가 아니요 사복음서를 기록하는 위대한 사도로 변화되어져 있었습니다.

사도 바울 자신을 보십시오. 얼마나 열심히 기독교를 핍박했습니까? 그토록 열심히 박해(迫害)하기 위해 쫓아다녔던 그가, 이제 그 복음을 위하여서 자신의 목숨까지 버린다?! 참으로 아이러니하지 않습니까?

복음이 있는 곳에 변화가 일어나게 되어 있습니다. 말씀이 전파되는 그곳에는 반드시 생명 역사가 일어납니다. 죄악된 환경, 그 사회, 말씀을 받는 자 그 심령 모두가 말입니다.

복음전파는 숱한 영혼들이 구원을 받느냐 심판을 받느냐 하는, 그들의 사활(死活)이 걸린 아주 중요한 문제입니다.

더군다나 말세의 무서운 심판들이 이미 예고되어 있는 상황에서 이런 심판의 사실을 알고도 전혀 알리려고 하지를 않는다?! 이 얼마나 무책임한 일인지 모릅니다.

만약 약을 심부름을 맡은 사람이 서둘러 다녀오면 충분히 살릴 수가 있는데, 그 심부름꾼이 빈둥빈둥 시간을 낭비해 환자를 죽인다면 그것은 아주 비난받을 만한 행동이 될 것입니다.

복음전파도 마찬가지라고 생각합니다. 우리 성도들은 멸망을 향해 치닫고 있는 영혼들을 살릴 수 있는 복음이라고 하는 약을 심부름하는 사람들입니다. '구약과 신약'

우리들만이 알고 있는 비밀들입니다. 그러기에 우리가 이 일을 위해 먼저 부르심을 입었습니다. 이 복음의 비밀을 가르쳐 주라고, 그래서 그들로 예수 믿어 구원받게 만들라고 전도인으로서의 사명을 부여해 주셨습니다. 그런데 불행히도 사람들이 이 비밀들을 잘 믿으려고 하지를 않아요.

어떻게 할 것인가? 우리가 전도인으로서 어떤 자세를 가지고 복음을 전파해야만 합니까?

먼저, 때를 얻든지 못 얻든지 항상 힘쓰라는 것입니다(2절).

원어를 문자 그대로 직역하면 "네가 말씀을 전하고 싶든지 그렇지 않든지 간에 항상 끈질기게 권고하라" 라는 의미입니다.

때를 얻든지 못 얻든지, 기회가 주어지든 주어지지 않든지, 조건이 좋든지 나쁘든지 열심히 전하라. '항상 힘쓰라'는 말이 영어성경 NIV에는 'Be prepared' '미리미리 준비해라, 항상 준비하고 있으라'는 말로 번역되어 있습니다.

이는 '복음을 전할 수 있는 가장 적당한 때란 언제인가?'라는 질문에 그것은 우리의 마음이 준비된 때이지, 우리의 환경과 여건들이 개선되어지는 그때가 아니라는 것입니다.

역으로, 복음에 관심 없는 사람들은 주위 환경들이 아무리 좋아진다고 해도 결코 복음을 위해 애쓰지 않는다는 말이 됩니다. 복음에 대한 마음, 과연 그 마음에 주님을 향한 열정이 있느냐가 문제지요. 우리의 마음 준비만 되어 있다면, 언제 어디서 어떤 형편 가운데에서 처하든지 간에 복음전파는 이루어질 수 있다고 생각합니다.

이런 복음에 대한 절대적인 자세와 절박한 심령으로 말씀을 전파할 때, 그 속에서 놀라운 구원의 역사가 일어날 수 있는 것입니다.

사도 바울이 이러한 모습을 우리에게 잘 보여 줍니다. 그는 어디를 가더라도 항상 복음에 대한 뜨거운 열정이 있었던 사람입니다.

가는 곳마다, 만나는 사람들마다 그는 그들에게 복음을 전하고자 하였습니다. 자유의 몸이거나, 감옥에 갇혔을 때에도, 심지어 빌립보에서는 전도할 사람이 없자 시냇가에까지 좇아가 빨래하는 '루디아'에게까지 좇아가 복음을 전파하였습니다. 그는 상황에 좌우되어지지 않고, 오히려 상황을 다스려 나가는 자였습니다.

바울이 뛰어난 믿음을 가지고 있는 사도라서일까요?

우리는 복음전파가 뜨거운 열정과 은사를 지닌 사람들만이 하는 것으로 생각하기 쉬운데, 아닙니다. 그것은 그의 내면에 빚진 자의 심령으로 충만하였기 때문입니다.

"헬라인이나 야만이나 지혜있는 자나 어리석은 자에게 다 내가 빚진 자라. 그러므로 할 수 있는대로 (멀리) 로마에 있는 너희에게도 복음 전하기를 원하노라."(롬 1:14-15)

내가 하나님께로부터 받은 구원의 기쁨·그 은혜가 너무나도 크고 감격스럽기에, 하나님을 알지 못하여 죄 가운데 심판 받을 영혼들을 보면 가슴이 불이 붙는 것 같아 내 스스로가 견딜 수가 없는 것입니다. 내가 만난 하나님을 전하여 주고 싶고, 내가 누리는 이 기쁨을 그들에게 알려 주고 싶어서, 그 구원의 길을 알려 주고 싶어서, 그들의 목자 된 심정으로 나의 모든 형편을 초월해 복음을 위해 힘을 쏟는 것, 이것이 곧 빚진 자의 심정일 것입니다.

그렇습니다. 복음전파에는 '때'와 '대내외적인 형편'이 문제가 되지를 않습니다. 우리의 내면에 복음에 대한 확신과, 죽어가는 영혼들에 대한 갈급한 심령만 있으면 누구든지, 어떤 형편 가운데에서도 이 복음을 전파할 수가 있습니다.

문제는 내 마음에 구원받은 기쁨과 감격, 그에 대한 감사가 없는 거라. 구원받은 기쁨과 빚진 자로서의 심령이 없으니까 복음을 전하는데 이것저것 따지며 핑계하는 사람들이 많습니다.

우리에게 복음에 대한 열정이 없어서 그렇지를 않나 생각합니다. 그러나 이같은 핑계가 결코 합당치 아니합니다.

생각해 보십시오. 만일 시간이 없음만을 말하고, 우리의 형편만을 핑계하여 차일피일하다가 예수님께서 다시 오신다면, 그때는 어떻게 하시겠습니까? 그때는 아무도 그 책망에서 면할 길이 없을 것입니다.

에스겔 3:17절을 보니까, "인자야, 내가 너를 이스라엘 족속의 파수꾼으로 세웠으니 너는 내 입의 말을 듣고 나를 대신하여 그들을 깨우치라.” 말씀하고 계신 것을 볼 수 있습니다.

하나님께서 우리 믿는 자 한 사람 한 사람을 영혼을 지키는 파수꾼으로 세우셨다 말씀하고 계시다는 사실을 기억해야만 할 것입니다. 남이 아닙니다. 나 곧 저와 여러분을 세우셨다는 것입니다.

자, 따라 하십시다.

“나 ○○은 하나님께 영혼의 파수꾼으로 부르심을 입었다.”(X2)

전도서 9:4절에 보면, “산 개가 죽은 사자보다 낫다”라는 말씀이 있습니다. 아무리 허우대가 멀쩡하고 아무리 믿음이 뛰어난 것처럼 보여도, 복음에 대해서 소리내지 못하고 전파하지 못한다면 아무런 소용이 없다는 말입니다.

여러분, 개는 왜 키웁니까? 보신탕감으로 잡아먹으려고 키웁니까? 개의 기본적인 목적은 도적을 예방하고 막기 위한 것입니다. 만약에 도씨 아저씨가 들어왔는데, 짖지도 않고 막 좋다고 꼬리치는 개가 있다면 그 개가 무슨 쓸모가 있겠습니까? 어디로 가야죠? 사철탕 전골집으로 가야죠.

마찬가지입니다. 하나님께서 우리 신자들을 영혼 지키는 파수꾼으로 세우실 때, 도대체 무슨 목적으로 세우셨겠습니까? 불을 보듯 뻔합니다. 그것은 죽어가는 자들에게 생명의 복음 외치라고 세우신 것입니다. 그런데 우리가 복음을 외치지 않고, 거기에 내 힘을 쏟지 않는다면 어떻게 됩니까? 사철탕 집으로? 벙어리 개와 똑같을 것입니다.

우리의 대적 마귀가, 성경에 보면 ‘우는 사자처럼’ 수많은 사람의 영혼을 지옥 불구덩이로 결박해 쓸어 가고 있는데, 뻔히 보고만 있겠는가 말이죠. 남의 집 불구경하듯 구경만 하고, 힘들게 태신자 전도해 오니까 ‘잘해 봐라’ 본체만체 하여 마귀의 일을 돕는다면, 과연 나를 그리스도인이라 부를 수가 있겠는가 말입니다. 허우대는 멀쩡하게 그리스도인처럼 보이겠죠. 그러나 죽은 사자요 벙어리 파수꾼과 다를 바가 없습니다.

오늘날 성도라는 이름만으로 만족하는 사람들이 많이 있습니다.

영혼들을 위해 하는 일들은 아무것도 없으면서, 집사니 교사니 성가대니 감투들만 쓰기 좋아하고….

사실 이런 교회의 직분들은 교회를 더 유익케 하고, 복음을 더 효과적으로 전파하기 위해서 주신 직분들인데, 그래서 하나님 영광을 찬송하라고 주신 것인데, 쓰지 않고 가만히 가지고 있는 자들이 예상외로 많다는 것이죠. 살아 열심히 움직이는 자들이 되십시다. 예수님은 추수마당에서 '함께 모으지 아니하는 자는 헤치는 자'(마 12:30)가 될 수밖에 없다 말씀하셨습니다. 주님을 역사를 위해, 태신자 전도 운동을 위해 힘을 함께 모으는 자들 되십시다. 주님의 능력이 여러분들로 더불어 함께 나타날 수 있기를 축원합니다.

하나님은 이방인들을 구원하심에 있어서 당신의 일꾼된 저와 여러분들을 통해 복음 전하기를 기뻐하셨습니다.

"하나님의 지혜에 있어서는 이 세상이 자기 지혜로 하나님을 알지 못하는 고로 하나님께서 전도의 미련한 것으로 믿는 자들을 구원하시기를 기뻐하셨도다."(고전 1:21)

우리에게 인식이 있어야 합니다. "하나님의 구원하심에 있어 우리는 스스로를 복음의 일꾼이요 파송된 선교사이다." 이러한 인식이 없을 때, 우리는 하나님의 요구 앞에서 도망하는 요나가 되어집니다. 그래서 우리를 ○○교회 여러 목자와 제직들로 세워주신 거잖습니까?

하나님을 '지역신 개념'으로 이해해서는 안될 것입니다. 교회에 나왔을 때에는 하나님이 나의 주인이시고, '왕이신 나의 하나님' 두 손 들면서 찬양하다가, 교회 문 밖에만 나가면 이방인처럼 복음에 대해 전혀 의무감 없이 살아간다면, 내가 예수 믿는다는 것이 무슨 의미를 주겠는가 말이죠.

우리는 하나님의 자녀요, 동시에 그분 앞에서 복음의 증인들(선교사들)입니다. 내게 주어진 복음의 사명들에 대해 귀를 막고 '나 몰라라' 애써 외면한다고 해서 그 사명들이 없어지는 것 아닙니다.

하나님은 내 삶의 '절대적인 주권자'라고들 흔히 말하죠.

여러분, **'내 삶의 주권자'**라는 말이 도대체 무슨 말입니까? 어떤 의미죠?

하나님이 내 인생의 절대적인 주권자라 함은, 하나님이 내 인생을 하나님 원하시는 대로 언제든지 마음놓고 쓰실 수 있고 또 요구하실 수 있다는 말이 아니겠습니까? 이 사실을 기억할 수 있었으면 좋겠습니다. 하나님이 우리에게 복음을 전하라고 하실 때에는 '제발 내 복음 좀 전해줘' 사정사정하며 부탁하는 것이 아니라는 사실입니다. 그것은 우리를 향한 요구요 우리들을 향한 명령입니다.

그런데 문제는 이것이 살다 보면 실생활 가운데에서 잘 안 이루어진다는 것이 문제입니다. 몰라서 그렇습니까?

아니요. 그것이 중요한 것인 줄 잘 알고 그것이 바쁘고 시급한 것이라는 사실을 잘 알고 있음에도 불구하고, 그것이 삶 가운데에서 실천하며 살기가 결코 쉽지 않다는 것이 문제입니다.

살아가기가 바빠서 그렇기도 하고, 성격상 남들에게 먼저 말을 건네야 한다는 것에서 부끄러움을 느끼는 경우들도 있습니다. 또 복음을 전할 때 외부의 불신 세력들로부터 도전을 받을 수도 있습니다. 빛과 어두움이 함께 할 수 없는 것처럼, 세상이 빛과 진리이신 예수님을 미워한다는 것은 당연합니다. 그의 제자된 성도 역시, 세상으로부터 미움을 받지 않는다면 그것이 오히려 이상한 일 아닐까 생각합니다(요 15:18-20). 당연한 결과들입니다.

그럼에도 불구하고 이 모든 것들을 다 이겨내야 한다…

사도 바울은 이를 **"믿음의 선한 싸움"**(7절)이라는 말로 표현하고 있습니다. 생존을 위해서 창칼로 싸우는 그러한 싸움이 아니라 복음 전파를 위한 믿음의 처절한 싸움, 마음 속에 일어나는 게으름과 안일함들, 이러한 내적인 싸움과 외부로부터의 각종 적대적인 세력들…. 바울은 이런 자신과의 "선한 싸움을 싸웠노라"고 고백하고 있습니다. 이 싸움은 혈기(血氣)로 하지 아니하고 '온유'와 '겸손', '사랑'과 '오래 참음'으로 합니다(엡 4:2).

둘째로, 복음을 전하되 여러 모양으로 양들을 세워나가라는 것입니다. 다시 말해, 복음의 효과적인 전파 방법들을 강구하라는 것입니다. 2절을 보십시다.

"범사에 오래 참음과 가르침으로 경책하며 경계하며 권하라."

우리는 흔히 복음을 전하면, 전해 듣는 모든 사람들마다 복음을 아주 쉽게 받아들일 것이라고 착각을 합니다. 최소한 하나님이 선택한 사람이라면 그 사람만큼은 금방 돌아오겠지?! 착각하지 마십시오! 우리가 복음을 전한다고 해서 그 사람들이 다 전도를 받아들이는 것이 아닙니다. 때로 외면하기도 하고, 반발하여 대적하기조차 할 것입니다. 복음전파에 있어서는, 우리가 예상치 못한 수많은 어려움과 애로(隘路) 사항들이 있습니다. 그렇다고 당장 효과가 눈에 보이는 것도 아니고, 당장 성과도 없고 복음전파를 포기하고 싶은 생각이 들 때도 종종 있을 것입니다.

그러나 기억하십시오. **사탄과의 영적인 싸움입니다.**

사탄은 온갖 수단과 방법들을 총동원해서 복음을 방해할 것입니다. 미리미리 각오를 하고 대들어야지요. 말세가 가까울수록 사람들이 바른 교훈을 듣지 아니한다고 말씀합니다. 자기의 욕망과 쾌락을 충족시켜 줄 많은 스승을 두고 진리보다는 자기 귀만을 즐겁게 해 줄 허탄한 이야기들만 좋아할 것입니다.

말씀보다는 '마인드 콘트롤'로 자신을 다스리려 할 것이고, 예수도 믿지만 동시에 '심령과학'이나 '전생' 같은 허탄한 신화들에 대해서도 관심을 가지게 될 것입니다. 모임을 가져도 진지한 대화들이 없어요. 농담이나 음담패설, '누구네 엄마가 뭐 어쨌더라. 오늘 누구네 집에서는 부부 싸움이 있었는데, 남편이 두 손 들고 있었다나 뭐래나.' 구원이나 심판, 택신자 작정들에 관한 무거운 주제들보다는 재미있고 부담 없고 가벼운 것들이 더 좋습니다.

혹시 이런 이야기들이 주류를 이루고 있는 것은 아닌지 모르겠습니다. '왜 우리 목장 이야기를 하지?' 설마 그런 분은 아무도 없으시겠죠?!

이런 양들 양육하려면 속에서 막 울화가 치밀죠. 전도를 해도 요리뺀질 조리뺀질 속썩일 때, 눈물과 헌신으로 섬기며 좋은 말씀으로 권면(勸勉)하려는 목자를 도리어 뿔로 받아치는 '염소 같은 양'을 만날 때, '내가 왜 목자를 했던고 울려고 내가 했던가' 다 때려치워 버리고 싶은 것이 사람의 기본 심성입니다.

그러므로 범사에 **'오래 참는 것'**이 필요하다고 본문은 말합니다.

'복음전파'라는 것이 결코 성급한 마음으로 이루어지는 것이 아닙니다. 오래 참음으로 인내하며, 그를 위하여 계속적으로 기도를 해야 합니다. 권면하되 말씀으로 그들을 설득해가며, 그들로 말씀에 갈급한 심령이 되어지도록 만들어 나가고 조각해 나가는 것입니다.

그렇다고 미련한 곰처럼 단순히 참고 인내하기만 한다고 되는 것은 아니죠. 양들의 영적인 형편을 따라, 섬세하고 정확한 가르침들을 행해야 합니다. 양들이 잘못된 길로 가거들랑 죄를 지적하며, 그들이 회개하도록 뼈저리게 경책하는 일도 필요하고, 때로 용기를 북돋아 주고 위로해 주는 일도 필요합니다.

복음전파에 선포적 기능이 있다고 해서, 배운 말씀을 단지 기계적으로 전하기만 하는 그런 기능인이 되어서는 안됩니다. 전도할 양들을 마음에다 품고, 그들을 출산키 위해 온갖 수고와 눈물들을 능히 감내할 수 있는 내면성을 갖춘 전도인들이 되어야 합니다.

요즘 임신한 산모들이 태교(胎敎)를 위해 얼마나 노력들을 많이 합니까? 더러운 것 쳐다보지도 말자. 예쁘지 않은 것은 먹지도 말자. 예쁜 배우들 사진만 쳐다보자. 이게 표어 아닙니까?! 어쨌든, 엄청들 노력을 합니다. 요즘은 영어 조기교육을 태중에 있을 때부터 해야 된다면서요?! 하물며 천하보다 귀한 영혼들을 출산코자 준비하는 사람들이 어찌 그 정도의 노력도 하지 않고 쉽게 날 수가 있겠습니까? 결코 그럴 수 없습니다.

열심히 전하고, 열심히 사랑했는데 돌아오지 않으면 어쩔 수 없습니다. 결과는 하나님께 맡기는 것이고 그것은 그 사람들 책임입니다. 그러나 전하지 않아 멸망 받는다면 그 책임은 분명 나에게 있을 것입니다.

사도 바울은 권면합니다. 오늘 본문 5절 말씀입니다.

"그러나 너는 모든 일에 근신하여 고난을 받으며, 전도인의 일을 하며, 네 직무를 다하라."

특별히 '**그러나 너는**'이라고 하는 역설적인 표현을 사용하고 있습니다. 이 시대가 비록 죄악이 가득하고 복음 전하기가 심히 어렵다 할지라도, 그러나 너는 모든 일을 살피며 복음으로 인한 고난의 자리, 네 전도인의 직무·그 사명들을 충성스럽게 감당해 나가라.

복음을 위해 일평생 몸바쳐 충성했던 위대한 전도자 바울 그는 그리스도 예수의 좋은 군사로서 이 영광스럽고 고귀한 싸움에 참전했던 전사(戰士)였습니다. 그의 싸움은 이 세상에서 조금 더 먹고 조금 더 잘 살기 위해 싸우는 그런 차원의 싸움이 아니라, 천하보다 더 귀중한 한 영혼 한 영혼들을 출산하려는 처절한 영적 전투였습니다.

복음전파, 오직 이 한 가지 목표만을 위해 자신의 온 생애를 쏟아 부었던 바울의 생애. 6절에서는 이를 '관제와 같이 벌써 내가 부음이 되었다' 표현하고 있습니다.

'관제'와도 같은 삶. 하나님께 드려진 제물이 불로 태우기 직전 그 제단 위에 쏟아 부어진 포도주처럼, 사도 바울이 복음의 역사를 위하여 이렇게 헌신적으로 삶을 쏟아부었다는 거지요. 그리고 이제는 감옥에서 그의 죽음을 눈 앞에 두고 있습니다.

사도 바울은 고백합니다.

7-8절을 함께 읽어 보십시다.

"내가 선한 싸움을 싸우고 나의 달려갈 길을 마치고 믿음을 지켰으니 이제 후로는 나를 위하여 의의 면류관이 예비되었으므로 주 곧 의로우신 재판장이 그날에 내게 주실 것이니" 내게만 아니라? "내게만 아니라 주의 나타나심을 사모하는 모든 자에게니라."

주의 나타나심을 사모하는 모든 자에게….

"많은 사람을 옳은 데로 돌아오게 한 자는 (하늘의) 별과 같이 영원토록 비취리라"(단 12:3) 말씀하시는데, 우리 인생에서 오직 주께 수고한 것만이 빛나게 것이 분명합니다. 그래서 수고하는 것입니다.

비록 힘들고 어려워도 내 상황들이 여의치 않다 핑계치 않고 열심히 전파하는 것, 오직 상급을 바라보는 그리스도 예수의 군사들만이 가질 수 있는 소망입니다. 빛나고 가치 있는 인생들 사실 수 있기를 기도합니다. 정말 후회없는 인생들 말입니다.

저는 믿는 것과 아는 것, 그분을 따른다는 것과 그분의 제자가 된다는 것, 이것은 서로 구별되어야 한다고 생각합니다.

오늘날 '**하나님의 통치**'에 대해 많이들 이야기하는데 무엇이 하나님의 통치입니까? 그분의 다스리심을 어떻게 경험할 수 있습니까? 하나님이 우리 눈에 보이는 것도 아니고, 어떻게 이룰 수가 있죠?

제가 생각하기에는 하나님의 통치·그분의 다스리심을 받는다는 것은, 주님의 생각과 의지가 내 삶에 반영되어지는 것 그것이 바로 하나님의 통치입니다. 교회 안에서만 고백되어지는 것이 아니라 내 생활·내 삶의 구석구석에, 가정과 직장과, 내 삶의 처소, 내가 만나는 모든 사람들 가운데서 완전한 나의 하나님으로 고백되어지는 것, 그것이 하나님의 통치를 받는 것이라고 생각합니다.

하나님께 대한 우리 인식의 변화가 일어나기를 기도합니다. 교회에 다닌다고 해서 다 주님과 친밀한 교제가 이루어지는 것 아니라는 사실, 꼭 기억할 필요가 있습니다. 그분의 통치, 그분의 요구하시는 대로 삶이 다스리심을 받아야죠. 삶 전체로 주님의 통치권을 확대시켜 나가시는 여러분들 될 수 있기를 축원합니다.

예수님은 우리에게 꿈을 가지고 계십니다. 그리고 우리가 예수를 믿는 순간, 우리로 하여금 새로운 역사를 만들기를 원하시죠.

우리 스스로 볼 때에는 아무것도 아닌 것처럼 보이고 힘이 없어 보이지만, 예수 믿는 순간 우리를 향해 비전들(Visions)을 품으시고 복음 역사들을 위한 계획들을 빈틈없이 착착 처음과 끝을 정확하게 진행시켜 나가고 계십니다.

우리는 복음의 사역자로서 우리의 가정과 직장, 주님의 몸된 교회 앞에서 부르심을 입었습니다. 문제는 내 자신이 '**주님이 가지셨던 동일한 복음의 비전(Vision)을 품고 있느냐?**'가 문제입니다.

우리가 주님의 뜨거운 열정과 복음의 비전을 함께 나누기를 원합니다. 나를 향한 이 복음의 부르심, 희어져 추수하여야 할 곡식들을 바라보면서, 그분의 거룩하신 요구가 우리의 삶에 반영되어질 수 있기를 기도합니다. 아니, 이 복음의 부르심 앞에서 사명감을 품고 미리미리 마음에 준비하며, 말씀에 순종키 위해 처절한 싸움들을 한 번 할 수 있기를 바랍니다. 믿음의 선한 싸움들 말입니다.

결코 쉽지 않은 싸움이 될 것입니다. 그러나 순종하는 자에게 하나님은 사명 감당할 힘과 용기·지혜를 주실 것입니다. 여기 모인 여러분들이 말씀에 다 순응하시는 성도님들 되시기를 바라고, 하나님께서 당신의 위대한 복음 역사들을 여러분들 통해 이끌어 나가 주시기를 주의 이름으로 축원합니다.

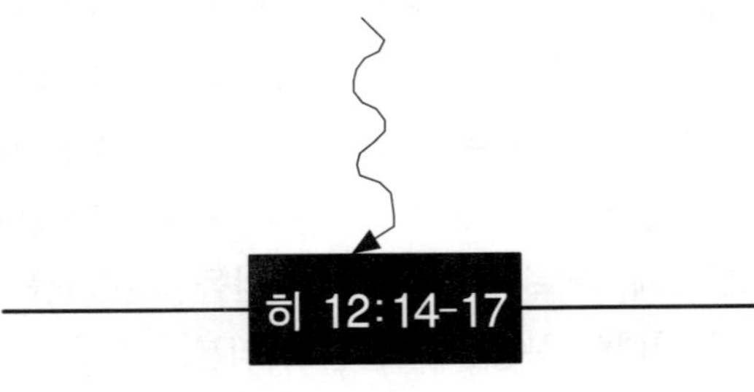

화평함과 거룩함을 좇으라

> "모든 사람으로 더불어 화평함과 거룩함을 좇으라 이것이 없이는 아무도 주를 보지 못하리라 너희는 돌아보아 하나님 은혜에 이르지 못하는 자가 있는가 두려워하고 또 쓴 뿌리가 나서 괴롭게 하고 많은 사람이 이로 말미암아 더러움을 입을까 두려워하고 음행하는 자와 혹 한 그릇 식물을 위하여 장자의 명분을 판 에서와 같이 망령된 자가 있을까 두려워하라 너희의 아는 바와 같이 저가 그 후에 축복을 기업으로 받으려고 눈물을 흘리며 구하되 버린 바가 되어 회개할 기회를 얻지 못하였느니라" (히 12:14-17)

여러분은 여러분 주위의 이웃들과 화평함과 거룩함을 이루며 살고 있습니까? 이미 구원 얻었으니까 그들과 어떻게 살든 '구원은 이미 따놓은 당상이야' 전혀 상관이 없다고 생각하십니까?

그리스도인된 사람들이라면, 이 문제를 누구나 심각히 생각해 봐야만 합니다. 그것이 장로이든 평신도이든, 아니 목사라고 할지라도 말입니다. 자기 스스로에게 한 번 질문해 보십시다.

'나는 우리의 옆집에 사는 순이 엄마·순돌이 아빠와 화평한 관계성들을 이루며 살아가고 있는가?' 그들이 볼 때 '저 사람들은 정말 예수 믿는 사람 같애. 뭔가 사는 모습이 우리들과는 차원이 달라' 이렇게 말할 수 있겠는가 말입니다.

본서의 저작 연대는, 네로 황제의 박해 시기로부터 예루살렘 멸망의 때인 **A.D. 60年代 후반** 정도로 추정되고 있습니다. 대상은 히브리 사람들로서 유대교에서 기독교로 개종한 사람들입니다.

당시 1세기 후반의 그리스도인들, 특히 히브리 계통의 그리스도인들은 심각한 박해와 고난에 직면하고 있었습니다. 그들은 동족 유대인들과 로마 제국으로부터 양면의 핍박을 받고 있었는데, 예수 믿는다는 이유 하나만으로 그들 중 어떤 사람은 육체적인 고난들을 당하였고, 또 어떤 사람은 집과 재산을 약탈 당하였으며, 정치적으로 경제적으로 사회적으로 **출교**를 당하였습니다.

말이 출교지 종교가 정치나 사회, 심지어 가정생활 전반을 지배하는 유대 사회에서 출교라는 것은 도저히 생각할 수 없는 일입니다. 그것은 그 사람과의 완전한 단절·고립을 의미합니다.

일단 출교를 당하게 되어지면 마치 문둥병에 걸린 사람처럼 사람들로부터 반경 2m 이내에 접근을 금하였고, 그가 죽었을 때에는 가족들이 애곡하는 것조차 금했을 정도였습니다. 이러한 형벌 외에도 회당에 끌려가 장로들에게 채찍질을 맞아야 합니다.

그러나 이보다도 더욱더 무서운 것이 있습니다. 그것은 출교되어지는 것 자체가 하나님의 백성됨에서 제외되어진다는 의미를 지니기 때문입니다.

회당 예배에 함께 참여한다거나, 유대인들과 교제의 떡을 더 이상 뗄 수가 없게 됩니다.

이것은 그들에게 있어 아주 현실적인 문제들이었습니다. 막연한 것이 아니라 예수를 위해 직장에서, 재물에서, 동료들 관계에서 아주 구체적인 손해들을 감수해야만 했다는 것입니다. 옥에 갇혔고 조롱당하였으며, 가족들이 보는 앞에서 죽임을 당하였습니다.

이러한 핍박들이 한창 진행되어지고 있는 가운데, 본문은 "모든 사람으로 더불어 화평함과 거룩함을 좇으라."(14절) 말씀하고 계시다는 겁니다.

자신들끼리, 그리스도인들끼리만 화평과 거룩함을 취하라는 말이 아닙니다. 믿음의 공동체는 물론이려니와 공동체의 밖에 있는 사람들, 자신을 핍박하고 자신들에게 손해를 가져다 주는 그러한 사람들과도 역시 화평함과 거룩함을 취하라는 것입니다.

사실 당시의 상황을 고려하면 고려할수록 그들은 화평하기가 매우 힘든 조건들을 지니고 있었습니다.

특히 히브리 그리스도인들의 입장에서 보면 더욱더 그러했습니다. 그럼에도 불구하고 그들과 화평함과 거룩함을 취하라고 명령하고 계시는데, 왜 우리가 그런 사람들과 더불어 화평해야만 하는가?

14절을 함께 읽어 보십시다. "모든 사람으로 더불어 화평함과 거룩함을 추구하라." 이것이 없이는 어떻게 된다고요? "주를 볼 수가 없다." 아주 심각한 말씀입니다. 나 하나 예수 잘 믿는다고 해서 되어지는 것이 아니라는 말입니다.

15-16절입니다. "너희는 돌아보아 하나님 은혜에 이르지 못하는 자가 있는가 두려워하고, 또 쓴 뿌리가 나서 괴롭게 하고 많은 사람이 이로 말미암아 더러움을 입을까 두려워하고, 음행하는 자와 혹한 그릇 식물을 위하여 장자의 명분을 판 에서와 같이 망령된 자가 있을까 두려워하라."

왜 우리가 서로 돌아보아야만 하는가?

하나님의 은혜에 이르지 못하는 자들이 있기 때문입니다.

왜 쓴 뿌리가 나는 것을 두려워해야 합니까? 그로 말미암아 우리가 더러움을 입게 되어지고, 자칫 하나님의 백성임을 망각한 채 에서처럼 망령되이 행할 수도 있기 때문에. 본문은 성도들이 마땅히 행해야 할 바, 삶 속에서 이루어 나가야 할 신앙의 도리들을 권고해 주고 있습니다.

첫째로, 모든 그리스도인들에게는 삶의 의무가 뒤따른다는 것입니다.

"모든 사람으로 더불어 화평하라." 그렇다고 해서 오해 마십시오. 모든 사람들과 화평함을 취하랬으니까, 함께 기생집에도 가고 노름판에도 같이 가서 죄악된 것들을 함께 나누라는 말이 절대 아닙니다. 그것은 그들을 전도하기 위해서입니다. 그들을 전도하고 구원하기 위해서 그들과 더불어 화평함과 거룩함을 추구하라는 것입니다.

예수님의 성육신 자체도 이런 화평함을 취하기 위함이 아니었습니까? 하나님과 사람들 사이에 죄로 인해 막혀 있던 담을 허시는 사역, 그것이 바로 십자가 사역입니다.

그리고 이 **화목케 하는 직책**을 우리에게 부탁하셨습니다.

고린도후서 5:18절입니다. "모든 것이 하나님께로 났나니 저가 그리스도로 말미암아 우리를 자기와 화목하게 하시고 또 우리에게 화목하게 하는 직책을 주셨다."

우리가 '원수까지라도 사랑'해야 하는 이유는, 화목하지 못하면 이 하나님의 화평을 그들에게 전해 줄 수가 없기 때문일 것입니다. '너희가 세상에서 환난을 당할 것'이나 너희의 행동은 세상 사람들에 대하여 눈에는 눈, 이에는 이·마구잡이로 행동하는 것이 아니라, 도리어 그들과 화평하기 위해서 할 수 있는 모든 방법으로 총동원·그들과 화목해라…

다른 사람과 불화하면서, 자신이 하나님께 은혜를 받을 수 없습니다. 불화하면 일단 내 신앙생활이 먼저 막혀 버립니다.

목사님과 서먹서먹한 감정을 가지고 있어봐요. 말씀이 귀에 잘 안 들릴 겁니다. '오늘 말씀은 ○○를 위해서 하는 말씀이구나' 할 것입니다. 최소한 말씀이 자기를 향한 말씀으로 받아들여지지를 않습니다.

그렇게 되지 않으려면 다른 사람들과의 관계가 우선 깨끗해져야 합니다. 예수 믿는 사람들이 이방인들과 똑같이 행동할 수는 없죠.

우리의 삶의 방식이나 살아가는 목적들이 다 다르기 때문입니다. 세상 사람들은 땅의 것들·육체를 위해 살아가지만, 우리는 하늘의 신령한 것들을 위해 살아가는 사람들입니다. 그들은 자기의 육신적인 욕망과 쾌락이 지고의 선(善)이지만, 우리는 하나님께 영광 돌리는 것이 삶의 목적입니다. 당연히 살아가는 방법이 똑같을 리가 없습니다.

타인에게 은혜를 전하는 사람이 되어야 합니다.

이러한 마음이 이루어지고 난 뒤에야, 비로소 전도도 되고 선교도 이루어지는 겁니다. 그러므로 다른 사람들과의 관계, 특별히 불신자들과의 관계에서 너무 자기 주장들을 내세우지 않도록 주의해야만 합니다. 도리어 넉넉한 마음으로 조금씩 양보를 하세요. 그것이 신앙상의 문제가 아니라면, 조그마한 손해들을 기꺼이 주님 위한 순교로 여겨 감수할 줄 알아야만 합니다. 그렇지 않으면 전도가 이루어지지를 않는걸요. 그게 문제지요.

생각해 보십시오. 손해는 조금도 보기 싫고 매사에 싸움질만 하면서, 남을 위해 기도하고 교회를 위해 기도하고 세계 선교를 위해 기도한다는 것이 얼마나 우습지도 않은 행동입니까?!

슈퍼마켓에서 불신자들도 안하는 외상을 한 달 두 달 안 갚으면서 하나님의 사랑을 전한다고 말하니, 불신자들이 보기에 얼마나 가증스럽게 보이겠느냐는 겁니다.

그래서 신약학자 헨드릭슨이라는 사람은 이렇게 말했습니다.

"성경을 한 번도 접하지 않은 사람들은 우리 그리스도인들을 보고 읽는다."

맞습니다. 우리는 불신자들에게 있어서 성경과도 같습니다. 우리의 삶은 그들에게 읽혀지고 있는 것입니다.

여러분, **'거룩함'**이라는 것이 도대체 무엇을 말하는 것입니까?

거룩이라는 것이 '깨끗하게 살아라' 말만 한다고 해서 되어지는 것이 아닙니다.

거룩함이란 헬라어로 'άνιασμον(하기아스몬)'이라고 하는데, 이것은 거룩해진 상태를 나타내기보다는 거룩해져 나가는 상태를 말합니다. 거룩함이란, 그리스도인들이 반드시 이루어야 할 본질적인 속성들입니다. 말이 온화해져야 합니다. 선한 생각들을 가져야만 합니다. 그 행동들이 거룩한 모습들로 비춰질 수 있어져야만 한다는 것입니다. 그리스도를 닮아가기 위해서, 정말 피나는 노력들을 행하지 아니하면 우리는 결단코 거룩해질 수가 없다는 사실입니다.

"내가 거룩하니 너희도 거룩하라"(레 11:45) 요구하고 계시는데, 이것이 없이는 아무도 주를 보지 못할 것이다.

남에게만 적용시키지 마세요! 그것은 곧 나에게 하시는 말씀하시는 것이라는 사실을 기억해야만 합니다.

현대의 성도들은 그 믿음에 있어서 아주 이중적인 삶을 살아갑니다. 교회에 나왔을 때와 직장으로 돌아갔을 때, 예배당에서 하나님을 찬양할 때와 자녀들을 대할 때 말투가 달라지고, 행동이 달라집니다. 정말 그렇습니까? 주님을 사랑한다 말하는 사람이 그 삶의 악한 행위들을 쏟아놓을 수가 있을까요? 주님을 위해 살겠다고 하는 사람이 남이 거짓말 하니까 나도 하고, 남들이 사기치니까 나도 똑같이 사기칠 수 있는가? 아니라는 거죠.

여러분께 묻습니다. 여러분은 예수님을 사랑하십니까?

다시 묻습니다. 정말로 사랑하십니까?

사랑하시는 만큼, 사랑을 고백하시는 만큼 여러분들도 사랑받으실 수 있기를 기도합니다. 그렇다면 받은 그 은혜들을 우리가 서로 나눌 줄도 알아야만 하죠.

'화평함과 거룩함을 좇으라' 하는데, 여기서 '좇으라'고 하는 말은 'διωχετε(디오케테)'라는 단어입니다. 이 단어는 단순하게 좇아가는 것을 말하는 것이 아닙니다.

목적을 가지고, 긴박감 속에서 최선을 다해 추구해 나가는 것, 마치 사냥개가 표적을 향해 전력질주하듯이 그렇게 행하라는 말입니다.

지식에 관한 것이 아니라 행함에 관한 것입니다.

그리스도인들에게 있어서 하나님을 아는 것이 이와 같아야 된다는 것입니다.

성경 지식적으로만 알아가는 것이 아니고, 단순히 성경이나 기독교 서적 몇 권 읽어 교리적으로만 아는 것이 아니라, 그분과의 맺는 언약 안에서 겸손한 순종·헌신의 관계를 통해서 알아가야 된다는 것입니다. 그러므로 그 신앙이 삶에서 올바로 표현되지 못하는 사람들은 하나님을 바로 안다고 말할 수가 없는 것입니다.

많은 사람들이 하나님께 순종하는 삶을 살지도 않으면서 자신은 잘 믿고 있다고 생각합니다. 내가 이만큼 알고 있는데. 마치 성경 지식만 많이 알고 있으면, 자신이 그만큼 믿음이 있다고 생각합니다. 완전 착각이죠.

여러분, 우리가 화평함과 거룩함을 추구해야 할 이유가 어디에 있습니까? 그것은 주님께서 우리에게 요구하시고 명령하시기 때문입니다. "오직 너희를 부르신 거룩한 자처럼 너희도 모든 행실에 거룩한 자가 되라. 기록하였으되 내가 거룩하니 너희도 거룩할지어다 하셨

느니라."(벧전 1:15-16)

동시에 우리가 다른 사람들로 화평하려고 노력하며, 온유한 자로로 거룩하게 살려고 노력하는 것은 우리가 하나님을 진심으로 사랑한다는 증거요 표현이 되어집니다.

"사람이 나를 사랑하면 나의 계명을 지킬 것"(요 14:23)이라고 말씀하셨습니다. 사랑하지 않는 사람은 어떻게 되든지 상관을 안합니다. 남이야 죽든 말든, 동료가 결석을 하든, 그 심령이 상처를 받든 말든 전혀 상관을 하지 않습니다. 사랑이 없기 때문입니다. 사실 예수님께서 이를 위해서 오셨는데 말이죠.

에베소서 5:25-26절에는 "그리스도께서 교회를 사랑하시고, 위하여 자신을 주셨으니" 이는 '깨끗하게 하사 거룩하게 하려 하심이라' 그 목적을 말씀하고 계십니다. 그것은 주님 뿐만이 아니라 모든 그리스도인, 여러분과 저의 목적이 되어집니다. 예수님께서 죽으신 것이 우리로 하여금 죄와는 결별된, 하나님의 거룩한 자녀로 살아가게 하시기 위함이었다는 것입니다. 세상 불신자들과는 구별되게 살게 말입니다.

둘째로, 서로 돌아보아 '두려워해야 할 것이 있다'고 지적합니다(15-16절).

'서로 돌아보아라'. 서로 교제하고 사귀라는 의미만이 아니라, 하나님을 경외함으로 서로 권면하고 서로 세워 주라는 의미입니다.

본문은 특별히 우리가 '세 가지 두려워해야 할 것'이 있음을 지적합니다.

15절입니다.

"하나님의 은혜에 이르지 못하는 자가 있는가 두려워하라."

이는 자신의 어떤 잘못함으로 인해 하나님의 은혜와 그 혜택에서 제외되어질 때 쓰는 표현입니다. 하나님께서 주시는 은혜들을 거절하고 불신하는 마음, 그것들을 대충대충 가볍게 여기는 마음들로 인해 그 은혜를 자진해 포기해 버린다는 거죠. 주위에 그런 사람들이 있는가 두려워 해라.

왜 우리가 하나님의 은혜에 이르지 못하는 자를 두려워해야 하는가? 나 하나 천국가기도 힘든데, 왜 골치 아프게 다른 사람까지 신경을 써야만 하는가?

그것은 우리의 신앙생활과 아주 밀접한 관련이 있기 때문입니다. 사람은 혼자 사는 것이 아니죠. 신앙이란 것이 서로의 관계 속에서 격려와 돌봄을 통해 자라나기 때문입니다.

역시 같은 15절 말씀입니다.

"또 너희 중에 쓴 뿌리가 나서 괴롭게 할까 두려워하라."

여기서 '**쓴 뿌리**'라는 것은 신명기 29:14-21절의 내용을 반영하고 있습니다. 믿음을 적당히 타협하려고 하는 은밀한 배교나 거짓된 신앙 고백자들을 가리키는 말입니다. '쓴 뿌리'가 나서 괴롭게 하고, 주위의 많은 사람들이 이로 인하여 괴로움을 받을까 경계하고 두려워해라. "악한 동무는 선한 행실을 더럽힌다"(고전 15:33)고 했습니다.

우리가 타인에게도 신경을 쓰지 않을 수가 없는 이유가 여기에 있습니다. 그것은 우리의 신앙생활에 아주 치명적인 영향을 끼치기 때문입니다. '내 주위에 이런 쓴 뿌리가 나고 있지 않은가?' 주의하고 또 두려워하라는 겁니다. 나로 말씀을 떠나게 하고 나로 불순종하게 만드는 자들이 내 주위에 있나 두려워하고, 그들로부터 떠나라는 것입니다. 그러한 사람들은 우리들로 하여금 망령되이 만듭니다.

성경은 이런 '**망령된 자**'의 경우를 '에서'의 경우를 예로 들어 말씀하십니다.

16절. "음행하는 자와 혹 한 그릇 식물을 위하여 장자의 명분을 판 에서와 같이 망령된 자가 있을까 두려워하라."

여기 '망령되다'라는 말은 '거룩하지 못하다', '세속적이다'는 의미입니다.

영적인 면보다는 현세적인 것에 더 치중하고 있는 상태, 분명 에서는 영적인 것들보다는 현실적인 이익에 더 급급했던 사람입니다.

하나님이 주신 장자권보다는 팥죽 한 그릇이 더 소중했고, 약속보다는 육체적 쾌락과 즐거움에 더 비중을 두며 살았던 사람, 그가 에서였습니다. 성경은 이런 그를 일컬어 '망령된 에서'라고 표현합니다.

우리들도 조심해야 합니다.

현실적인 삶들을 전혀 다 무시하고 살라는 말은 아니지만, 물질과 육신적인 즐거움을 추구하며 살다보면 망령된 사람·세속적인 사람들이 될 수도 있다는 말입니다.

내 모든 일들이 하나님의 일들을 앞지를 수 없다. 언제나, 항상. 여러분도 아시는 바, 그가 유업을 팔아버린 후 나중에 얼마나 후회하며 간절히 사모했는지 아십니까? 그 축복을 기업으로 받으려고 눈물을 흘리며 구하였지만, 결국 버린 바 되어 회개할 기회를 얻지 못하였다 말하고 있습니다(히 12:16-17). 뭐든지 일할 때가 있고, 헌신할 때가 따로 있죠.

우리 주위에 이런 하나님의 은혜에 이르지 못하는 자가 있는가 두려워하라. '에서'처럼 현실에만 집착하고 물질에만 집착하고 있는 쓴 뿌리 그리스도인들이 우리 주위에 있는가 서로 돌아보아라.

서로 돌아보아 경계하고 서로 격려해 세워 줄 수 있도록 노력해야만 합니다.

"화평함과 거룩함을 좇으라. (이것이 없이는 어떻게 된다고요?) 이것이 없이는 아무도 주를 보지 못하리라."

셋째로, 본문은 한편으로 성도들의 배교를 경고하고 있습니다 (15-17절).

히브리서의 수신자들은 유대 그리스도인들이었다고 했습니다.

이들은 동료 유대인들과 로마로부터의 양면적인 핍박을, 그것이 그리스도를 위한 능욕으로 알아 아주 기쁘게 감당했던 사람들입니다. 그러나 개중에 어떤 이들은 예수님께 대한 신앙을 저버리고 박해가 없는 유대교로 다시 돌아가고자 했습니다.

신앙의 순결함을 포기하고 세상과 적당히 타협하며 적당히 신앙생활을 유지하는 사람들이 있는가 하면 고난과 박해가 계속되자 교회 내에 불신이 일어나고, 공적인 예배 시간을 소홀히 하는 사람들까지 생겨나게 되었습니다. 하나님께 대한 기도들을 소홀히 여기는 경향들도 생기고, 더 나아가 별로 성경적이지도 못한 불건전한 교리들도 떠돌아 다녔습니다.

"대충 적당히 좀 믿지, 꼭 그렇게 별나게 믿는 것만이 신앙이냐?"

십자가를 부인하지는 않았지만, 분명 삶 속에서 하나님의 은혜들을 가볍게 여기고 저버렸던 사람들.

여러분, 에서가 구약에만 있다고 생각지 마십시오.

우리가 하나님의 주시는 은혜들을 소중히 간직하지 못할 때, 우리는 망령된 에서처럼 살게 되어질 것입니다.

주신 바 은혜들을 소중히, 간절히 사모해야 합니다. 날마다 말씀을 가까이 하고 나를 관리해서, 성령 안에서 경건한 삶을 이루어 나가야만 합니다. 나 하나 믿는다는 것만으로 만족하지 말고 서로 돌아보아 훈훈한 사랑의 교제들을 주위의 지체들과 나누라는 겁니다.

내가 정말 주님을 사랑한다면, 그 사랑하는 자에게 뒤따르는 삶의 어떤 의무들이 있지 않겠어요?! 내 것 다 챙기고 내 할 일 다한 뒤에 그 뒤에 주님께 무엇을 드리겠으며, 내가 내 하고 싶은 말들 다 하고 내 주장들 다 관철시킨다면 주님의 주장은 언제 관철되겠는가 말이죠.

이 시대에는 살아있는 그리스도인들이 필요합니다.

하나님이 무엇을 원하시고, 내게 무엇을 요구하시는지 분명히 아는 사람, 섬길 줄을 알고 남을 배려할 줄 아는 그런 사람들을 들어 하나님께서 사용해 주십니다.

냉철하게 한 번 우리의 삶을 돌이켜 보자구요.

나는 예수님 믿는다는 것으로 손해나 핍박을 받아 본 경험이 있는가 말입니다.

내가 예수 믿기 때문에 내가 하고 싶은 말들을 안하고, 내가 예수님을 섬기기에 남의 발을 먼저 씻겨야만 하는 그런 뒷치닥거리 해본 적이 있는가 말입니다. 그런 신앙적인 경험들이 없다면 내 삶은 현재 문제있는 삶이 분명합니다. 내가 느끼지 못할 뿐이지요. 에서도 그렇게 아무런 생각없이 살았거든요.

우리가 말씀과의 만남을 통해 이런 성결한 삶들을 만들어 갔으면 합니다. 내 삶을 거룩하고 화평한 모습들로 조정들을 해 나가시자고요. 적극적으로 말입니다.

특별히 이번 ○○ 기간을 통하여 이런 섬김과 거룩한 교제들을 배워나갈 수 있는 기회가 되어지기를 원합니다. 이런 모습들이 우리 중에 이루어지지를 않는다면 우리 중 아무도, 아무도 주를 보지 못하리라고 하는 사실…. 주 안에서 교제를 나눈다는 것이 어떤 것인지, 또 무엇을 의미하는지, 치식으로가 아닌 삶과 체험으로서 · 순종함으로서 알아가는 귀한 기회가 되어질 수 있기를 기도합니다.

신년초

어떻게 사용할 것인가?

"저희가 이 말씀을 듣고 있을 때에 비유를 더하여 말씀하시니 이는 자기가 예루살렘에 가까이 오셨고 저희는 하나님의 나라가 당장에 나타날 줄로 생각함이러라 가라사대 어떤 귀인이 왕위를 받아 가지고 오려고 먼 나라로 갈 때에 그 종 열을 불러 은 열 므나를 주며 이르되 내가 돌아오기까지 장사하라 하니라 그런데 그 백성이 저를 미워하여 사자를 뒤로 보내어 가로되 우리는 이 사람이 우리의 왕 됨을 원치 아니하노이다 하였더라 귀인이 왕위를 받아 가지고 돌아와서 은 준 종들의 각각 어떻게 장사한 것을 알고자 하여 저희를 부르니 그 첫째가 나아와 가로되 주여 주의 한 므나로 열 므나를 남겼나이다 주인이 이르되 잘하였다 착한 종이여 네가 지극히 작은 것에 충성하였으니 열 고을 권세를 차지하라 하고 그 둘째가 와서 가로되 주여 주의 한 므나로 다섯 므나를 만들었나이다 주인이 그에게도 이르되 너도 다섯 고을을 차지하라 하고 또 한 사람이 와서 가로되 주여 보소서 주의 한 므나가 여기 있나이다 내가 수건으로 싸두었었나이다 이는 당신이 엄한 사람인 것을 내가 무서워함이라 당신은 두지 않은 것을 취하고 심지 않은 것을 거두나이다 주인이 이르되 악한 종아 내가 네 말로 너를 판단하노니 너는 내가 두지 않은 것을 취하고 심지 않은 것을 거두는 엄한 사람인 줄을 알았느냐 그러면 어찌하여 내 은을 은행에 두지 아니하였느냐 그리하였으면 내가 와서 그 변리까지 찾았으리라 하고 곁에 섰는 자들에게 이르되 그 한 므나를 빼앗아 열 므나 있는 자에게 주라 하니 저희가 가로되 주여 저에게 이미 열 므나가 있나이다 주인이 가로되 내가 너희에게 말하노니 무릇 있는 자는 받겠고 없는 자는 그 있는 것도 빼앗기리라 그리고 나의 왕 됨을 원치 아니하던 저 원수들을 이리로 끌어다가 내 앞에서 죽이라 하였느니라"(눅 19:11-27)

예수님은 당신의 잃어버린 백성들을 찾아 구원시키고자 이 땅에 오셨습니다. 그래서 이 땅 위에서의 사역을 통해 많은 병자들을 고치시고 그들에게 생명의 말씀을 전하셨는데, 특별히 자신의 베푸시는 이적들을 보고 따르는 제자들이 하나님 나라의 구체적인 임재들을 경험하기를 원하셨습니다.

그러나 제자들의 생각은 이와 달랐습니다. 그들은 예수님께서 예루살렘에 올라가시면 곧 다윗의 왕권을 회복하시고, 당장이라도 로마의 압제로부터 이스라엘을 해방시킬 것이라 기대하고 있었습니다.

"저희가 이 말씀을 듣고 있을 때에 비유를 더하여 말씀하시니 이는 자기가 예루살렘에 가까이 오셨고, 저희는 하나님의 나라가 당장에 나타날 줄로 생각함이러라."(11절)

여러분, 당장에 재림이 임할 것이라고 생각하는 사람들의 심리가 어떻습니까? 다 그런 것은 아니지만, 대개 현실적인 삶에 충실하기보다는 미래만을 기대하죠. 이런 사람 앞에서 회개나 십자가를 강조할 수가 없습니다. 그들이 바라는 것은 오직 엄청난 축복들과 영광의 면류관들만을 원하기 때문입니다.

예수님도 이러한 제자들의 오해를 알고 계셨습니다. 섬기기는 싫고 높임은 받고 싶고, 씨뿌리는 노력들은 싫고 추수마당에서 영광은 누리고 싶고 하는 제자들의 그릇된 생각들….

제자들은 배워야 했습니다.

영광을 기대하기 전에, 축복을 기대하기 전에 '우리가 왜 현실의 삶 속에서 최선을 다해야만 하는지'를 배워야 했습니다.

이에 **'므나의 비유'**로 제자들을 깨우치시고자 하셨습니다.

한 귀인이 있었습니다. 그 귀인은 왕위를 받아오기 위해서 먼 나라로 여행을 떠나야만 했습니다. 그래서 귀인은 길을 떠나기 전, 자신의 종 열을 불러 그들에게 한 므나씩을 주며 명령했습니다.

"내가 돌아오기까지 장사하라."(13절)

종들은 열심히 장사를 해서 자기 주인에게 이윤을 남겨야 할 책임이 있습니다. 드디어 그들의 주인이 왕이 되어 돌아와서 보고를 받습니다.

이때 첫 번째, 두 번째 종이 나와서 주인에게 보고를 합니다.

"주인님, 저는 주인께서 주신 한 므나로 열심히 장사를 해서 열 므나(다섯 므나)를 남겼나이다." 그러자 주인이 기뻐하며 칭찬합니다. "잘하였다 착한 종이여, 네가 지극히 작은 것에 충성하였으니 너에게 열 고을(다섯 고을)을 다스릴 수 있는 권세를 주마."

그러나 한 종은 달랐습니다.

그는 왕이 된 주인 앞에 나오면서 주인에 떠나기 전에 주었던 한 므나를 고스란히 갖다 놓으면서 말합니다.

"주인님 보십시오. 주인님의 제게 맡기셨던 한 므나가 여기 있나이다. 내가 수건으로 잘 싸서 땅 속에 보관하고 있다가 고스란히 주인께 바치나이다."(20절) 그리고는 그 이유를 변명합니다.

"이는 당신은 엄한 사람인 것은 내가 무서워함이라. 당신은 두지 않은 것을 취하고 심지 않은 것을 거두기 때문입니다." 그러자 주인이 그 종에게 아주 '악한 종'이라고 대노(大怒)했다는 비유입니다.

이 비유는 헤롯 왕가에 얽힌 역사적인 사실을 배경으로 합니다.

B.C. 4년경, 헤롯대왕은 자신의 임종을 맞이하면서 유언을 남기게 되어지는데, 이는 자기의 나라를 세 아들들에게 분할하여 물려준다는 내용이었습니다. 그러나 이 분할은 당시 유대의 종주국인 로마 당국의 인준이 있어야 했습니다. 따라서 세 아들 중 유대 지방을 분배 받은 '아켈라우스'(Arche laus)는 로마의 황제 '아우구스투스'를

방문하러 가게 됩니다.

그러나 유대인들은 이 '아켈라우스'가 왕이 되는 것을 달갑게 여기지를 않았습니다. 그래서 별도로 50명의 사절단을 구성하여 그의 왕위 취득을 저지하고자 로마로 갔지만, 결국 실패로 끝나고 맙니다. 이것은 아켈라우스의 왕권에 대한 도전이었습니다. 따라서 그가 왕이 되어 돌아온 뒤에, 수많은 반대파들을 모두 죽여버립니다.

유대인들이라면, 이 이야기가 무엇을 의미하고 있는지 잘 알고 있었습니다. '다시 돌아올 때까지 충성되이 있으라'는 것이지요.

우리는 이 므나의 비유가 마태복음 25장에 나오는 달란트 비유와 매우 유사하다고 생각되어집니다. 그러나 두 비유 사이에는 그 강조점에서 약간의 차이를 보입니다.

'달란트 비유'는 각자 받은 은사와 재능들을 최대한 선용하여 하나님의 기쁘신 뜻을 이루어 드리라는데 초점이 있는 반면에, '므나의 비유'는 주인의 오심이 당장 눈 앞에 이루어지지 않더라도 끝까지 최선을 다하라는데 강조점이 있습니다.

여기서 **'귀인'**은 예수님을 가리키고, **'므나'**는 각 사람에게 주어진 은사와 재능들을, 므나를 맡은 **'종'**들은 저와 여러분들·주님의 복음 사역의 명령들을 맡은 우리 성도들을 의미합니다.

그러면 **'장사하라'**는 말은 무슨 뜻일까요? 예수님이 재림하실 때까지 맡겨 주신 재능과 달란트로 복음의 사명들을 신실하게 감당하라는 말이 되겠지요.

사람들은 누구나 하나님으로부터 한 므나씩을 맡고 있는 종의 모습들입니다.

우리는 주인의 므나를 잘 활용해서 이윤들을 남겨야만 하는 책임들이 있습니다.

살아있는 일정 기간 동안만 아니면 그 전이라도, 예수님께서 언제든 재림하시면 우리는 장사한 결과들을 주님 앞에 내어놓아야 합니다. 어떤 사람은 100배를 풍성한 이윤을 남길 것이고, 어떤 사람들은 60배·30배의 이윤을 내놓게 될 것입니다.

'나는 므나를 안 받았다' 말할 수 있는 사람은 아무도 없습니다.

하나님께서는 인간을 창조하실 때 각 사람마다 다 독특하게 창조하셨습니다.

이 세상에는 똑같은 사람이 단 한 사람도 없습니다. 재능도 다르고, 목소리가 다르고, 유전인자와 지문도 다 다릅니다. 인간은 각자 다른 사람과 비교할 수 없는 독특한 재능을 가지고 있습니다. 어떤 사람은 풍부한 지식으로, 어떤 사람은 아름다운 목소리로, 어떤 사람은 마음에 상처난 사람들을 잘 감싸 주고 상담자의 역할을 잘합니다. 또 어떤 사람은 가난한 사람들만 보면 자기 것을 다 퍼다 줍니다. 그에게는 뜨거운 사랑이 있습니다. 어떤 사람은 하나님께 대한 열심이 있습니다. 또 행정력이 있는 사람이 있습니다. 수많은 재능들이 있습니다.

사람마다 재능이 없는 사람이 없습니다.

다만, 발견하지 못할 뿐입니다. 대개의 경우 이윤들을 남기지 못하는 이유는, 하나님께서 자기에게 주신 독특한 재능들을 개발하지 않고 이를 남들과 비교하여 무가치하게 여기고 수건에 싸두어 사용하지 않고 있기 때문입니다. 썩혀 두고 있었다는 말입니다.

저는 특별히 한 므나 받았던 종에게 관심의 초점을 맞추고자 합니다. '한 므나 받았던 종은 왜 그것을 땅 속에 묻어 두었을까?'

'그에게 있어서 결정적인 잘못은 무엇인가?' 묻지 않을 수 없습니다.

몇 가지 이유를 찾을 수가 있는데, **첫째로, 이 종은 아마 한 므**

나에 대해 별로 대수롭지 않게 생각했던 것으로 보입니다.

　표면적으로는 "주인이 워낙 엄하신 분인지라, 땅속에 잘 묻어두었다가 다시 가져왔다." 말하고는 있지만 실제로는 주인의 명령을 우습게 여긴 것이 분명합니다. 그렇지 않고 그가 정말 주인을 평소 엄한 분으로 생각하고 있었다면, 그 종은 결코 그런 태도를 취할 수가 없었을 것이라 생각합니다. 아마 붕어빵 장사를 하더라도 무엇이라도 하려고 했을 것입니다.

　"내가 이렇게까지 힘들이며 땀을 흘릴 필요 있나? 그냥 가지고 있다가 주인이 오면 다시 드리지" 생각했다는 것 자체가 주인의 말을 가볍게 여겼다는 것을 보여 줍니다.

　그는 자기 주인을 돌아와 다시 결산할 날이 있을 것이라는 사실을 듣기는 들어도 결코 두렵게 여기지를 않았다는 것입니다.

둘째로, 그는 주인을 상당히 오해하고 있었습니다.

　그는 자기의 주인이 전능하신 분이라고 생각했습니다. 그렇기에 자기의 주인이 "두지 않는 것을 취하고 심지 않는 것을 거둔다"(21절)고 생각했습니다.

　"내가 열심히 전도하지 않아도 전능한 하나님께서 다 알아서 택한 자들을 구원하실 텐데, 뭐 그렇게 열심히 전도할 필요 있나?" 그래서 전도도 하지 않고 봉사와 헌신도 하지 않은 채, 장사를 하려면 많은 시간과 눈물들·물질의 희생들을 쏟아 부어야 하는데, 투자가 없이 어찌 이윤을 남길 수 있겠습니까? 장사해 이윤을 남기려면 반드시 투자가 이루어져야만 이윤을 남길 수 있습니다.

우리의 시간과 물질, 재능들을 투자해야 합니다.

　주님과 복음을 위해 믿음으로 시간과 물질, 우리의 젊음들을 투자할 때 우리는 인생은 가장 값지고 풍성한 이윤들을 경험하게 될 것입니다. 많이 투자하시고, 많은 씨앗들을 뿌리시기를 기도합니다.

그래서 인생 가운데 풍성한 이윤과 갑절의 열매들을 거두실 수 있는 여러분들이 되시기를 기도합니다.

물론 장사할 때 갖가지 어려움들이 많았을 것입니다. 뺀질하게 말들 안 듣는 학생들 또 교사들, 맨날 바쁜 일 핑계하고 미꾸라지처럼 빠져나가는 성가대원들(바쁜 일이 자기들만 있는 것은 아닐텐데), 날마다 전화하고 부르고 가야만 교회에 나오는 구역원들, 말씀으로 그들을 양육시킨다는 것이 결코 쉽지는 않을 것입니다.

그렇기에 대개는 이러한 희생들을 원치 않습니다.

그냥 내 신앙 하나만 현상 유지하기를 좋아하고, 못 본 체 그냥 지나가 버리려 합니다.

그래도 교회에 나오는 것에는 관심이 있습니다. 혹시 나중에 구원은 받아야 하니, 일주일에 한 번쯤 교회에 출석은 해야겠지요?! 그러나 그 이상은 안됩니다.

'교회'라는 것이 그러한 희생과 눈물을 통해서 세워지는 것인데, 철저하게 자기 희생을 거부하면서 주일 날 아침 교회에 한 번 나오는 것으로 때우려 합니다. 굉장히 이기적인 현대 교인들의 신앙적인 모습들을 봅니다. 이것이 한 므나 받은 자의 심리였습니다.

투자하지 않으면 최소한 눈에 보이는 손해는 아무것도 없을지 모릅니다. 그러나 그것은 한 므나 맡았던 자의 인생 최대의 실수였던 것입니다. "울며 씨를 뿌리러 나가는 자는 정녕 기쁨으로 그 단을 가지고 돌아오리로다."(시 126:6) 말씀하셨는데, 내 인생·내 재능을 주님 앞에 투자하지 않으면 주님께 내놓을 것이 아무것도 없는거라.

한 므나 받았던 그대로 다시 한 므나를 드리는 것, 그것은 결코 본전이 아니라는 사실입니다.

생각해 보십시오. 내 인생에 허락하셨던 수많은 축복과 은사들·

수많은 헌신의 기회들을, 오히려 병든 자들과 주의 은혜를 간절히 사모하는 자들에게 주셨다고 생각해 보십시오. 무엇을 남겨도 남겼을 것입니다. 아니, 훨씬 더 남겼을지도 모르죠. 그것은 그 동안에 있었던 수많이 기회들을 손실케 만든, 결과적으로 주인에게 커다란 악한 행위들이었던 것입니다.

주인은 그를 '악한 종'이라고 강도 높게 책망하며, 그를 '자신의 왕 됨을 인정치 않는 저 원수들'이라고 지칭함으로 사형에 처하는 것을 볼 수 있습니다.

결국 그의 문제는 주인의 '장사하라'는 명령에 불순종했던 것입니다. 그의 마음에는 주인께 대한 불신앙이 애초부터 있었습니다.

마치 아켈라우스의 통치를 거부한 사람들처럼, 아켈라우스 앞에 와서는 '주여 주여. 예 예.' 하지마는 뒤로 가서는 그의 통치를 반대하는. 그들은 왕의 통치를 받지 않고 자신들 마음대로 살고자 했던 것입니다. 그러면서도 변명은 많습니다.

"내게 주신 것 다시 그대로 바치면 되잖습니까? 내 신앙 하나 건사 잘하면 되죠. 내게 이것 해라 저것 해라 더 이상의 눈물과 희생을 요구하지 마십시오. 나도 할 만큼 했습니다."

이와 똑같은 생각, 똑같은 의식구조가 자칫 오늘날 우리들의 마음 속에도 스며들 수가 있다는 것입니다.

지금 하나님의 몸된 교회에서는 헌신된 일꾼들이 필요한데, '난 별로 개의치 않는다. 나 없어도 잘만 돌아가더라.' 수수방관(袖手傍觀)한다면 하나님 앞에 설 때 우리가 어떻게 그 책임을 감당할 수가 있겠는가 말입니다. 가만히 따라오기나 하면 괜찮죠. 그런 사람이 또 말은 얼마나 많은지. 그것밖에 못하냐는 둥, 똑바로 하라는 둥, 실제로는 자기가 직접 뛰었어야 할 부분들인데….

저는 성경에 나타난 한 므나 종에게 이렇게 묻고 싶습니다.

"당신은 주인이 돌아올 것이라는 사실을 믿고 있었습니까?" 아마 안 믿었다고 할 것 같아요. '내가 내 인생 계획하고 열심히만 살면 다 잘될 줄 알았지. 설마 아켈라우스가 왕이 되어 돌아올 줄이야 생각이야 했겠습니까? 전혀 짐작도 못했습니다.'

저는 똑같은 질문을 여러분에게도 던지고 싶습니다.

'여러분은 예수 그리스도의 재림(再臨), 다시 오심의 약속을 믿으십니까? 정말 그분의 심판을 믿으십니까?'

여러분들은 아마 다들 믿고 있다고 말씀하실 것 같습니다. 그렇다면 다시 오실 것을 믿는다면, 우리는 지금 어떻게 살아야 할까요?

종이 자신의 주인이 돌아와서 결산을 한다는 사실을 믿었더라면 그 종의 사람의 삶은 완전 달랐겠지요. 죽어서 주님 앞에 우리의 삶을 결산해야 할 날이 반드시 돌아온다고 확실히 믿고 있는 사람의 삶은 확연하게 달라질 수밖에 없습니다. 믿고 있는 것 같지만, 실제로는 **내가 믿고 있다고 착각**하고 있는 것입니다.

그 사실을 참으로 믿는다면, 오늘 저와 여러분들은 이 순간 여기에서의 삶을 어떻게 살아야만 옳을까요?

예수님께서 첫 번째 오셨을 때와, 두 번째 오실 때의 차이점이 무엇일까요?

첫 번째 오실 때에는 섬기고 자신을 내어 주시기 위해 오셨지만, 그러나 두 번째 오실 때에는 첫 번째 처럼 섬기는 종으로 오시지는 않는다고 하는 사실입니다. 그 때에는 구원주가 아니라, 심판주로 오실 것입니다. 하늘의 천군과 천사들을 대동하고서, 왕으로서 심판주로서 큰 영광과 위엄으로 오실 것입니다(눅 21:17). 그리고 귀인이 돌아와 각각 어떻게 장사한 것을 알고자 저희를 부르는 것처럼 하나 하나 불러서 그 행위들을 다 회계하시겠지요.

그 인생의 결산 때에는 다시금 만회할 기회가 결코 주어지지 않는다고 하는 사실입니다.

그 결산은 ○○가족 ○○가족, 가족 단위나 교회 단위로 도매금 취급하지도 않습니다.

고린도후서 5:10절을 보면, 함께 찾아볼까요?

"이는 우리가 다 반드시 그리스도의 심판대 앞에 드러나 각각 선악간에 그 몸으로 행한 것을 따라 받으려 함이라."

농부는 그 추수 마당에서 기쁨을 맛본다고 하였습니다.

한 므나를 받아서 열 므나를 만든 자와 다섯 므나로 만든 자에게는 '착하고 충성된 종이라' 칭찬해 주시겠지만, 므나를 받아 땅에 묻어 두고, '주인이 다시 오시겠나?' 이 땅에서의 삶을 통해 허락되어진 소중한 기회들을 빈둥빈둥 허비하며 예수님이 자신의 왕 되심을 인정치 않았던 무리들은 땅을 치며 울게 될 날들이 반드시 오게 될 것이라는 사실입니다. 그때에는 '기회'라는 말이 더 이상 통하지 않겠죠. 각각 그 행한대로 결산한다….

우리가 인생을 함부로 살 수 없고 진지하게 살아야 할 이유가 바로 여기에 있습니다.

다시 돌아올 수 없는 날들 '○○년 한해'를 여러분들은 얼마 만큼의 이윤들을 남기셨나 모르겠습니다.

우리에게는 ○○년 한해 동안 수많은 기회들이 낭비하며 지나갔는지도 모릅니다. 만약 밀레니엄(Millenium)으로 이 세상이 끝나버렸다면 어떻게 하겠습니까? 그러면 다시금 기회가 없었을 것 아닙니까? 지금쯤 하나님의 심판대 앞에 서 있을 것이 분명합니다.

하나님의 임재 앞에서 움직여야만 합니다.

누가 보면 일하고 안 보면 얼렁뚱땅 하는 그러한 모습이 아니라, 누가 보든 안 보든지 주님 앞에서 그분의 왕 되심을 인정하며 최선을 다하는 그러한 종들 되기를 원합니다.

하나님께서 올 한해를 또 오래 참으사, 새로운 ○○년을 열어 가게 하셨는데, 다 하나님의 은혜라. 또 한해의 새로운 기회를 허락해 주셨는데, 열심히 장사해서 주님께 많은 이윤들을 돌려 드리십시다.

목사인 저는 최선을 다해 목회 사역을 하고, 성도인 여러분들 역시 최선을 다해 교회를 섬기시면서 하나님 앞에 그 결과들을 책임지는거라. 이 일의 결과는 주님께서 판단하실 것이고, 다만 최선을 다할 뿐입니다.

적극적으로 참여하실 수 있기를 바랍니다.

최선을 다하십시오. 누가 시켜서가 아니라 자의적으로, 무엇인가 구체적인 일거리들을 찾아서, 주께 적극적인 헌신의 사람들 되시기를 바랍니다.

'교회에 부족한 부분이 없는가?', '내 손길이 필요한 곳이 어디인가?', '내가 헌신해야 할 부분이 어디인가?' 찾아서 하실 수 있는…. 그래서 올 한해 아름다운 사역들을 통해서, ○○마을에 주렁주렁 열매가 가득한 한해 되기를 주님의 이름으로 축원합니다.

가정의 달

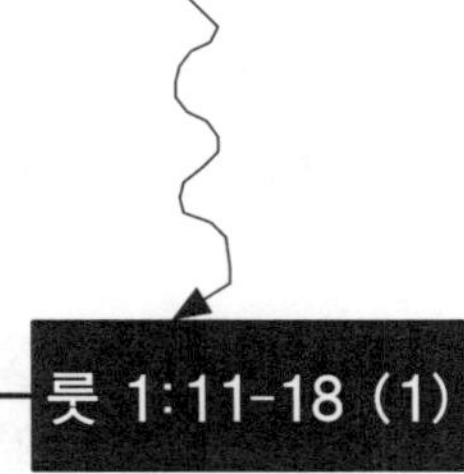

룻 1:11-18 (1)

불행을 행복으로

> "나오미가 가로되 내 딸들아 돌아가라 너희가 어찌 나와 함께 가려느냐 나의 태중에 너희 남편될 아들들이 오히려 있느냐 내 딸들아 돌이켜 너희 길로 가라 나는 늙었으니 남편을 두지 못할지라 가령 내가 소망이 있다고 말한다든지 오늘밤에 남편을 두어서 아들들을 생산한다 하자 너희가 어찌 그것을 인하여 그들의 자라기를 기다리겠느냐 어찌 그것을 인하여 남편 두기를 멈추겠느냐 내 딸들아 그렇지 아니하니라 여호와의 손이 나를 치셨으므로 나는 너희로 인하여 더욱 마음이 아프도다 그들이 소리를 높여 다시 울더니 오르바는 그 시모에게 입맞추되 룻은 그를 붙좇았더라 나오미가 또 가로되 보라 네 동서는 그 백성과 그 신에게로 돌아가나니 너도 동서를 따라 돌아가라 룻이 가로되 나로 어머니를 떠나며 어머니를 따르지 말고 돌아가라 강권하지 마옵소서 어머니께서 가시는 곳에 나도 가고 어머니께서 유숙하시는 곳에서 나도 유숙하겠나이다 어머니의 백성이 나의 백성이 되고 어머니의 하나님이 나의 하나님이 되시리니 어머니께서 죽으시는 곳에서 나도 죽어 거기 장사될 것이라 만일 내가 죽는 일 외에 어머니와 떠나면 여호와께서 내게 벌을 내리시고 더 내리시기를 원하나이다 나오미가 룻의 자기와 함께 가기로 굳게 결심함을 보고 그에게 말하기를 그치니라" (룻 1:11-18)

오늘 본문에는 참으로 가난했던 가정, 그리고 말로 설명하기 어려운 가난과 슬픔들을 경험했던 한 가정의 이야기가 기록되어 있습니다.

이 가정은 사사시대라는 어두운 시대를 배경으로 살고 있었습니다. 무질서와 혼란으로 점철된 '암흑의 시대'. 이스라엘 내에서는 이제 자꾸 출애굽 세대들이 줄어가고 있었고, 이방인들과의 접촉이 아주 빈번해졌습니다. 당연히 여호와 유일신 신앙이 변질될 수밖에 없었습니다.

하나님께서는 이러한 이스라엘을 회개케 하기 위해서 이방 민족들을 징계의 막대기로 사용하셨지만, 그들은 매를 맞을 때만 돌아올뿐 번번히 그릇된 길로 가곤 했습니다.

강력한 정치 지도자가 없었기에 이스라엘은 항상 이방의 공격에 시달림을 받았고, 또 왕이 없으니까 모든 사람이 각자 자기의 소견에 옳은 대로 행하는, 문자 그대로 무정부의 혼란기였습니다.

룻기의 배경은 드보라와 바락의 활약으로 40년간의 평화기가 끝나고 미디안 족속의 압제를 받던 12세기 후반, 사사 기드온의 시대로 추정됩니다.

종교적으로나 사회적으로 극히 어려운 시기, 이러한 때에 하나님께서는 이스라엘에게 또다른 징계를 하나 내리셨는데, 곧 유대 온 땅에 임한 흉년(凶年)입니다. 고대의 농사는 자연적인 요인에 의해 절대적인 영향을 받았기 때문에 흉년이 그리 드문 일이 아닙니다.

그러나 성경에서 나타나는 흉년은 종종 하나님의 징벌의 결과로 묘사됩니다. 기근은 하나님께서 당신의 백성들과 이방들을 경고하고 징계하며 때로 벌하기 위한 수단이었습니다. 더군다나 지금 이스라엘이 거하는 땅이 언약의 땅 가나안입니다.

하나님은 약속하셨습니다. 너희가 가나안 땅에 들어가 거할 때,

언약에 순종하면서 살기만 한다면 풍성한 소출을 내리겠노라고….

반면에 말씀을 거역하고 타락하여 우상을 섬긴다면, 온갖 재앙과 더불어 기근과 흉년을 보내시겠다고 경고하신 바 있습니다.

신명기 28장의 내용입니다. 이런 맥락에서 볼 때에, 여기서의 흉년도 사사시대의 타락상과 관련지어 생각해 볼 수 있습니다.

어쨌든 경제적으로 흉년이 들어 먹고 살기 위해 다 고향 땅을 저버리고 먼 이방 땅으로 이민을 떠나야만 했던 슬프고 굶주렸던 그런 시대에, 나오미의 가정이 삶을 영위하고 있었습니다.

이 여인의 고향은 유대 땅 베들레헴입니다.

이 여인 역시 흉년을 피해 남편 엘리멜렉과 함께 가나안 땅을 벗어나 모압으로 이민을 갔습니다. 이들이 거한 모압 지방은 아주 먼 거리는 아닙니다. 그러나 이들에게 있어서는 멀고 가깝고를 떠나서, 하나님께서 주신 약속의 기업을 버리고 그곳을 떠났다고 하는 점에서 아주 커다란 실수를 하고 있었던 것입니다. 그들은 주신 기업을 반드시 지켰어야만 했습니다(민 36:6-9). 그들이 모압 평지에서 10년을 우거했었던 것으로 보아, 모압으로 내려간 것이 단순히 흉년을 피해 보고자 하는 일시적 이동으로만 보이지는 않습니다. 그것은 불신앙적인 행위들이었습니다. 누가 이러한 불신앙적인 행동을 주도적으로 이끌어 갔는지는 잘 모르겠습니다. 아마 남편 엘리멜렉이 이끌고 내려간 것 같은데….

어쨌든 이러한 불신앙적인 행위들로 말미암아 이들 가족들이 모압에서 얼마나 커다란 고초를 겪게 되는지를 살펴 보십시오.

'엘리멜렉'의 이름의 뜻은 '하나님은 왕이시다'라는 의미입니다. '하나님은 왕이시다'라고 고백하는 사람이 행동은 영 딴판으로 놀았다는 것입니다. 아마 엘리멜렉의 신분은 나오미가 고향에 돌아왔을 때

온 성읍의 화젯거리가 되었던 것과 그의 친척 보아스의 지위(룻 2:1; 4:1) 등을 미루어 볼 때, 아마 성내의 유력자 중 한 사람이었던 것 같습니다. 그에게는 재산이 있었습니다. 그리고 장대같은 두 아들들이 있었습니다. '말론'과 '기룐'. 그런데 이런 엘리멜렉이 이역만리 타국에 와서 가장으로서 먼저 죽어버렸다는 겁니다. 아마 병약해서 죽은 것 같은데…. 그의 아내 나오미가 얼마나 어렵습니까? 그래도 한 번 잘 살아 보겠다고 이민까지 왔는데, 결혼도 안한 두 아들을 남겨 두고 남편이 먼저 세상을 떠나 버린 것입니다. 그래, 어떻게 합니까? '그러면 아들에게라도 희망을 걸자' 해서 두 아들들에게 모압 여인들을 얻어 장가들을 보냈는데, 이게 웬 일입니까?

두 아들 역시, 어쩐 일인지 시름시름 앓다가 다 죽어버린거라. 나오미는 자기 남편과 자기의 두 아들을 먼저 떠나 보내야만 하는 엄청난 슬픔을 경험해야 했습니다.

두 며느리들(룻·오르바)에게도 끔찍한 경험이었을 것입니다. 결혼생활을 얼마나 했는지는 몰라도 아이가 없는 것으로 보아서 아마도 청상과부가 되었던 것으로 보입니다. **이들은 그 무엇으로도 치료하기 어려운 커다란 상처가 있는 가정이었습니다.**

제가 초점을 맞추고자 하는 것은 이들이 당한 불행이 아니라, 그럼에도 불구하고 이들이 꾸려나갔던 가정의 모습에 초점을 두고자 합니다.

객관적으로 이 가정을 바라본다면, 행복한 가정이라고 말하기가 참 어려울 것입니다. 나오미와 룻 그리고 또 한 여인이 꾸려 가고 있었던 슬프고 외로웠던 가정, 그러나 결코 불행하다고 말할 수 없는, 아니 오히려 이들의 아름다운 모습을 지켜 보면서 차라리 행복한 가정이었다 말하고 싶은 이 가정의 모습을 살펴 보고자 합니다.

이 가정은 진정 아름답고 행복한 가정을 보여 주는 상징처럼 되어

왔습니다. 이 가정이 겪었던 그 엄청난 불행과 상처에도 불구하고, 그 무엇이 이들 가정을 이토록 행복한 가정이라고 부를 수 있게 만들었을까요? 이것이 우리의 질문입니다. 그 이유가 무엇일까요?

첫째로, 이 가정은 서로가 이해하고 배려하는 가정이었다는 것입니다.

나오미는 이역만리 타국에서, 고향 땅에 여호와께서 권고하심으로 양식을 주셨다는 소문을 들었습니다. 이에 이미 이국생활에서 심신이 지쳐 있던 나오미는 지난 날들을 뉘우침과 동시에 이방 땅 모압을 떠나 이제 언약의 땅 고향으로 다시 돌아가기로 결심합니다. 이때 나오미에게는 두 며느리의 거취가 문제가 되었습니다.

두 며느리들은 본래 이방에 속한 모압의 여인들이었습니다.

모압 족속에 관한 신명기 규례(신 23:3-6)를 살펴 보면, 나오미가 그들을 며느리로 삼은 것이 결코 정당화될 수 없는 입장이었습니다. 이방 여인인 며느리들이 이국 유대생활에 또 다시 적응해야 한다는 것이 결코 쉬운 일이 아닐 것입니다. 나오미에게는 고향 땅이라고는 하지만, 그들에게는 아무래도 낯선 땅입니다. 유대인들로부터 이국인이라는 눈총을 받게 되어질 것입니다.

나오미는 그 스스로가 이국생활이 얼마나 어려운가를 몸으로 겪었던 여인입니다. 그 고통과 고독을 이해하고 있었던 시어머니였습니다. 그래서 이렇게 말합니다. "너희는 너희 어미의 집으로 돌아가거라. 친정에 돌아가 남편도 얻고 새로이 출발하거라."

그녀는 자기 가정의 불행을 며느리들에게 전가시키지 않았습니다. '내가 혼자 살았으니까 너희도 혼자 살아야 한다'고 고집하는 그런 어머니가 아닙니다. '며느리가 잘못 들어와서 이 집안이 망한 것'이라고 소리치지도 않았습니다. 도리어 13절의 말씀을 통해서, 우리는 그녀의 아름다운 고백을 접합니다. 그것은 "하나님의 손이 나를 치신 것이다." 지금 나오미는 가정의 불행과 상처의 원인을 '이게 어찌 너희들 탓이겠느냐? 이것은 내가 신앙적으로 잘못 살아가니까, 하나님께서 나를 치신 것이다.' 화살의 방향을 자신에게 돌리고 있다는 것입니다.

자조 섞인 자포자기의 말이 아닙니다. 오히려 그녀는 언약의 땅을 쉽게 떠나온 것을 깊이 뉘우치며, 며느리들을 위로하고 있었던 것으로 보입니다.

나오미는 당시 사회형편을 너무나도 잘 알기에, 과부인 며느리들이 이스라엘에 들어가면 얼마나 불공평한 대우를 받게 될지를 잘 알고 있었습니다. 대신 두 자부가 아직 젊기 때문에 다시 재혼을 하여 행복한 가정을 가지라고 권유하였습니다. 또 그 길만이 과부가 사회에서 보호받을 수 있는 유일한 길이기도 합니다.

물론 나오미 본인에게는 도와 줄 며느리들이 없음으로 인해 더욱 어려워질 것입니다. 그럼에도 불구하고 며느리들을 깊이 이해하고 슬기롭고 깊은 배려심을 가진 우리 시대에서는 결코 찾기가 쉽지 않은 시어머니상(像)을 보게 됩니다.

그러나 이 가정은 시어머니만 훌륭한 것이 아닙니다.
며느리들의 아름다운 모습들도 보십시오.
나오미가 그들에게 집으로 돌아가서 새로 남편도 얻고 평안한 삶을 살라고 말하자, 두 자부는 그 동안 참았던 울음을 일시에 터뜨리며 말합니다. "아닙니다. 우리는 어머니와 함께 어머니의 백성에게로 돌아가겠습니다."

진정 시어미 나오미는 자신의 외로움을 떨치고 며느리들의 장래 행복을 위해 극구 보내려 하고 있고, 며느리들은 며느리대로 홀로 남게 될 시모의 장래를 걱정하면서 극구 함께 가겠다고 하면서 서로

껴 안고 목놓아 우는 이런 장면은 흔히 보기 드문 고부(姑婦) 간의 관계일 것입니다.

나오미와 룻의 **'서로가 서로를 향해 마음의 창이 활짝 열려져 있었던 가정'**이라 말할 수 있을 것입니다.

오늘 현대 가정의 가장 큰 비극은 대화와 이해의 단절에 있습니다. 우리가 한지붕 밑에 살고 있으니까, 우리가 서로를 이해하고 있다고 생각하는 것은 커다란 '판단 착오'일 것입니다. 같은 한지붕 밑에 살고 있으면서도 서로를 이해하지 못하며 사는 사람들이 얼마나 많습니까? 같은 장소, 같은 삶의 공간 속에 처해 있다는 사실이 이해를 저절로 보장해 주는 것은 아닙니다. 그것은 긴 아픔의 노력이요, 어찌보면 노동입니다. 서로를 이해하려면 진정한 대화가 필요한 것입니다.

어떤 글을 보니까, 어떤 목사님이 학교에서 교목으로 있었을 때 한 학생이 아버지와 함께 성적 문제와 생활 문제로 상담을 합니다. 그래서 그 학생과 학생의 아버지, 담임 선생님, 목사님이 함께 옆에 앉아서 상담을 합니다. 대화를 한참 나누다가 그 아버지에게 말합니다. "아버지께서 이제 아들과 대화하는 시간을 좀더 많이 가지셔야 되겠네요." 그러자 이 이야기를 들은 아버지가 펄쩍 뛰면서 이런 반응을 보이더랍니다. "제가 대화를 안하다니요. 저는 제 아들하고 하루에 적어도 30분 이상씩 이야기를 합니다. 아마도 저 같은 아버지도 드물 것입니다." 이때 옆에 있던 아들이 갑자기 아버지를 쏘아보면서 "아버지가 나하고 언제 대화를 하셨어요. 밤낮 설교만 하셨지." 그러더랍니다. 이 아들에게 있어서는 아버지와의 대화는 없었던 거지요. 맨날 잔소리만 해대고 있다고 밖에 느껴지지 않았으니까, 그들 간에는 분명 대화가 아니었을 것입니다.

'대화'라는 것이 무었입니까?

우리 가슴 밑바닥에 깔려있는 앙금이나 상처, 아픔, 외로움들을 적나라하게 서로 털어놓고 이야기하고, 서로가 서로를 이해하려고 애쓰는 것이 진정한 대화가 아닐까 생각합니다. 이런 정의의 차원에서 본다면, 우리들 사이에서 얼마 만큼의 대화가 이루어지며 살고 있는지요.

우리는 종종 어떤 사람에 대해서 이해할 수 없다고 말합니다. 그러나 좀더 솔직한 고백은 내가 차라리 그 사람을 이해하려 하지 않았다는 것이 더 정확한 표현일 것입니다. 이해란, 본래 '상대방의 입장에서 생각한다'는 뜻에서 유추된 단어입니다. 아내는 남편의 입장에서 생각해 보아야 하고, 남편은 아내의 입장에서도 생각해 볼 수 있어야 합니다.

부모는 너무 자신의 주장만 내세우지 말고 자식의 입장에서 그 자식의 문제를 생각해 보려고 애써야 합니다. 자식은 항상 자기 입장에서만 살펴 보는 이기적인 관점들이 있죠. 너무 자기의 입장에서만 생각하지 말고 부모의 입장에서도 부모의 심정을 이해하려고 애쓰고 있는지 생각해 보아야 합니다. 저도 잘 안되는 부분인데, 어쨌든 서로가 서로를 이해하려고 애쓰는 모습이 행복한 가정의 모습일 것입니다. 행복한 교회는 역시 서로 이해할 줄 아는 교회, 서로가 대화가 있는 교회가 행복한 교회일 것입니다.

오늘날의 가정의 문제는 상대방을 이해할 줄 모르는 답답한 사람들 때문에 야기되어진다고 생각합니다. 내 뜻대로 안된다고 고래고래 소리를 질러대는 그런 아름답지 못한 얼굴들 때문에 우리의 가정과 공동체는 서로 상처를 경험합니다. 그래서 너나 할 것 없이 심령이 어두워지고 서로 간의 연합이 깨어지죠.

예수님은 나를 이해하십니다.

여러분은 얼마 만큼 다른 사람들을 이해하고 있으십니까? 불행했던 가정, 그러나 결코 불행하지 않았던, 아니 오히려 더 아름답고 행복하기까지 했던 이 가정에는 '이해'가 있었습니다.

둘째로, (이 가정이 행복할 수 있는 것은) 그들이 미래를 함께 하는 가정이었기 때문입니다.

16절에, 룻이 그 시어머니 나오미에게 드리는 고백을 들어 보십시오. "어머니께서 가시는 그 방향 그 목표를 향해서 나도 같이 가기를 원합니다." 나오미의 가정은 미래를 바라보는데 있어서, 식구들이 다 일치된 한마음으로 힘쓰는 가정이었습니다.

동상이몽(同床異夢)이라는 말이 있지요. 한 이불 속에서 잠자리를 같이 하고 있지만, 서로 다른 꿈을 꾸고 있다는 말입니다. 부부 간의 연(聯)으로 맺어진 남편과 아내가 서로 동상이몽이 일어나는 가정이 얼마나 많습니까? 남편의 꿈과 아내의 꿈이 다르고, 자식의 꿈과 부모의 꿈이 다릅니다. 부모의 철학과 자녀의 철학이 일치하지를 않습니다. 시어머니의 생각과 며느리의 생각이 그처럼 다를 수가 없습니다. 그들은 모두가 다 자기의 길로 가기를 원합니다. 아버지가 가는 곳에 어머니가 가기를 거부하며, 부모가 가는 곳에 자녀가 함께 걸어 가기를 거부하고 있는 모습…. 이런 가정에서 도무지 미래가 발견될 리가 없죠. 여기에 가정의 비극이 있습니다. 다시 말해 '현재만 있고 미래가 없는' 가정의 모습입니다.

여러분, 여러분은 하나님께서 우리에게 가정을 주신 궁극적인 목적이 어디에 있다고 생각하십니까? 하나님께서 아담의 배필 하와를 지으시면서 이렇게 말씀하셨죠. "사람이 독처하는 것이 좋지 못하니, 내가 너를 위하여 돕는 배필을 지으리라."(창 2:18)

다시 말해, 아담과 하와가 "서로가 서로를 도와 주면서 동일한 하나의 목적·목표를 성취할 수 있도록 하나님께서 그들을 하나 되게 하셨다." 성경은 말합니다.

가정도 마찬가지이고, 교회도 마찬가지입니다. 진정한 기독교적 공동체의 목표를 위해서, 또 공동의 행복과 공동의 삶을 위해서, 온 가족이 함께 손을 잡고 땀을 뻘뻘 흘리면서 진지하게 앞을 향해서 나아가고 있는 모습이 얼마나 아름답습니까? 이것이 참된 그리스도인 가정의 이상이자 하나님의 기대입니다.

모든 그리스도인의 궁극적인 목적은 나의 창조주이신 하나님을 나의 가정을 통해서, 교회를 통해서 영화롭게 할 수 있는 것이어야 합니다. 한 가지 목표를 위해서 함께 일하는 가정은 결코 불행할 수가 없습니다.

여기 미래를 향해서 같이 걸어가는 행복한 가정이 있습니다. "어머님이 가시는 곳에 나도 가겠습니다. 어머님이 섬기시는 하나님이 나의 하나님이 될 것이고, 어머님이 죽으시는 곳에 나도 거기서 죽을 것입니다."

'여러분이 가는 곳에 저도 갈 것이고, 제가 가는 곳에 여러분도 함께 가는, 또 그렇게 말할 수 있는' 이런 아름다운 공동체의 모습을 함께 만들어 가 보십시다. 이것이 저와 여러분들이 만들어가야 하고 풀어가야 할 과제들입니다.

셋째로, (이 가정이 행복할 수 있었던 것은) 삶을 함께 나누는 가정이었기 때문입니다.

16절에서 룻은 계속 이렇게 고백합니다. "어머니께서 가시는 곳에 나도 가고 어머니께서 유숙하시는 곳에 저도 유숙하겠나이다."

'함께 유숙한다'라는 말은 단지 잠자리만 함께 하겠다는 말은 아닐 것입니다. 함께 유숙하겠다는 말은 삶의 거처를 함께 하겠다는 말뿐만이 아니라, 한 걸음 나아가 내 인생의 자리 내 삶의 자리를 함께 나누겠다는 고백입니다.

오늘날 많은 남편들에게 그러하듯이, 잠시 하룻밤 머물다가 아침에 다시 출근하는 그러한 유숙처가 아닙니다. 삶의 나눔이 없다면 그것은 여인숙에 불과합니다. 삶의 나눔이 있어야 합니다. 다시 말해 사랑하는 남편과 아내가, 여러분의 자녀들이 서로 삶을 나누고 함께 고민을 나눌 수 있는 가정, 그러한 가정이 되어야만 합니다.

여러분의 가정은 얼마 만큼 서로를 향해 삶을 나누며 살아가고 계십니까? 우리 교회는 얼마나 서로의 기쁨과 슬픔, 고민들을 함께 나누고 있습니까? 혹시 나눔이 없는 예배만 덜렁 드리고 가는 그런 모습은 아니십니까?

모두들 정신차리라 말이요. 그러다 보면 하나님과의 관계 깨어지지, 가정 깨어지지, 돈만 들여서 외식만 한다고 해서 가정이 지켜지는 것은 아닙니다. 하나님이 떠나 버리면 아무것도 되지 않는거라.

그래서 다음 주부터는 오후 예배를 가정별(인물별) 성경공부 체계로 바꾸기로 계획을 했습니다. 가정을 어떻게 꾸려나가야 할 것인가? 어떻게 자녀들을 양육시키는 것이 옳은 것인가? 급변하는 세대 속에서 어떻게 가정을 지킬 것인가?

특별히 젊은 사람들, 갓 결혼한 사람들, 오후 예배가 대체로 기혼자들이나 앞으로 결혼할 사람들이 주로 나오니까 (농담) 혹시 뒤로 결혼할 사람은 없죠?! 거봐요, 다들 앞으로 결혼할 거 잖아요.

어쨌든 가정을 중요시 하는 분들이나, 나도 가정을 지켜야겠다 생각하시는 분들은 모두 다 참여하시기를 바랍니다.

오늘날 가정의 비극은 좋은 집은 많이 늘어나는데, 좋은 가정들은 점차로 줄어 들어가고 있다는 것입니다.

훌륭한 집들, 좋은 시설들, 심방을 가보면 집집마다 TV · 냉장고는 기본이고, 듣도 보도 못한 진귀한 장식품들이 참 많습니다. '참 대단하다' 하는 집들이 있습니다.

그러나 삶이 너무들 바쁩니다. 가족들이 함께 삶을 나눌 시간들이 별로 없다는 것입니다. 물론 시간도 많지는 않죠. 아침부터 저녁까지 공부하는 고3 수험생 자녀, IMF로 인해서 간드랑 간드랑 하는 직장 지키느라고 밤 9시·10시까지 얼마나 바쁩니까? **그러나 정작 문제는 시간이 없어서가 아니라, 마음이 여유가 없다는 것이 더 커다란 문제입니다.** 어쩌다가 잠깐 나는 모처럼의 시간들일지라도 그 시간들을 효과적으로 사용하지 못하니까 문제입니다. 살다보면 함께 말하고 싶고, 나누고 싶고, 마음 속에 쌓였던 울분들이 얼마나 많습니까? 마음 속에 쌓였던 고통과 외로움들을 쏟아 놓고 풀어야 하는데…. 불신자라면 오락실에 가서 '어이, 김과장!'(똥침)이라고 줄텐데, 그럴 수도 없고…. 그걸 풀 수가 없으니까 자꾸 스트레스가 쌓이고 우울증에 생기는 것입니다. 가족들이 대화를 나눌 단 10분 의 여유조차도 없이, 들어오자마자 TV 앞에 앉아서 그 TV를 향해 자신의 모든 애정들을 다 쏟아 붓는거라.

온 가족들이 다들 바보상자 앞에 다들 앉아서, 입을 떡 벌리고 'TV는 나의 목자시니, 네게 부족함이 없으리로다' 신앙고백하고 있 는 모습들을 상상이나 해 보십시오. 모처럼의 토요일 오후 그 황금 과도 같은 시간에, 식구들과 삶을 나누지 못하고, 빌려 온 비디오 테이프나 틀어놓고 밤새도록 눈 벌개지도록 앉았다가 그 이튿날 아 침, '주일 날은 역시 피곤해' 하며 겨우겨우 일어나는 그런 모습, 혹 시 나의 모습 같지는 않습니까?

웃으시고들 계신데, 웃으시는 분들은 회개해야 합니다. 존재만 하 지 삶을 함께 나누지 못한다면, 우리의 가정은 정말 비극적인 가정 일 수밖에 없다는 것입니다. 단란한 가정, 축복 받은 가정, 진정한 의미의 성경에서 약속하신 그 가정이 현대의 가정들 중에는 점차 없 어지고 있습니다.

나오미의 가정에는 훌륭한 집이나 물질이 없었습니다. 룻에게도 훌륭한 남편이 없었습니다. 삶이 고달픕니다. 그러나 그들에게는 아 름다운 가정이 있었고, 즐거운 웃음이 있었습니다. 삶을 나눌 수 있는 장소가 그들에게 있었던 것입니다. 진실로 사랑하는 이와 사랑하는 어버이, 내 사랑하는 자식들이 내 곁에 머물러 있고, 문자 그대로 '삶을 함께 나누면서 사는 곳' 그곳이 바로 가정입니다.

저와 여러분의 가정은 어떻습니까? '사철에 봄바람은 불어 잇고, 하나님 아버지는 모셨는데~'(찬송) 사느냐고 정신이 없으십니까?

진정 우리의 삶이 우리의 사랑하는 가족들과 함께 할 수 없을 정도로 바쁘게 쫓기면서 살아가고 있다면, 우리의 시간을 좀 조정할 필요가 있다고 생각하지 않습니까?

우리가 가족을 위해 시간과 삶을 나눌 시간이 없다면 그것은 지나치게 바쁜 것입니다.

말씀을 맺습니다.

여러분은 가족과 함께 기도하는 시간이 얼마나 있으십니까?

가족의 구성원들을 위해 함께 기도하며, 삶을 함께 나눈다는 것이 얼마나 소중한 일입니까? 가족예배를 안 드리니까, 알 수가 있나….

'가족예배' 열심히 드리십시오. 자녀들을 위해, 남편과 아내를 위해 우리들의 시간을 조정하십시다. 그것이 저와 여러분들의 가정이 살 수 있는 길입니다. 가정이 죽어버리면 교회는 필연적으로 망할 수밖에 없기 때문입니다. 가정은 교회의 기본적인 단위·셀(세포)입니다. 훌륭한 집이나, 필요한 삶의 공간들은 없었을지 모르겠으나 나오미와 룻에게는 하나님이 있었고, 마음을 나눌 수 있는 삶의 진한 감동이 있었습니다.

여러분들의 가정에서도 이런 삶의 감동들이 있어지기를 기도합니다. 하나님을 보여 줄 수 있고, 그분을 영화롭게 드러낼 수 있는… 비록 불행했으나 그것을 행복으로 바꾸어 나갔던 나오미와 룻의 아름다운 가정 모습이, 저와 여러분들의 모습 되어지기를 간절히 기도합니다.

불행했으나 복된 가정

> "나오미가 가로되 내 딸들아 돌아가라 너희가 어찌 나와 함께 가려느냐 나의 태중에 너희 남편될 아들들이 오히려 있느냐 내 딸들아 돌이켜 너희 길로 가라 나는 늙었으니 남편을 두지 못할지라 가령 내가 소망이 있다고 말한다든지 오늘밤에 남편을 두어서 아들들을 생산한다 하자 너희가 어찌 그것을 인하여 그들의 자라기를 기다리겠느냐 어찌 그것을 인하여 남편 두기를 멈추겠느냐 내 딸들아 그렇지 아니하니라 여호와의 손이 나를 치셨으므로 나는 너희로 인하여 더욱 마음이 아프도다 그들이 소리를 높여 다시 울더니 오르바는 그 시모에게 입맞추되 룻은 그를 붙좇았더라 나오미가 또 가로되 보라 네 동서는 그 백성과 그 신에게로 돌아가나니 너도 동서를 따라 돌아가라 룻이 가로되 나로 어머니를 떠나며 어머니를 따르지 말고 돌아가라 강권하지 마옵소서 어머니께서 가시는 곳에 나도 가고 어머니께서 유숙하시는 곳에서 나도 유숙하겠나이다 어머니의 백성이 나의 백성이 되고 어머니의 하나님이 나의 하나님이 되시리니 어머니께서 죽으시는 곳에서 나도 죽어 거기 장사될 것이라 만일 내가 죽는 일 외에 어머니와 떠나면 여호와께서 내게 벌을 내리시고 더 내리시기를 원하나이다 나오미가 룻의 자기와 함께 가기로 굳게 결심함을 보고 그에게 말하기를 그치니라" (롯 1:11-18)

"사철에 봄바람 불어 잇고 하나님 아버지 모셨으니 믿음의 반석도 든든하다 우리 집 괴로운(?) 동산이라."(찬송가 305장)

즐거운 동산이셨습니까? 한 주일 동안 여러분의 가족들과 함께 삶을 나누기 위해 애쓰고 몸부림치며 시간 좀 조정해 보셨습니까? 아내와 자녀들에게만 시간을 조정시키지 말고요. 내 시간 말입니다.

남에게만 적용시키고, 나에게 적용시키지 못할 때 불행해지는 겁니다. 나에게는 말씀이 잘 적용되고 있다고 생각하니까, 나는 고칠 것이 없거든요.

제가 지난 주 설교 시에 **진정한 의미의 가족이란** 첫째로, 서로가 서로를 이해하고 배려하는 가정이어야 한다고 하였습니다. 둘째로는 미래를 함께 하는 가정이어야 하고, 셋째로는 삶을 함께 나눌 수 있어야 참된 가족이 될 수 있다고 하였습니다. 함께 한 집에 기거만 하고 있다고 해서 가정의 모습은 아니라고 했죠.

우리가 오늘 나오미와 룻의 가정을 좀더 자세히 살펴봄으로써, 우리들의 가정에 사랑을 접목시킬 수 있기를 원합니다.

나오미 가정의 네 번째 특징, 그것은 그들 가정이 서로간의 인간관계를 조화시킬 줄 아는 가정이었다는 것입니다.

시어머니는 시어머니대로 며느리들의 고충을 이해했습니다. 나오미는 며느리들이 없음으로 인해 자신이 먼저 어려움 당하게 될 것이 분명하지만, 먼저 며느리들을 생각했습니다. 며느리는 며느리대로 시어머니를 먼저 생각합니다. 며느리 룻의 시어머니를 향한 고백을 들어 보십시오.

16절입니다. "룻이 가로되 나로 어머니를 떠나며 어머니를 따르지 말고 돌아가라 강권하지 마옵소서. 어머니께서 가시는 곳에 나도 가고 어머니께서 유숙하시는 곳에서 나도 유숙하겠나이다. 어머니의 백성이 나의 백성이 되고 어머니의 하나님이 나의 하나님이 되시리니"

'어머니의 백성이 나의 백성이 되고' 룻은 시댁 식구와 친정 식구를 굳이 구별하려고 애쓰지 않았습니다. 거기에 시시한 '시'자라는 것이 붙지를 않았습니다. 룻은 나오미를 시어머니라 부르지 않고, 자신의 어머니 곧 '친어머니화' 하여 호칭하는 것을 볼 수 있습니다. 그래서 나오미의 이스라엘이 곧 자기 백성 되어짐을 고백합니다.

오늘날 일어나는 가정의 비극들 중 하나가 '시댁'과 '친정'을 자꾸 구별하는 데서부터 시작한다고 말합니다. '당신 어머니', '당신 아버지'라는 말이 그것입니다.

사실 내가 남편을 사랑한다면, 남편이 사랑하는 그 어머니를 나도 사랑할 수 있어야 한다고 생각합니다. 내가 아내를 정말로 사랑한다면, 당연히 아내가 사랑하는 아내의 어머니와 아버지를 동시에 사랑할 수 있어야겠지요.

사람들이 만들어 놓은 이러한 인위적인 경계선을 뛰어 넘어서서 당신의 아버지, 당신의 어머니를 내 아버지·내 어머니로 만들 수 있는 고백이 우리 그리스도인들에게 반드시 있어야만 한다고 생각합니다.

한 심리학자는 "오늘날 결혼하는 신세대 신부들의 마음 속에 있는 가장 위험하기 짝이 없는 생각 중에 하나가 이 **'시어머니상'**에 관한 것"이라고 지적합니다.

다시 말해, 어느 나라 어느 시대 어느 문화권이나 다 시어머니상에 대한 이미지들이 있는데, 일반적으로 예외없이 선입견이나 편견이 없이 받아들이는 며느리들이 많지 않다는 것입니다. 그래서 모든 며느리들의 마음 속에는 이미 시어머니에 대한 생각들이 규정되어

있다는 것입니다. "시어머니는 내 적이다"(집중되는 몸짓으로).,

그래서 심리학자는 이렇게 지적합니다. "며느리들의 불행은 시어머니 때문에 오는 것이 아니라, 시어머니에 대한 자기의 생각 때문에 온다." 며느리되신 분들, 믿으십니까? 거봐요, 생각들이 다 고정되어 있잖아요.

생각해 보십시오. 시어머니를 이미 적으로 간주하고 대하니까 모든 것이 불만스러워지는 것이고, 그렇게 거북스럽게 섬기니까 시어머니가 불만스러운 반응을 일으킬 수밖에 없는 것이지요.

"목사님은 남자니까, 그렇게 쉽게 말할 수 있지요. 여자로 태어나 봐요. 그렇게 쉽게 말씀하실 수 있나?" 항변하실 지도 모르겠습니다.

예, 물론 쉽지 않은 문제지요. 그러나 행동이라는 것은 사람 마음먹기 여하에 따라 얼마든지 달라지게 되어 있다고 생각합니다.

여러분의 마음 속에 섬김 그 자체를 고난으로만 생각하신다면, 여러분의 행동은 아주 불만스러운 모습으로 나타나기 시작할 것입니다. 그러나 시어머니를 여러분이 사랑할 수 있는 어머니, 아니 내가 사랑하고 순종해야만 하는 친어머니라고 생각한다면, 그 생각을 품자마자 우리들의 행동은 금방 달라질 수 있을 것입니다.

여기에 앉아 계신 분들 중에 이미 과거에 시집살이들을 경험해 본 사람들, 곧 지금 시어머니 입장이 되어 계시는 분들은 말씀하실 것입니다. "맞아, 다 자기 하기 나름이야." 시어머니 되시는 분들은 속으로 막 박수를 치실 것 같은데, 사실 시어머니들도 마찬가지 아니겠습니까? 오늘 본문의 감동적인 고백을 들어 보십시오. "어머니, 어머니의 백성이 곧 나의 백성입니다."

**나오미 가정의 다섯 번째 특징은, 신앙을 함께 하는 모습입니다. ** 계속되는 룻의 고백을 들어 보십시다.

"어머니의 백성의 나의 백성이 되고, 어머니의 하나님이 나의 하나님이 되시리니"

한 가정에서 신앙의 불일치는 실로 모든 것의 불일치를 의미합니다. '신앙'이라는 것이 우리가 가정을 꾸려 나가는데 있어서 지극히 작은 일부분에 지나지 않는 것이라면야, 신앙 하나쯤 일치하지 않는 것이 별 문제야 되겠습니까? 그러나 이 신앙을 통해서 내 삶이 만들어지고, 이 신앙을 통해 나의 죽음과 영원의 문제가 결정되어진다면, 또 이 신앙을 기준으로 해서 우리의 모든 행동거지 기준이 만들어진다면 우리가 가족의 신앙 문제에 대해서 어찌 소홀히 취급할 수 있는가 말입니다.

예수 그리스도가 나의 하나님 나의 주님이 되신다면, 신앙의 불일치는 곧 모든 것의 불일치를 말하지 않는가?!

제게 잊혀지지 않는 어떤 사람 이야기를 소개합니다.

어떤 목사님이 학교에서 교목(학교 종교담당 목사님)으로 계실 때의 이야기입니다. 그 목사님께서 어느 날 학생들의 학적부를 보다가 한 어이없는 기록에 웃어 버릴 수밖에 없었다는 말입니다. 대개 학적부에는 본적이나 가족 사항, 현주소, 취미같은 기록란들이 있죠. 그런데 어떤 학생의 학적부에 취미란을 살펴 보다가 우연히 그곳에 '기독교'라고 적혀있는 것을 보았더라는 말이었습니다. 장난으로 그곳에 적어넣었는지는 몰라도, 그 학생에게는 기독교가 한낱 취미에 불과했던 것이지요.

오늘날 우리 중에도 이런 사람이 있을지도 모릅니다. 그저 일주일에 골프 한 번 치러 가는 심정으로 '일주일에 한 번 교회에 나가 설교 말씀 듣는 것도 괜찮지' 이런 생각으로 교회 나오는 사람들이 혹시 있을지도 모르겠습니다. 여기에는 없겠죠… 다른 교회.

도대체 신앙이라는 것이 무엇인가? 신앙의 의미라는 것이 고작 친척의 결혼식 날짜와도 바꾸지 못하는, 고작 그 정도의 값어치밖에 되지 않는 것인가?

순교의 장에서 자기의 목숨을 버리면서까지 신앙을 지키기 위해서 "예수님은 나의 주님이십니다."라고 고백하며 사자의 밥으로 자기의 육체들을 내어 던지던 그 초대교회 성도들에게, 신앙이란 과연 어떤 의미였는가? 그들에게 있어서 신앙은 자신의 삶의 전부, 모든 희망이었던 것입니다. 그들에게 있어서 신앙은 자신의 전부, 삶의 전부·모든 희망의 전부였습니다. 신앙은 그들에게 있어 그처럼 중요하고 삶의 절대적인 가치를 지니는 것들이었습니다.

초대 교회 성도들은 날마다 모여도 시간이 부족했던 사람들입니다. 그래서 하루 종일 모임을 가졌어도, 시간이 모자라 온밤을 지새우며 떡을 떼고, 사랑하는 주님의 이야기를 나누었었습니다.

'유두고'의 애기가 그거 아닙니까?

초대교회는 대부분 오늘날 우리들처럼 가정교회로 예배를 드렸는데, 바울의 강론이 밤늦게까지 계속 되어지자 졸음이 밀려 온 유두고가 졸다가 3층 누각에서 떨어져 죽은거라. 사도행전 20장에 나오는 말씀입니다.

물론 하나님의 은혜로 다시 살아나기는 했지만 피곤치 않다는 말이 아닙니다. 그들 역시 당시 대부분의 일들이 육체 노동인지라 상당히 피곤하죠. 주일날 한 날 만큼은 푹 쉬고 싶죠. 그러나 그러한 피곤함에도 불구하고 하나님의 사역이 더 중하기에, 모임들은 더 사모하게 되어지고 말씀이 그리워지고 사랑의 교제가 더 그리워지는거라.

우리가 1세기 크리스천들의 원색적인 사랑의 이야기를 까마득히 잊어버리고 산다는데 문제가 있습니다. 감동이 없거든요. 서로간에 공통 분모가 없고 공동의 대화거리도 없습니다. 참으로 답답한 것은 교회 식구들끼리 만나도 얘기하는 내용들이 ○○ 아무개 집사님 이야기나 쇼핑 이야기, 정치 이야기 수준밖에 넘어서지를 못한다는 것입니다.

물론 그런 얘기도 해야 합니다. 인생을 살아가면서 그런 얘기도 없이 어떻게 살 수 있겠습니까? 그러나 만일 우리의 삶 속에서 예수님이 가장 중요한 분이고 주님이 가장 좋은 분이라면, 사람들을 만날 때마다 예수님이 대화의 중심이 되어야 하지 않겠습니까?!

여러분, 여러분은 예수님 얘기로 이야기꽃을 피우며 밤을 지새워 보신 적이 있습니까? 나를 구원하신 분, 오늘도 나의 삶 속에서 나를 인도하시는 분, 그분이 내 삶 속에서 어떤 의미·어떤 감격을 주시는가를 한 번 이야기해 보셨는가 말입니다.

오늘날 우리 크리스천들이 사랑하는 가족들에게 줄 수 있는 최대의 선물이 무엇이라고 생각하십니까?

우리들에게 이 벅찬 의미와 삶의 감동·죽음 저 건너편에 있는 영생에 대한 분명하고 확실한 소망이 주어졌다면, 그 소망을 나의 가족들에게 전달하고 계십니까? 아예 생판 모르는 사람들보다 한 집에서 자주 얼굴을 맞대고 사는 가족들 전도하기가 더 힘들죠? 그렇습니까? 거짓말하지 마십시오. 만약에 내 형제 내 자매가 술에 취하여 낭떠러지로 걸어가고 있다면 남을 말리는 것이 쉽겠습니까, 아니면 가족이 더 쉽겠습니까? 가족을 말리는 것이 더 쉽겠지요. 아니, 분명 더 쉬워야만 할 것입니다. 제가 지난 주일에 꼭 한 사람 이상씩 전도를 해 오자고 했는데 시도해 본 사람 있습니까? 시도도 해보지 않고, 아무런 양심의 가책들도 느끼지 않은 채로 혼자서 버젓이 들어온 사람들은 회개를 해야만 합니다.

전혀 관심조차 없으신 것은 아니시겠죠?!

아니시겠죠, 시도 중이시겠죠. 이미 마음 먹고 계신 줄로 믿습니다?! 아멘?!

한 가족의 구성원들이 서로 종교를 달리하거나, 서로 교회를 달리하는 것도 큰 비극이 아닐 수 없습니다. 가끔 심방을 가보면, 그런 가족들이 있습니다. 부모는 불교, 본인은 기독교, 누나는 천주교나 안식교인 온갖 종교들이 혼합되어 있는 그런 집들 말입니다. 참으로 답답하죠. 가족들이 나란히 앉아 함께 예배를 드릴 수 있는 행복, 그것은 참으로 놀라운 축복일 것입니다.

신앙을 함께 하는 가족이 되어야 합니다. 우리들이 부모님에게 드릴 수 있는 최대의 효도는 돈이 아닙니다. 성심 성의껏 모시기만 한다고 해서 되는 일도 아닙니다. 도리어 그분들께 예수 그리스도를 소개해 드리는 것입니다. 그분의 영생을 위해, 장차 올 심판을 위해 가장 값진 것으로 준비해 드리는 것입니다.

여러분은 믿지 않는 나의 아버지, 어머니가 지옥의 불구덩이에 떨어져서 처절히 울부짖으며 고통하는 모습을 한 번 상상해 보셨습니까? 그래서 그들에게 속타고 아파하는 심정으로 전도를 해 본 적이 있습니까? 그분들을 위해 눈물 흘리며, 식음을 전폐하고 금식해 보신 경험이 있으십니까? 없다면, 여러분들은 철저히 불효(不孝)를 행하고 있는 것입니다. 자식들을 남의 교회에 보내어, (저는 남의 집이라 부르겠습니다.) 어쨌든, 남의 집에 가서 밥 좀 얻어 먹고 오라시키는 것이 어디 부모로서 할 짓인가 말입니다. 그것도 하루 이틀이지, 대가 끊어지도록 그래서야 되겠습니까? 부모는 자녀들의 효도를 받아야 정상이고, 자식들은 부모가 젖을 먹이고 밥을 줘서 키우는 것이 정상입니다.

여러분의 신앙이 그토록 의미 있고 가치 있는 것이었다면, 아직도 이 신앙을 갖지 못한 여러분의 부모님과 사랑하는 내 남편, 내 자녀들에게 복음을 전하십시오.

신앙을 함께 할 수 있는 가정, 이런 가정만이 하나님 앞에서 진정한 행복을 성취하는 가정이 될 것입니다.

나오미의 가정에는 바로 이 고백이 있었습니다. 비록 모압의 이방의 신들을 섬기던 우준한 여인 룻이었지만, 시어머니 나오미를 통하여 하나님을 새로이 발견하게 됩니다. 룻의 고백은 어찌보면 어머니를 통한 고백이었다 할 것입니다. '어머니의 하나님이 바로 나의 하나님이 될 것입니다.'

마지막으로, 나오미의 가정은 운명을 함께 할 줄 아는 가정이었습니다.

17절입니다. "어머니께서 죽으시는 곳에서 나도 죽어 거기 장사될 것이라. 만일 내가 죽는 일 외에 어머니와 떠나면 여호와께서 내게 벌을 내리시고 더 내리시기를 원하나이다." 며느리 룻의 고백이죠. 이 말은 가족이 하나의 운명 공동체라는 것을 받아들이고 있었다는 것을 보여 줍니다.

오늘날 가정의 비극은 이런 운명을 함께 할 의지가 별로 없다는 것입니다. "남편이 망해도, 나는 살아야지. 부모야 어떻게 되든 말든 자식들은 마음대로 내 갈 길을 걸어가야 해.""교회야 망하든 말든 무슨 상관이냐, 다른 교회가면 되지!" 이런 의식들을 가지고 있는 것이 오늘날의 교회와 가정의 비극입니다.

요 최근 한국의 ○○기업이 망해 가는 과정에서, 이런 보도가 나와 국민들에게 큰 충격을 던져 준 바 있습니다. 그것은 그 기업의 망하기 전, 식구들이 그 기업의 재산을 남편은 남편대로, 아내는 아내대로, 사위나 자식들은 그들 나름대로 재산을 다 빼돌린 사건입니다. 열심히 해도 모자랄 판에, 그러니 그 기업이 어떻게 망하지 않을 수 있겠습니까? 운명을 함께 하려는 의지가 없었던 것이죠.

우리의 가족은 운명을 함께 하고자 하는 의지가 가족들의 마음 속에 얼마나 남아 있는가? 여러분들은 얼마나 남아 있습니까? ○○교회를 위해서, 여러분의 동료들과 가족들을 위해서 얼마나 가지고 계십니까?

1788년 5월 8일, '에드워드 기본'이란 사람이 '**로마 제국 쇠망사**'를 기록했을 때, 그는 거대 로마 제국이 멸망한 많은 이유들을 제시했습니다. 그중에 두 가지가 가장 두드러진 사실로 지적이 되었는데. 그중의 한 가지는 종교의 부패이고, 또 하나는 급속한 이혼율의 증가로 인한 가정의 파괴입니다. 한 가정의 파괴는 비단 한 가정의 파괴에서만 그친 것이 아니라 거대한 로마 제국의 붕괴를 몰고 왔다는 것입니다.

종교가 부패할 때, 가정이 파괴될 때, 우리는 그 사회가 계속 지속될 수 없다고 하는 사실을 발견할 수 있습니다.

저는 17절의 감동적인 룻의 고백을 다시 한 번 회고해 보기를 원합니다.

다시 한번 읽어 보십시다.

"어머니께서 죽으시는 곳에서 나도 죽어 거기 장사될 것이라. 만일 내가 죽는 일 외에 어머니와 떠나면 여호와께서 내게 벌을 내리시고 더 내리시기를 원하나이다."

'죽음 이외에는 결코 아무것도 우리를 나눌 수 없다'고 하는 연합된 행진이 가족의 행진이고 교회의 행진일 수 있어야 합니다. 이렇게 할 때에, 우리의 가정과 교회는 존재 뿐만 아닌, 함께 살고 함께 운명을 같이 하는 사랑의 공동체가 될 수 있는 것입니다.

복된 가정의 열쇠는 진실로 하나님이십니다.

나오미의 가정은 모든 식구들이 그 어머니의 하나님을 자기의 하나님으로 삼은 까닭에 그 가정이 복된 가정이 된 것입니다.

참되고 살아 계신 하나님을 모셨을 때, 이 가정은 불행했지만 그럼에도 불구하고 행복의 드라마를 만들어 갈 수가 있었던 것입니다.

여성도(女聖徒) 여러분께 묻습니다. 여러분은 남편을 사랑합니까? 저를 쳐다보지 마시고, 저에게 고백해서 뭘 어쩌라는 말입니까?

옆에 계신 남편의 얼굴들을 바라보세요. 다시 한 번 묻습니다. 남편을 사랑하십니까? 정말, 정말 사랑하십니까?

그렇다면 남편이 믿고 있는 하나님을 여러분이 마음 전심으로 남편이 믿으니까 마지못해서 억지로 믿지 말고, 전심으로 그 하나님을 여러분의 하나님으로 삼으십시오.

남편에게도 묻습니다. 여러분은 아내를 사랑하십니까?

역시 아내들의 얼굴을 보십시오.

여러분은 짝들을 사랑하십니까?

아내의 얼굴과 눈 속에 비쳐지는 하나님이 여러분이 모시고 있는 그 하나님이십니다. 억박지름으로 아내를 대하지 마시고, 주님 사랑함으로 아내를 대하십시오.

어떤 주일학교 학생이 자기 아빠에게 "아빠, 천국은 어떻게 생겼어요?" 물었답니다. 그러자 한 경건한 크리스천인 아버지가 곰곰이 생각하다가 그 아들을 향해서 이렇게 대답했답니다. 뭐라고 대답했을까요?

"아들아, 천국은 말이야. 마치 우리 집 같단다."

"천국은 우리 집 같다." 이런 모습을 우리 가정·우리 교회를 통해서 꼭 보여 줄 수 있어야만 합니다.

그래야 가정 교육이 제대로 이루어질 수 있는 것이죠. 보여 줄 수 있으시죠?! 아멘?!

'아멘'한 사람은 믿음대로 될지어다. 지금 한 사람 말고, 조금 전에 한 사람만. 아니 모두 다 되실 수 있기를 축원합니다.

말씀을 맺습니다.

혹시, 우리 가정은 식구들에게서 지옥의 보고 계시지는 않으십니까? 접시가 날아다니고, 일어나면 부스스 번개맞은 모양으로 눈에 계란 문질러대는 그런 가정, 아무도 없으시죠? 만약 그러할지라도 그것은 그 누구의 잘못도 아닙니다. **가정이 흔들리기 시작할 때에 비난하지 마십시다.** 남편을, 아내를 또는 자식을 비난하지 마십시다.

우리는 도리어 나오미처럼, 하나님 앞에 말하는 법을 배워야만 합니다. "제 탓입니다. 나 때문입니다. 내가 못난 시어머지였고, 내가 못난 아버지 못난 어머니였고, 내가 못난 아들 못난 딸이었기 때문입니다. 다 나 때문입니다." 그리고 이제 우리는 내 생명의 주인되시고, 내 가정의 주인되신 하나님 앞으로 와서 무릎을 꿇어야 합니다. 그리고 겸손히 이렇게 고백해야 합니다. "우리는 피조물입니다. 하나님을 섬김으로, 하나님의 영광과 소망을 바라보고 다시 일어나 땀을 흘리겠습니다. 같이 땀을 흘리겠습니다. 같이 고생을 할 것입니다. 그리고 하나님이 보여주신 그 공동의 목표를 향해서 우리는 함께 걷기를 원합니다." 이런 가정이 되도록 기도하실 필요를 느끼십니까?

기도하십시오. 가족의 구성원으로서 못 다한 책임과 아픔을 통렬하게 회개하십시오. 그리고 기도하십시오. 아내를 취해서, 남편을 위해서, 자식을 위해서, 늙으신 부모님을 위해서 기도하십시오.

가정이 깨어지지 않도록, 하나님이 우리 가정 지켜달라고 다함께 통성으로 기도하십시다.

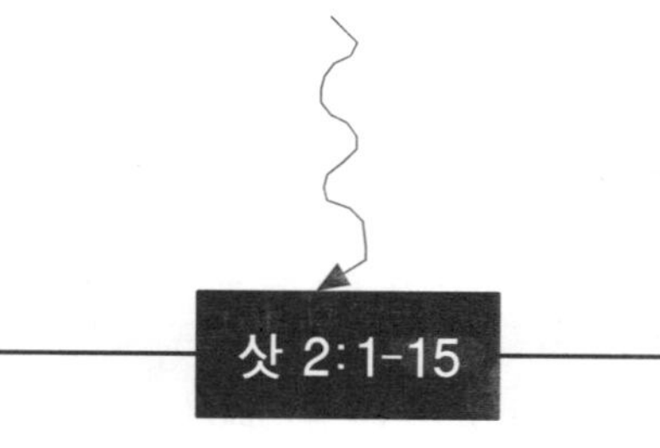

다른 세대는···

"여호와의 사자가 길갈에서부터 보김에 이르러 가로되 내가 너희로 애굽에서 나오게 하고 인도하여 너희 열조에게 맹세한 땅으로 이끌어 왔으며 또 내가 이르기를 내가 너희에게 세운 언약을 영원히 어기지 아니하리니 너희는 이 땅 거민과 언약을 세우지 말며 그들의 단을 헐라 하였거늘 너희가 내 목소리를 청종치 아니하였도다 그리함은 어찜이뇨 그러므로 내가 또 말하기를 내가 그들을 너희 앞에서 쫓아내지 아니하리니 그들이 너희 옆구리에 가시가 될 것이며 그들의 신들이 너희에게 올무가 되리라 하였노라 여호와의 사자가 이스라엘 모든 자손에게 이 말씀을 이르매 백성이 소리를 높여 운지라 그러므로 그 곳을 이름하여 보김이라 하니라 무리가 거기서 여호와께 제사를 드렸더라 전에 여호수아가 백성을 보내매 이스라엘 자손이 각기 그 기업으로 가서 땅을 차지하였고 백성이 여호수아의 사는 날 동안과 여호수아 뒤에 생존한 장로들 곧 여호와께서 이스라엘을 위하여 행하신 모든 큰 일을 본 자의 사는 날 동안에 여호와를 섬겼더라 여호와의 종 눈의 아들 여호수아가 일백 십세에 죽으매 무리가 그의 기업의 경내 에브라임 산지 가아스산 북 딤낫 헤레스에 장사하였고 그 세대 사람도 다 그 열조에게로 돌아갔고 그 후에 일어난 다른 세대는 여호와를 알지 못하며 여호와께서 이스라엘을 위하여 행하신 일도 알지 못하였더라 이스라엘 자손이 여호와의 목전에 악을 행하여 바알들을 섬기며 애굽 땅에서 그들을 인도하여 내신 그 열조의 하나님 여호와를 버리고 다른 신 곧 그 사방에 있는 백성의 신들을 좇아 그들에게 절하여 여호와를 진노하시게 하였으되 곧 그들이 여호와를 버리고 바알과 아스다롯을 섬겼으므로 여호와께서 이스라엘에게 진노하사 노략하는 자의 손에 붙여 그들로 노략을 당케 하시며 또 사방 모든 대적의 손에 파시매 그들이 다시는 대적을 당치 못하였으며 그들이 어디를 가든지 여호와의 손이 그들에게 재앙을 내리시매 곧 여호와께서 말씀하신 것과 같고 여호와께서 그들에게 맹세하신 것과 같아서 그들의 괴로움이 심하였더라" (삿 2:1-15)

인간은 한 시대의 과거 경험들을 미래를 위하여 새로이 반추(反芻)할 수 있는 능력을 지니고 있습니다. 그래서 과거의 동일한 실패를 되풀이하지 않고, 미래를 보다 밝게 만들어 나갈 줄 아는 지혜가 있습니다. 우리는 보통 그렇게 생각하고 있고 또 그렇게 믿고 있습니다. 그러나 역으로, 어떤 역사가는 이런 말도 했습니다.

"우리가 역사에서 배우는 가장 큰 교훈이 있다면, 그것은 사람들이 과거의 역사를 통해 아무것도 배우지 않는다는 사실이다."

어찌 보면 서로가 역설(Paradox)처럼 들립니다만, 그러나 이것 역시 사실입니다. 인간이 과거를 되짚어서 온고지신(溫故知新)의 유익을 삼을 수 있는 능력도 있지만, 동시에 어리석으면 과거의 실패를 경험하고서도 그 속에서 아무 유익을 얻지 못하여 동일한 실수들을 반복할 수 있다는 말일 것입니다.

우리는 사사기를 통해서 이런 반복되어지는 이스라엘의 실패를 살피게 될 것입니다. 그리고 경험하기를 원합니다. '그들이 왜 실패했는가?' 지혜 얻기를 원합니다.

본문을 유심히 읽어 보면, '이 비극의 원인이 어디에 있었는가?' 그 몇 가지 원인들을 발견할 수 있습니다.

첫째로, '현실에 안주하고자' 하는 마음 때문입니다.

현실에 안주하려는 생각을 가진 사람들은 대개 더 이상의 어떤 모험이나 희생들을 두려워합니다. 그래서 주어진 현실에 만족하며 '이만하면 되지 않겠나?' 생각하게 됩니다. 그때부터는 신앙이 타성에 젖게 되고 소극적으로 변하게 되어지죠.

이스라엘의 가나안 땅 정복은, 여호수아에 의해 이미 완수되어 토지가 각 지파별로 다 분배가 된 상태입니다. 그럼에도 불구하고 가나안 땅에는 아직도 이스라엘이 정복치 못한 강력한 원주민들과 미정복지들이 많이 잔존해 있었습니다(수 13:2-7).

이스라엘의 각 지파들은 자신의 몫으로 할당된 기업들을 온전히 취하기 위해서는, 한시라도 빨리 가나안 족속들을 축출하고 그곳에 이스라엘의 통치체제를 구축해야 할 책임이 있습니다. 이에 대하여 유다 지파와 시므온 지파가 여호와의 명을 따라 선두에 서서 가나안 땅 베섹을 공격하여 성공합니다(삿 1:1-7). 사사기 1장에 나오는 이야기 입니다.

그러나 대부분의 지파들은 가나안 땅의 완전한 정복에 대부분 실패하고 맙니다.

이유인즉 백성들 사이에 일어났던 전투에 대한 부정적인 견해들 때문이었습니다. 그도 그럴 것이 가나안의 본토 원주민들은 기골이 장대할 뿐만 아니라, 막강한 무기와 철병거들, 굳건한 요새들을 소유하고 있었기 때문입니다. 믿음의 싸움이라고는 하지만 무척 힘든 싸움이었을 것입니다.

이스라엘 백성들은 생각했습니다.

'우리가 가나안 땅에 와서 이만큼 정복했으면 됐지, 더 이상 피를 흘릴 필요 있겠는가? 이제는 우리도 호전적인 민족이라는 딱지도 떼고, 가나안 족속의 우수한 농경 문화를 수용하여 좀 즐기면서 살자.' 이것이 바로 사사 시대의 비극을 초래한 원인이 되었던 것입니다. 이때부터 이스라엘 백성들은 병들어 갔습니다.

하나님께서는 일찍이 "가나안 족속들 가운데서 호흡이 있는 자는 하나도 살리지 말고 다 진멸하라."고 명령하신 바 있습니다(신 20:16-18). 그럼에도 불구하고 그들은 싸움이 힘들다는 이유로 가나안 원주민들과 화친조약을 맺어 그들을 살려두었습니다. 그들은 안정된 정착생활을 위해 여호와를 버렸던 것입니다(13절).

가나안 족속과 화친을 맺는다는 것은, 단순히 그들과의 전쟁을

그친다고 하는 것만을 의미하지 않습니다. 그것은 그들의 모든 문화와 종교들을 다 수용한다는 것을 의미합니다. 특별히 이스라엘이 정복에 실패한 가나안 도성들은 모두 전략과 교통, 경제, 문화의 중심지일 뿐만 아니라 우상 숭배의 중심지들이었습니다.

이러한 사실은 그 성읍들의 지명을 보면 알 수 있는데, 예를 들면 벧세메스는 '태양의 집'이란 뜻이고, 벧아낫은 '아낫 여신의 집', 헤레스는 '태양의 산' 이라는 뜻을 지니고 있습니다(삿 1:33, 35).

따라서 이스라엘의 가나안 정복 실패는 단순히 그 땅을 점령하는 데 실패한 것이 아니라, 우상을 타파하는 거룩한 전쟁 곧 성전(聖戰)의 실패라고 할 것입니다. 이스라엘은 하나님의 나라를 예표하는 가나안 땅에서 제사장 나라의 거룩한 임무들을 수행코자 하시는 하나님의 뜻을 온전히 반영하지 못했습니다.

가나안 족속들을 남겨 두었다가 나중에 이스라엘이 얼마나 고생했는지 모릅니다. 그들이 섬기고 있던 우상들이, 이스라엘 백성들을 온통 타락의 구렁텅이로 몰아넣어 버립니다. 사사시대가 바로 그런 죄악의 결과들을 반영했던 시대라고 할 수가 있죠.

현실에 안주하려고 하는 안일한 자세가 그들을 죽음으로 이끌었던 것입니다. 현실에 안주하는 자세, 편안한 환경은 우리들의 의식을 마비시켜 버립니다. 어쩌면 우리를 하나님에게서 멀어지게 해 영적인 죽음으로 이끌지도 모릅니다. 꿈과 도전의식들을 잃어버리고, 현실에만 안주하려는 안일한 세대가 필연적으로 당할 수밖에 없는 결과들입니다.

그렇다고 그들이 하나님을 완전히 벗어나 버린 무신론자가 되는 것도 아닙니다. 하나님은 하나님대로 섬기고 우상은 우상대로 섬기고, 예수 믿는다고 할 수도 없고 그렇다고 불신자라고도 부를 수 없는, 일종의 **'혼합주의적인 신앙'**입니다.

'예수도 믿지만, 세상도 적당히 즐기면서 믿어야 할 것 아니냐?' 어중되게 뜨듯 미지근하게 믿는 것, 하나님은 이것을 당신을 저버리는 행동으로 규정하고 있다는 것입니다(2, 13절).

끊을 것 끊고, 힘들지만 최선을 다하여 살지 아니하면, 나의 삶의 처소에 하나님의 통치가 절대 설 수가 없다….

둘째로, 그 다음 세대가 비극을 맞은 또 다른 원인은 그들에게 '신앙의 체험이 없었다'는 것입니다.

제1세대의 신앙 경험들이 7절 말씀에 기록되어 있습니다.

"백성이 여호수아의 사는 날 동안과 여호수아 뒤에 생존한 장로들 곧 여호와께서 이스라엘을 위하여 행하신 모든 큰 일을 본 자의 사는 날 동안에 여호와를 섬겼더라."

이 세대는 하나님의 놀라우신 손길들을 경험했던 세대들입니다. 그들은 수많은 역경과 고난, 시련들을 통과한 사람들입니다. 그들은 시련과 고통을 당할 때마다 늘 하나님을 향해 부르짖었던 경험들이 있습니다. 기갈이 있을 때마다, 양식이 떨어질 때마다 "하나님 우리에게 물을 주십시오. 양식을 주십시오. 우리가 하나님 아니면 살 길이 없습니다." 간절히 간구했었고, 전능하신 하나님을 의지하는 가운데 역경을 순경으로 바꾸시는 하나님의 능력과 손길을 체험했던 사람들입니다. 이것이 제1세대의 신앙 체험이었습니다.

그러나 세월이 지나면서 새로운 세대들은 하나님을 보는 눈과 하나님의 음성을 듣는 귀를 점점 잃어버립니다.

당연히 그들이 보는 것은 현실밖에 없습니다. 이 새로운 다른 세대는 '신앙의 실제성'을 잃어버린 세대들이었습니다. 하나님과의 인격적인 교제가 없고, 그분의 은혜에 대한 경험이 없으니까 신앙생활이 자꾸 형식적인 모습으로 전락해 버립니다.

처음 부모님이 살아계신 동안에는, 부모의 체면을 지키기 위해서라도 교회 출석을 열심히 할지 모릅니다. 그러나 자라면서 '내가 왜 교회에 다녀야만 하는지, 신앙생활 한다는 것이 내게 무슨 의미를 주는지' 자꾸 회의가 듭니다. 부모만 돌아가시면 당장이라도 그만 두고 싶은 심정입니다.

현실에 안주하였기에 미래를 향한 하나님의 음성에도 별로 귀를 기울이지 않습니다. 필요성을 느끼지 못하기에 간절한 부르짖음의 경험들도 없습니다.

'배부르고 등 따듯한데, 무슨 새벽 기도냐?' 새벽기도고 금요철야고 도무지 관심이 없습니다. 이런 신앙이 내 삶에 무슨 능력을 주겠는가 말입니다. 그들에게 있어 신앙은 더 이상 그들에게 생명도 아니고 능력도 아닙니다. 신앙적 체험을 상실한 사람이, 세상과의 타협과 불순종의 결과들을 초래할 수밖에 없다는 것은 어쩌면 너무나도 당연한 귀결일런지도 모릅니다.

우리가 말씀 앞에서 도전을 받지 않고 삶에 그대로 적응하다 보면 전혀 새로운 꿈을 꿀 수가 없습니다. 그리고 서서히 현실적인 상황들과 타협을 하게 되고, 그 속에서 만족들을 얻고자 하는 마음들만 생길 것입니다. 이것이 인간의 죄악된 성품이거든요.

기도의 창문을 다시 열고 자꾸 도전들을 받아야만 합니다. 가슴에 품고 있는 뜨거운 간증과, 하나님께서 베풀어 주셨던 은혜로운 경험들을 서로 나누어서 서로가 불을 지펴나가는 것입니다.

모여서 괜한 수다들만 떨지 말고, 하나님께서 베푸신 덕담들을 서로 나눔으로 격려자가 되어 서로 세워나가는 것입니다. 이것을 지난 번에 '멘토링'이라는 말씀으로 말씀드렸죠.

셋째, 사사시대의 비극 세 번째는 '신앙 교육의 부재'가 원인입

니다. 사실 이스라엘이 하나님과의 언약을 저버리고 어그러진 길로 가게 된 데에는 지도자의 죽음이 크게 작용하였습니다.

그들은 여호수아를 비롯, 위대한 지도자들과 역사의 산 증인들이 사라지자 점차 하나님의 역사와 그 계명들을 망각하게 되었던 것입니다.

과거 여호수아의 생존시에는 그의 가르침을 좇아 백성들이 여호와를 잘 경외하는 듯하였습니다. 그러나 여호수아가 죽고 난 후, 그 이후에 일어난 새로운 세대들은 여호와가 과연 어떤 분이신지, 그분이 이스라엘과 어떤 관계를 맺고 계신 분인지, 그분이 자기들에게 어떤 역사들을 행하셨는지 그 행하신 일조차 알지를 못했습니다. 그들은 **여호와 신앙에서 멀어져 가고 있었던 것입니다.**

여호수아의 죽음이 이스라엘의 역사를 구분하는 아주 중요한 분깃점이 된 것입니다. 그래서 사사기는 본서 제일 첫 머리를 이렇게 시작하고 있습니다.

사사기 1:1절. '여호수아가 죽은 후에 이스라엘 자손이'

본문 7절에서도 말합니다.

"백성이 여호수아의 사는 날 동안과 여호수아 뒤에 생존한 장로들 곧 여호와께서 이스라엘을 위하여 행하신 모든 큰 일을 본 자의 사는 날 동안에 여호와를 섬겼더라." 그 뒤에는 어떻다는 것입니까? 별로 잘 안 섬겼다는 이야기지요.

사실 모세나 여호수아는 이스라엘의 가나안 입성을 위해서 하나님께 세움을 받았던 도구들에 불과합니다. 이미 가나안 땅에 들어간 이스라엘 백성들로서는 더 이상 다른 인간적인 지도자가 요구되어지지 않습니다. 이제는 오직 하나님만이 그들의 지도자가 될 뿐입니다.

그러나 이스라엘은 이러한 사실을 깨닫지를 못하였습니다. 그들은 여전히 여호수아와 같은 강력한 지도자, 카리스마적인 지도자가 자기들을 지켜 주기를 바랐습니다. 그러나 인간은 어디까지나 인간이지요.

여호수아도 이제 나이가 많아 결국 죽게 된 것입니다.

전엔 '여호수아의 사는 날 동안' 백성이 여호와를 섬겼지만 이제 그가 죽고, 10절에 보니까 '그 세대 사람도 다 그 열조에게로 돌아갔고'. 죽었다는 말입니다. 그리고 '그 후에 일어난 다른 세대', 그 다른 세대들이 "여호와를 알지도 못하고 여호와께서 이스라엘을 위하여 행하신 일도 알지 못하였다."라는 것입니다.

새로운 세대, 정작 가나안 땅에 들어간 이스라엘의 다른 세대들, 그 후손들이 여호와를 알지 못하였습니다. 이 얼마나 슬픈 일입니까? 이것이 새롭게 일어나는 다음 세대들의 비극이었습니다.

여기서 **여호와를 알지 못하였다**'라는 말씀은 두 가지의 중요한 영적 의미를 내포하고 있습니다.

첫째는 이 새로운 세대가 하나님의 베푸신 경험적 지식들을 상실하기 시작했다는 것이고, 둘째는 다른 세대들이 하나님께 대하여 영적인 무관심들을 나타내 보이고 있었다는 것입니다.

이런 모습은 엘리 제사장의 아들들에게서도 찾아볼 수 있습니다.

사무엘상 2:12절 말씀입니다. "엘리의 아들들은 불량자라. 여호와를 알지 아니하더라."

그들의 아버지는 성막에서 수종을 드는 제사장이었습니다. 훌륭한 신앙인이요, 주님을 위해서 평생을 헌신했던 사람입니다. 그러나 그 아들들(홉니·비느하스)은 영 딴판이었습니다. 그들은 여호와를 알지 못하였습니다.

성전 안에 함께 기거하며 살았는지도 모릅니다. 그러나 그들은 여호와를 전혀 알지 못했습니다. 성전 안에서 벌어지는 여러 가지 번

제 의식들에 빠짐없이 참여합니다. 제사장인 아버지의 대(代)를 이어서 성전 안에서 수종드는 여러 사람의 일들을 도우며 그것에 열심히 참여했었는지도 모릅니다. 그러나 그들에게는 하나님에 대한 지식이 없었습니다.

신론·인간론·기독론·교회론, 하나님께 대한 지식이 없었다는 말이 아닙니다. 제가 하나님께 대한 지식이 없었다고 말하는 것은 그들이 하나님을 가슴으로, 경험적으로 전혀 알지 못했다는 말입니다. 진정한 의미에서 그들은 하나님을 전혀 모르고 있었던 것입니다. 그들은 여호와를 알지 못하였다.

이는 다음 세대를 계속 양육해 나가야 할 우리 ○○교회가 꼭 기억해야 할 문제들인 것입니다. 우리 스스로가 다음 세대에게 우리의 신앙을 물려 줄 것이 아무것도 없다는 것처럼 비극적인 일은 아마 없을 것입니다. 우리가 반드시 경계 받아야 할 내용들입니다.

재산이 없으면 좀 어떻습니까? 나중에 벌 수 있는 기회는 얼마든지 다시 오니까, 나중에 벌어도 됩니다. 교회 건물 좀 낡으면 어떻습니까? 그 안에 주님을 위한 헌신된 사람과 열심있는 성도들이 가득하면 나중에 얼마든 다시 지을 수 있지 않겠습니까?

건물에다 투자하지 말고 사람에다가 투자를 해야 합니다. 막말로 기도원 겉모양만 갖추는데 투자하지 말고, 우리의 미래에다·교육에다가 투자를 해야 합니다.

제2세대를 가르쳐야만 합니다. 교회가 그 후세대의 신앙을 잃는다는 것은 그 나라의 영원한 기업과 미래들을 상실한다는 말과 똑같습니다.

우리도 정신 차리지 않으면 10-20년 뒤에 우리가 어떻게 될지 아무도 모릅니다. 우리 뒤에 일어나는 새로운 세대가 '영적으로 무방비 세대가 안될 것'이라고 누가 보장할 수 있겠습니까? 그들 역시 '여호와를 알지 못하는' 불신앙 세대가 된다면 어떻게 하시겠습니까?

심령이 황폐화 되어지고, 무엇이 옳고 그른 것인지 그 옳고 그름 조차도 분변치 못하는 이 어리석음을 누가 책임을 지죠?

지금은 여전히 교회에 출석하는 일을 계속할지도 모릅니다. 집사님 아들로서, 장로의 아들로서, 주일학교의 교사로, 성가대원으로 열심히 봉사하며 뛰어다닐지 모릅니다. 그러나 그것만으로는 만족할 수 없다는 겁니다. 안심할 수가 없어요. 겉보기에는 교회에 열심히 나가고, 신앙의 동료들과 열심히 교제하는 것처럼 보일지도 모릅니다. 그러나 그럼에도 불구하고 그들이 '여호와를 알지 못하는' 불신 앙인일 수 있다는 것입니다.

누가 알겠습니까? 교회에 나오는 이유가 하나님 때문인지, 아니면 부모님 때문에 억지로 나오는지, 맘에 드는 여학생이 있어서 자원해 열심히 봉사하는지도 모르잖습니까?

이것이야 말로 우리가 두려워하고 경계해야 할 일들이라고 생각합니다. 우리의 다음 세대에 실제로 일어날지도 모르는 일들입니다. 이스라엘 백성들도 여호와를 알지 못했습니다.

우리는 여기서 신앙 교육의 중요성을 새삼 발견하게 됩니다. **이 세상의 문화들은 가나안 문화요, 하나님이 없는 불신앙의 문화입니다.** 비록 이미 택함받고 구원받은 백성이라 할지라도 우리가 이 세상에 발을 붙이고 사는 한, 부득불 죄악된 이 세상과 접하지 않을 수가 없습니다.

'이 정도 가르치고, 이 정도 투자하면 되는 것 아니냐?' 현실에 안주하지 마십시오. 신앙이란 것이 지식만 물려 준다고 해서 되는 것이 아닙니다. 신앙의 경험들을 물려 주고 약속의 땅에 대한 비전, 꿈을 물려 주는 것입니다. 이를 위해서 우리는 열심히 준비하고, 후세들의 교육을 위해 투자해야 합니다. 이것을 감당하지 못하는 교회는 뒤처지고, 다음 세대가 병들게 되어질 것입니다.

여러분, 자고로 사람이 꿈이 없고 미래가 보이지 않으면 삶의 의미들을 잃어버리게 되어져 있습니다. 여러분은 여러분들의 다음 세대들, 특별히 우리 ○○교회에 출석하는 여러분의 자녀들 눈 속에서 그들의 미래가 보이십니까? 그 무언가를 볼 수가 없다면, 우리는 하나님 앞에서 회개해야 합니다. 그들이 꿈을 잃었다는 이야기거든요.

부모 세대가 자녀들을 잘 가르치지 못했다면 먼저 회개해야 합니다. 교역자들이, 장로님들이 교회를 잘못 이끌어 나가고 있다면 회개해야 합니다. 교사로서, 지도자로서 내가 그들에게 미래를 보여 주지 못하고 힘쓰지 못했다면 회개해야 합니다.

장로 집안에서, 권사 집안·안수집사 집안에서 자녀가 교회를 안 나와도 본체 만체 신경도 안 쓰고, 그들이 불신자들과 결혼해도 별로 대수롭지 않게 생각한다?! 이스라엘 백성들과 똑같이 우리들도 썩은 것입니다.

자칫 경계를 늦추고 방심해 버리면, 우리의 다음 세대들에게 아무 것도 물려 줄 것이 없을지도 모릅니다. 그들에게 삶의 진정한 가치와 목적들, 하나님을 경외하는 믿음들을 우리의 신앙하는 모습들을 통해 그들에게 도전들을 주어야만 합니다. 쉽지는 않겠지요. 요새 자녀들이 말들을 잘 듣습니까?! 잘 안 듣거든요.

그러나 기도하면서 양육하시자고요. 자만하지 말고, 현실에 자족하지 않으며, 오늘보다는 내일을 보다 밝게 만들어 나가도록 노력을 하십시다. 우리는 이 일들을 위해 오늘도 준비하는 것입니다. 힘을 쓴다면 주님은 분명 함께 하실 것입니다.

우리가 힘써 노력만 한다면, 여러분 가정과 ○○교회의 미래 위에 주님의 크신 은혜가 반드시 함께 하실 줄로 믿습니다.

헌신예배

여호와께서 들으셨다

"에브라임 산지 라마다임소빔에 에브라임 사람 엘가나라 하는 자가 있으니 그는 여로함의 아들이요 엘리후의 손자요 도후의 증손이요 숩의 현손이더라 그에게 두 아내가 있으니 하나의 이름은 한나요 하나의 이름은 브닌나라 브닌나는 자식이 있고 한나는 무자하더라 이 사람이 매년에 자기 성읍에서 나와서 실로에 올라가서 만군의 여호와께 경배하여 제사를 드렸는데 엘리의 두 아들 홉니와 비느하스가 여호와의 제사장으로 거기 있었더라 엘가나가 제사를 드리는 날에는 제물의 분깃을 그 아내 브닌나와 그 모든 자녀에게 주고 한나에게는 갑절을 주니 이는 그를 사랑함이라 그러나 여호와께서 그로 성태치 못하게 하시니 여호와께서 그로 성태치 못하게 하시므로 그 대적 브닌나가 그를 심히 격동하여 번민케 하더라 매년에 한나가 여호와의 집에 올라갈 때마다 남편이 그같이 하매 브닌나가 그를 격동시키므로 그가 울고 먹지 아니하니 그 남편 엘가나가 그에게 이르되 한나여 어찌하여 울며 어찌하여 먹지 아니하며 어찌하여 그대의 마음이 슬프뇨 내가 그대에게 열 아들보다 낫지 아니하뇨 그들이 실로에서 먹고 마신 후에 한나가 일어나니 때에 제사장 엘리는 여호와의 전 문설주 곁 그 의자에 앉았더라 한나가 마음이 괴로워서 여호와께 기도하고 통곡하며 서원하여 가로되 만군의 여호와여 만일 주의 여종의 고통을 돌아보시고 나를 생각하시고 주의 여종을 잊지 아니하사 아들을 주시면 내가 그의 평생에 그를 여호와께 드리고 삭도를 그 머리에 대지 아니하겠나이다 그가 여호와 앞에 오래 기도하는 동안에 엘리가 그의 입을 주목한즉 한나가 속으로 말하매 입술만 동하고 음성은 들리지 아니하므로 엘리는 그가 취한 줄로 생각한지라 엘리가 그에게 이르되 네가 언제까지 취하여 있겠느냐 포도주를 끊으라 한나가 대답하여 가로되 나의 주여 그렇지 아니하니이다 나는 마음이 슬픈 여자라 포도주나 독주를 마신 것이 아니요 여호와 앞에 나의 심정을 통한 것 뿐이오니 당신의 여종을 악한 여자로 여기지 마옵소서 내가 지금까지 말한 것은 나의 원통함과 격동됨이 많음을 인함이니이다 엘리가 대답하여 가로되 평안히 가라 이스라엘의 하나님이 너의 기도하여 구한 것을 허락하시기를 원하노라 가로되 당신의 여종이 당신께 은혜 입기를 원하나이다 하고 가서 먹고 얼굴에 다시는 수색이 없으니라 그들이 아침에 일찍이 일어나 여호와 앞에 경배하고 돌아가서 라마의 자기 집에 이르니라 엘가나가 그 아내 한나와 동침하매 여호와께서 그를 생각하신지라 한나가 잉태하고 때가 이르매 아들을 낳아 사무엘이라 이름하였으니 이는 내가 여호와께 그를 구하였다 함이더라" (삼상 1:1-20)

오늘 말씀 제목이 '여호와께서 들으셨다'라는 것인데, 사무엘 선지자의 이름이 지닌 뜻입니다. 한나가 지어준 이름이죠.

사무엘이 출생할 당시 이스라엘은 사사시대 말기로, 정치·경제적으로 국가가 위기에 처한 매우 암울했었던 시기입니다. 특히, 영적으로는 더 말할 나위가 없었습니다.

종교의 타락과 도덕적인 부패, 옳고 그름을 판단하는 가치관이 부재했던 상황, 그러한 상황이 바로 사무엘의 출생 시기였습니다.

엘리가 제사장으로 있다고는 하지만, 이때는 '여호와의 말씀이 희귀'하여 더 이상을 볼 수가 없었습니다(삼상 3:1). 제사장이 하나님의 음성을 들을 수 없으니 어떻겠습니까? 요즘말로 하면 목회자가 하나님의 말씀을 분별도 못하고 목회적 철학도 없고 비전도 제시하지 못한다는 이야기인데, 따라서 이 시대의 특징이 사사기에서도 지적하듯이 **"백성들이 각자 자기 소견에 옳은 대로 행하였다."(삿 21:25)**는 것입니다.

이스라엘을 다스릴만한 왕이 없었기에 하나님의 율례와 법도가 땅바닥에 떨어지고, 자기들 좋아하는 방식과 옳다 생각하는 대로 마음대로들 섬겼습니다(삿 19:1; 21:25).

물론 중간중간에 사사들이 있기는 했습니다. 그러나 그것은 그 당시 사사들이 살아있을 때에 국한된 한시적인 통치였습니다. 그들이 죽었을 때에는 이스라엘은 언제든지 타락하기를 거듭했습니다.

따라서 하나님은 당신의 백성을 다스리기 위해 새로운 질서를 계획하셨습니다. 그것은 하나님께서 직접 왕이 되셔서 백성들의 마음과 삶을 직접 통치하시는 새로운 왕국의 건설이었습니다.

우리는 이러한 질서체계를 일컬어 '신정국가'(神政國家)라고 부릅니다. 이때의 왕(王)은 하나님의 통치를 대신 수행하는 인물, 곧 하나님의 대리자입니다. 왕이 나라를 다스리는 것이 아니라 하나님께서 다스리시는 것입니다. 왕은 다만 하나님께 순종할 때에 비로소 의의가 있었습니다. 비록 왕으로 선택되었으나, 하나님께 순종치 아니하고 그 뜻을 반영치 못할 때에는 사울처럼 언제든지 버림받을 수밖에 없었습니다. 그래서 사무엘서의 주제가 '다스리시는 하나님, 통치하시는 하나님, 하나님은 왕이시다'라는 것입니다.

이러한 하나님의 비전에 따라 '왕정 체제'(Monarchy)의 기초를 내리기 위해 준비하신 인물이 있었는데, 그가 바로 **사무엘(Samuel)**입니다.

사무엘이 사울과 다윗을 왕으로 기름을 부어 세우죠.

본장은 사무엘의 출생을 다루기 전에, 우선 사무엘이 태어날 가정적 배경에 대하여 소개하고 있습니다.

에브라임 산지 라마다임소빔에 '엘가나'라고 하는 사람이 살고 있었습니다. 그는 성경의 여러 족보들을 볼 때, 레위 지파였던 것으로 보입니다(1절; 대상 6:1, 27-28).

지금 그가 살고 있는 '라마다임소빔'도 여호수아에 의해 정식으로 지정된 레위인의 성읍이 아니었습니다(수 21:17). 아마 사무엘의 할아버지 '숩'이 자기 조상들의 땅을 떠나 이곳으로 이주해 온 듯합니다(삿 17:7-8).

그에게는 두 아내가 있었습니다.

첫째 부인의 이름은 '한나'라는 여인이요. Second의 이름은 '브닌나'라는 여자입니다. 왜 두 명의 아내를 얻었다고 말하지 않고, first · second라 일컫느냐 하면, 율법이 제사장들에게 두 명의 아내를 용인하지 않고 있기 때문입니다(신 21:15-17). 당시의 시대적인 상황이 아내를 여럿 둠으로써 후사를 얻기 위함인지는 모르겠으나, 결코 올바른 방법은 아니었습니다.

아브라함이나 야곱의 가정에서 볼 수 있듯이, 한 가정에 아내가 두 명 있다는 것 자체가 커다란 불씨가 될 수밖에 없었습니다.

더군다나 본처인 '한나'에게는 자녀가 없었습니다.

반면에 Second 브닌나에게는 자녀들이 방울토마토 열리듯 주렁주렁 생겨났습니다. 자녀들이 복수형으로 쓰였거든요.

얼마나 어렵습니까? 당시 여자가 자식을 낳지 못하는 것은 여자의 최대 수치로 여겨지던 때입니다. 과거 우리나라에서도 여자가 자녀를 낳지 못하면, 그것을 칠거지악(七去之惡) 중의 하나로 여기던 때가 있었습니다. 특히 이스라엘 사회에서는 더했습니다. 그들은 무자(無子)한 것을 하나님의 징계나 저주의 결과로 간주했습니다(창 20:18; 신 7:13-14; 시 107:34).

한나는 슬프고 불행한 여인이었습니다. 그녀에게는 미래의 꿈이나 인생의 낙이 없었습니다. 그렇잖습니까?! 자녀라도 있어야 미래를 꿈꿀 수 있지, 돈을 번들 무슨 재미가 있겠습니까? 재미가 없는 인생입니다. 그러나 한편으로 다행한 것은 한나를 향한 남편의 극진한 사랑이 있었다는 것입니다.

엘가나는 이러한 한나의 마음을 알고 있었습니다. 그래서 간곡한 말로 위로합니다. "애가 없으면 어때, 내가 사랑해 주면 되잖아, 괜찮아 괜찮아." 엘가나는 따뜻한 사랑과 위로로 그녀를 감싸 주었고, 어디를 가든지 그녀를 끔찍하게 위해 주었습니다.

반면 '브닌나'는 참을 수가 없었습니다. 남은 목숨걸고 그렇게 많은 애들을 낳아 주었는데 거들떠 보기는커녕 면박만 주고, 애 하나 낳지 못한 한나는 남편의 사랑 듬뿍 받으며 사는 것을 볼 때 속이 부글부글 끓어올랐습니다. 그녀는 한나 때문에 자신이 손해보고 있다고 생각했습니다. 한나만 없으면 남편의 사랑을 독차지할 수 있을

텐데, 한나 때문에 자신이 불행한 인생을 산다고 생각했습니다. 그 래서 한나를 심히 격동하여 번민케 함으로 쫓아내고자 했습니다. "자식도 낳지 못하는 것이 여자냐? 뒈져라, 뒈져."

한나는 자식 못 낳는 것도 서러운데, 그의 대적 브닌나로부터 모욕을 받게 되자 너무나 괴로워서 식음을 전폐할 정도였습니다. 그렇다고 브닌나와 머리채 휘어잡고 서로 천박하게 싸울 수도 없고, 남편의 위로도 귀에 들어오지를 않았습니다.

그러나 더욱 더 마음 아픈 것은, 하나님께서 자신을 성태치 못하게 하심으로 자신을 버리신 것이 아닌가 하는 생각 때문에 더욱 그녀를 괴롭혔습니다. 자식 문제에 관한 한, 한나에게는 한(恨) 맺힌 문제였습니다.

이러한 때에 한나는 이 문제를 어떻게 해결하고 있습니까? 사실 한나는 여자로서 치명적인 약점을 가지고 있었던 여인입니다. 그럼에도 불구하고 성경은 이 여인을 신앙의 위대한 여인으로 포함시키고 있다는 것입니다. 이렇게 될 수 있었던 데에는 몇 가지 이유가 있습니다. 한나에게서 그 이유를 배워 보십시다.

첫째로, 한나가 그렇게 된 이유는 '기도하는 여인'이었다는 것입니다. 한나는 슬픔의 여인이었습니다. 해마다 명절이 되면, 자녀들을 데리고 성전으로 예배 드리러 가는 다른 어머니들을 볼 때마다 미어져 가는 한나의 슬픔을 우리는 이해할 수 있을 것입니다.

남편이 자식을 더 기다려 주지 못하고, 브닌나라는 첩을 얻고자 했을 때 한나의 마음 속에 가득했던 분노와 슬픔, 소외감들을 넉넉히 짐작할 수가 있습니다. 더욱이 브닌나의 괄시로 인한 설움은 그녀의 가슴을 더욱 멍들게 했을 것입니다.

그러나 그녀에게는 소중한 무기가 하나 있었습니다. 이 무기는 칼이 아니었습니다. 그렇다고 증오나 질투도 아닙니다. 그 무기는 '기도'였습니다. 이 기도의 무기가 결점 많은 이 여인 한나를 위대하게 만들고 있다는 것입니다.

10절에서 우리는 이 여인의 기도를 볼 수 있습니다.

"한나가 마음이 괴로와서 여호와께 기도하고 통곡하였다."

이 여인의 기도는 차라리 소리도 내지 못하고 안으로 흐느끼는 통곡의 기도였습니다. 개인적이고 사회적으로 얼마나 설움이 많았겠습니까? 그러나 한나는 그러한 억울함과 소외감들을 경험했을 때 그것을 밖으로 폭발시킨 것이 아니라, 그 아픈 가슴 부여잡고 모든 것을 아시는 하나님 앞에 나와 소화시킬 줄을 알았습니다.

많은 사람이 기도하기는 하지만 응답에 확신 있는 행동을 하지 못하는 것과는 달리, 그녀는 하나님 앞에서 울부짖어 기도했던 모든 것을 **'하나님께서 다 들으셨다'**고 하는 확신이 있었습니다. 때문에 기도한 후에는 모든 염려와 설움을 다 떨쳐 버리고, 삶의 무대를 향하여 다시 당당하게 나아갈 수 있었습니다.

18절입니다.

"가로되 당신의 여종이 당신께 은혜 입기를 원하나이다 하고 가서 먹고 얼굴에 다시는 수색(愁色)이 없으니라."

과연 기도의 사람, 기도하는 여인입니다. 뒤엣 절들을 보면, 바로 그 기도에 응답 받는 것을 볼 수 있습니다.

이 여인이 기도의 응답으로 받은 아들이 바로 '사무엘'(Samuel)입니다. 사무엘의 이름의 뜻이 뭐라고 하였습니까? 20절에 보니까, '내가 여호와께 이 아들을 구하였다'.

그렇습니다. 이 여인에게는 아들을 얻었다는 것이 중요한 것이 아닙니다. 하나님이 어떤 사람에게 아들을 주실 수도 있고, 주지 않으실 수도 있잖습니까? 그보다 더 중요한 것은 하나님께 기도했다는 것입니다.

한나의 기도를 유심히 살펴 보십시오.

기도 가운데서, **'돌아보시고, 생각하시고, 잊지 아니하사'**라는 말들로 삼중으로 강조하고 있는 것을 볼 수 있습니다.

다시 말해 그녀는 이 기도하는 동안에, 그녀가 하나님께 버림받지 아니하였다고 하는 내면의 가장 근본적인 문제들·확신의 문제들을 해결했던 것입니다.

더 나아가서 생각해 보십시다. 이 아들 사무엘이 어떤 사람이었습니까? 그 역시 '기도하기를 쉬는 것이 곧 죄'(삼상 12:23)라고 말할 정도로 기도의 사람이었다는 사실입니다.

어떻게 그것이 가능했습니까? 물론 그의 어머니 한나 때문일 것입니다. 그가 기도의 아들로 자라났다는 것이 결코 우연일 수 없습니다. 기도하는 부모와 교사 밑에, 기도하는 자녀들이 자라나게 되어 있습니다.

한나에게서 발견되어지는 두 번째 모습은, '영적인 비전'입니다. 다시 10-11절을 봅니다. "한나가 마음이 괴로워서 기도하고 통곡하며 서원하여 가로되 만군의 여호와여 만일 주의 여종의 고통을 돌아보시고 나를 생각하시고 주의 여종을 잊지 아니하사 아들을 주시면 내가 그의 평생에 그를 여호와께 드리고, 삭도를 그 머리에 대지 아니하겠나이다."

한나가 지금 하나님 앞에 '나실인 서원(誓願)'을 하고 있는 것입니다. 원래 나실인 서원은, 태어나기 전부터 이미 자기 자식이 소명되었음을 확실히 인식한 어머니에 의하여 이루어집니다(렘 1:5; 갈 1:15). 한나는 하나님을 믿음으로 바라볼 뿐만 아니라 신뢰하면서, 자신의 무자(無子)한 수치가 반드시 거둬질 것을 확실히 믿었습니다. 그리고 소망 중에 그분께 간절히 호소합니다.

한나는 기도를 통해 얻은 아들 사무엘을 향한 비전(Vision)이 있었습니다. 특별히 그 시대가 매우 어둡고 혼탁한 시기였기에, 하나님 전(殿)의 역사들을 위하여 사무엘을 바치기로 결심을 하였습니다. 이것이 이 여인이 가지고 있었던 영적인 비전이었습니다. 그녀는 그 시대에 신실한 하나님의 종들이 절실히 필요하다는 것을 깨달았습니다. 따라서 사무엘을 하나님의 종으로 바치고자 나실인 서원을 합니다.

꿈이 있어야 합니다. 교역자는 교역자들대로, 교사는 교사대로 목회를 위한 꿈이 있어야 합니다.

'나는 어떻게 목회(牧會) 할 것인가?', '양들을 어떻게 가르쳐야 되며 ○○는 장래를 위해 무엇을 준비해야 하는가?', '하나님은 우리 반 아이들에게 무엇을 기대하시는가?'

양들에게 동기가 부여되지 않으면 신앙의 기반이 온전히 세워질 수가 없습니다. 이는 선생된 자들의 의식에 따라 상당 부분 좌우될 수밖에 없습니다. 우리는 이 의식을 '**목회 철학**'이라고 부릅니다.

그래서 이런 말이 있죠.

"그 교회의 성장과 부흥은 그 담당 교역자의 목회 철학과 비례한다." 담당 교역자의 목회 철학에 의하여, 교회의 방향과 교인들의 영적 수준이 결정됩니다.

마찬가지로 각 부서의 지도교역자의 영적 수준 이상으로 교사들이 뛰어넘을 수 없고, 반의 아이들이 그 반을 가르치는 교사의 수준들을 결코 뛰어 넘을 수가 없다고 하는 사실입니다.

지도자라고 하는 사람이 영적인 비전도 하나 없이 이끌어 나가는데, 어찌 교사들이 영적인 눈이 열리겠으며, 교사들이 게을러 빠졌는데 그 반 학생들이 교회에 열심히 나오겠습니까?

설교 5분 전에야 부리나케 들쳐 보고 가르친 공과가 어떻게 그 영혼들의 변화를 일으킬 수 있겠느냐 말입니다. 가능하겠습니까?

요즘 교회들마다 다들 어렵고 침체한다고들 아우성입니다. 정말 그렇습니까? 다들 어렵고 다들 침체되어가고 있습니까?

천만에요. 부흥하는 교회는 여전히 부흥하고 있고, 모이는 교회는 여전히 잘 모입니다. 마찬가지입니다. 어떤 교사·어떤 설교자를 만나느냐에 따라 그 부서와 교회의 미래가 빚어집니다.

세 번째로는 한나의 '신뢰하는 모습'입니다.

한나는 자신에게 긍휼을 베푸사 아들을 주시면, 그의 평생에 그를 여호와께 드리겠노라 서원(誓願)합니다.

그녀는 자신의 고통을 인하여 기도하면서도 자신의 유익을 구하기보다 하나님의 영광을 먼저 간구하였고, 하나님은 이러한 한나를 생각하사 그 태(胎)를 여시고 사무엘을 잉태케 해 주셨습니다.

이제 서원을 갚는 한나를 보십시오. 약속대로 사랑하는 자기 아들을 데리고 성전에 올라갑니다.

"그러므로 나도 그를 여호와께 드리되, 그의 평생을 여호와께 드리나이다 하고 그 아이는 거기서 여호와께 경배하니라."(삼상 1:28)

갓 젖뗀 아이를 품에서 떼어 놓고 돌아오는 부모의 심정이 왜 걱정이 안되었겠습니까? 그런데 이 고백을 들어 보십시오. 그녀가 염려와 불안이 중첩된 이 와중에도 하나님께 고백을 드립니다.

"그러므로 나도 그를 여호와께 드리되, 그의 평생을 여호와께 드리나이다."(28절)

다시 말하면, 자녀의 인생을 하나님께 다 맡기겠다는 말입니다. 그리고는 하나님의 은혜를 힘껏 찬송합니다. 2장에 나오는 내용들입니다.

사실 현대를 살아가는 요즈음의 부모들은, 한나 못지 않은 자녀들에 대한 많은 걱정과 불안을 안고 살아갑니다. 거의 모든 학교들이 무신론적인 교육을 시키고 있으며, 학교에는 별의별 친구들이 다 있습니다. "내 자녀가 그릇된 아이들의 영향을 받지는 않을는지, 혹시 왕따 당하지는 않을는지, 공부나 제대로 해야 될텐데."

그러나 그 부모의 걱정에는 늘 한계가 있습니다. 그것은 자녀들을 실제적으로 도울 수 있는 능력이 없기 때문입니다.

여러분이 사업에 성공하고, 많은 돈을 움켜쥐며, 세상적인 꿈들을 이뤘다 하십시다. 그러나 만일 여러분의 자녀들이 여러분의 마음을 아프게 하고 마구 난도질한다면, 여러분의 삶에 있어 성공이 무슨 의미가 있겠는가 말입니다.

부모는 그 자녀들에게 꿈이 있고, 교회는 주일학교에 미래가 달려 있습니다. 교회가 주일학교에 투자하지 않고는 아무 미래가 없습니다. 문제는 이 투자의 결과가 금방 보이지 않는다는데 문제가 있습니다. 그래서 영적인 시야(視野)가 열리지 않으면 주일학교가 별로 중요성을 느끼지 못할 것입니다. 미래가 안 보이니까 돈 들어가는 곳만 보이는 겁니다. 아깝죠.

하나님 앞에 드린다는 것이 결코 손해가 아닙니다. 낭비되어지는 것 같으나, 그것은 미래의 축복들입니다. 그 속에서 사무엘이 사무엘 될 수 있었던 것입니다. 사무엘을 떠나간 뒤, 하나님은 한나에게 또 다른 아이들을 허락하셨음을 봅니다.

하나님은 결코 손해나게 하시는 분이 아니십니다. 먼 훗날들을 바라보시고, 미래의 ○○교회의 꿈나무들이 얼마나 큰 나무로 자라날지를 그들을 보면서 함께 기대하시자고요. 바라보고 투자하는대로 채워 주시고, 풍성한 열매들로 넘치도록 수확케 하실 줄로 믿습니다.

말씀을 맺습니다.

오늘날 ○○교회 교사들이 기도하는 어머니, 영적인 비전에 불타는 어머니, 하나님 앞에 사랑하는 자녀를 서원하며 바쳤던 한나와 같은 어머니, 그런 어머니들·그러한 교사들이 다 되어야만 합니다. 그렇지 않고서는 ○○교회의 미래는 없습니다.

"오늘 헌신예배를 드리는 여러 교사 선생님들은 하나님 앞에서 어떠한 아버지, 어떤 어머니들이십니까?"

정말 여러분이 가르치는 아이들을 위해 비전을 가지고, 하나님께 마음을 토로하며 기도하고, 교회와 가르치는 영적 자녀들을 위해 무언가 준비하고 계십니까? 그들의 눈에서 미래가 보이십니까? 보이지 않는다면 교사 그만둬야죠.

영적으로·도덕적으로 깊은 잠에 빠져 있다가 어느날 깨어나 보니, 내 자녀들과 우리 교회만 뒤쳐져 있는 것 같더라?! 너무 늦었습니다. 미리부터 준비하시고, 시작하기 전부터 기도하고 미리 계획하십시오.

영적인 자녀들을 키우면서 그들의 이름을 하나하나 부르면서 기도하십시오. 그들을 향하여 비전을 갖고 심어 주면서, 하나님의 영광을 위하여 그분의 기뻐하시는 뜻에 맞도록 양육시키고자 애쓰시는 여러분들이 되시기를 바랍니다.

그리고 주님 앞에서 이렇게 고백하며 시작하십시오. "이 아이를 주님께 맡깁니다. 주께서 친히 길러 주세요."

주께서 책임져 주실 것입니다. 각 부서와 ○○교회 위에 하나님의 풍성케 하시는 은혜가 있어지기를 기도합니다.

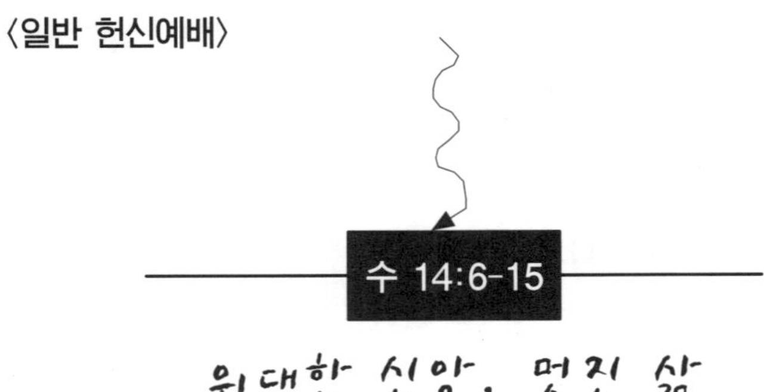

위대한 신앙, 멋진 삶

"때에 유다 자손이 길갈에 있는 여호수아에게 나아오고 그니스 사람 여분네의 아들 갈렙이 여호수아에게 말하되 여호와께서 가데스 바네아에서 나와 당신에게 대하여 하나님의 사람 모세에게 이르신 일을 당신이 아시는 바라 내 나이 사십 세에 여호와의 종 모세가 가데스 바네아에서 나를 보내어 이 땅을 정탐케 하므로 내 마음에 성실한대로 그에게 보고 하였고 나와 함께 올라갔던 내 형제들은 백성의 간담을 녹게 하였으나 나는 나의 하나님 여호와를 온전히 좇았으므로 그 날에 모세가 맹세하여 가로되 네가 나의 하나님 여호와를 온전히 좇았은즉 네 발로 밟는 땅은 영영히 너와 네 자손의 기업이 되리라 하였나이다 이제 보소서 여호와께서 이 말씀을 모세에게 이르신 때로부터 이스라엘이 광야에 행한 이 사십 오년 동안을 여호와께서 말씀하신대로 나를 생존케 하셨나이다 오늘 날 내가 팔십 오세로되 모세가 나를 보내던 날과 같이 오늘날 오히려 강건하니 나의 힘이 그때나 이제나 일반이라 싸움에나 출입에 감당할 수 있사온즉 그 날에 여호와께서 말씀하신 이 산지를 내게 주소서 당신도 그 날에 들으셨거니와 그곳에는 아낙 사람이 있고 그 성읍들은 크고 견고할지라도 여호와께서 혹시 나와 함께 하시면 내가 필경 여호와의 말씀 하신대로 그들을 쫓아내리이다 여호수아가 여분네의 아들 갈렙을 위하여 축복하고 헤브론을 그에게 주어 기업을 삼게 하매 헤브론이 그니스 사람 여분네의 아들 갈렙의 기업이 되어 오늘날까지 이르렀으니 이는 그가 이스라엘의 하나님 여호와를 온전히 좇았음이며 헤브론의 옛 이름은 기럇 아르바라 아르바는 아낙 사람 가운데 가장 큰 사람이었더라 그 땅에 전쟁이 그쳤더라" (수 14:6-15)

인생의 처음을 멋지게 시작했다가 끝을 아주 지저분하게 끝내는 사람이 있는가 하면, 시종일관 그 인생을 멋진 모습으로 유지하는 사람이 있습니다. 후자의 모습이 되어야겠지요. 우리는 본문을 통하여, 정말 위대하고 이상적인 삶을 살았던 신앙의 멋진 소유자를 한 명 발견하게 됩니다. **'갈렙'**이라고 하는 인물입니다.

민수기 13장에 의하면, 갈렙은 가데스 바네아에서 가나안 땅을 정탐하러 갔었던 열두 명의 정탐꾼 중의 한 사람입니다. 그들이 가나안 땅을 정탐하고 돌아와 그 결과들을 보고할 때, 열 명의 정탐꾼들은 그 땅의 원주민인 아낙 자손들을 보고 미리 겁에 질려 버립니다. 그리고 백성들 앞에 불신앙적인 보고를 합니다.

"그 땅은 그 거민을 삼키는 땅이요 그들은 신장이 장대하니 우리는 스스로 보기에도 메뚜기 같더이다."

그러나 갈렙과 여호수아는 달랐습니다. "무슨 말이냐? 하나님이 여지껏 우리와 함께 하셨는데, 아낙 자손이 문제겠느냐? 믿음으로 올라가서 그 땅을 취하자. 그들은 우리의 밥이다."

당시 여호수아와 갈렙이 이 말을 했다가 얼마나 욕을 먹었는지 모릅니다. 불신앙하는 백성들로부터 도리어 이따만한 돌에 맞아 죽을 뻔한 위태한 지경에까지 빠지기도 했었습니다. 그런데 중요한 것은 절대로 들어갈 수 없다고 합리적인 방법을 택했던 열 사람과 그들을 동조했던 백성들은 하나도 못 들어가고, 오직 믿음으로 들어가자고 고백했던 여호수아와 갈렙만이 가나안 땅을 밟았다고 하는 사실입니다. 정말 말한대로 이루어지고, 믿음대로 성취되어진다고 하는 진리를 깨닫게 됩니다. 말들 조심해야 해요. 말이 씨가 되거든요.

이때 하나님께서는 당신의 신실한 종 갈렙에게 "그들이 가나안 땅에 들어가 원하는 땅을 기업으로 차지하게 될 것이라." 약속을 해 주십니다. 민수기 14장의 일이죠(민 14:24).

지금으로부터 약 45년전에 일어났던 일입니다.

이제 가나안 땅의 정복 전쟁이 종료되고, 기업을 분배할 당시 갈렙이 자신의 나이를 85세로 밝히고 있는 것으로 보아, 정복 전쟁이 무려 7년 이상이나 계속 수행되어지고 있었다는 것을 추정해 볼 수 있습니다. 비록 이스라엘이 가나안을 점령하였다고는 하지만, 그 땅에는 아직도 가나안의 원주민 족속들이 잔존을 하고 있었습니다. 그럼에도 불구하고 전장(13장)을 보면, 하나님께서 여호수아에게 정복한 땅을 분배하라고 명령하시는 것을 볼 수 있는데….

아직도 싸움이 다 안 끝났는데, 왜 그러셨을까? 이는 가나안 땅을 완전히 정복하는 것도 중요하지만, 이스라엘이 정복한 땅에서 정착할 수 있는 기반을 조성하는 것 역시 시급한 문제였기 때문입니다. 더구나 이스라엘은 오랜 전투로 인해 상당히 지쳐 있었습니다. 그들에게는 휴식이 필요했습니다.

따라서 여호수아와 대제사장 엘르아살, 그리고 각 지파의 족장들이 모여서 가나안 땅 분배를 위한 작업을 하기 시작했습니다.

그런데 문제가 하나 있었습니다. 그것은 **'누가, 어느 지파가, 어떤 땅을 분배받을 것이냐?'** 하는 문제였습니다. 각 지파가 가능하면 좋은 입지 조건의 노른자위 땅을 차지하려고 서로 눈치들을 보고 있었습니다.

이 문제에 대하여 여호수아가 취한 방법은 각 지파별로 족장들이 나와 점령지를 제비를 뽑아 나누는 방법을 사용했습니다. 요즈음으로 말하면 아파트 조추첨과도 같이 뺑뺑이를 돌린 겁니다.

성경에서 제비 뽑는 방식은 아주 전통적인 방법이죠. 비단 땅의 배분 문제 뿐만 아니라, 구약 시대에 하나님의 뜻을 알아내고 그 뜻대로 일을 결정하는 주요 수단으로 자주 사용이 되어졌습니다(민

26:52-56). 그래서 이런 말씀이 있죠. "사람이 제비는 뽑으나 일을 작정하기는 여호와께 있느니라."(잠 16:33) 백성들도 여기에 이의(異意)가 있을 리가 없습니다.

이들이 가나안 땅을 분배받기 위해 제비뽑는 일을 막 시작하려고 할 때, 갈렙이 유다 자손들과 함께 먼저 여호수아에 찾아와 요구를 했던 것입니다. 말인즉, 자신은 과거 45년전 이미 가데스에서 모세로부터 헤브론 땅을 기업으로 얻게 될 것이라는 약속을 받았다는 것이었습니다.

따라서 자신은 그 약속을 따라서 제비를 뽑지 않고, 그냥 헤브론 땅을 차지하겠노라고 하는 것이었습니다(7-10절; 민 14:24, 30; 신 1:36, 38).

아주 당돌한 요구였습니다.

'원 세상에! 남들은 다 제비를 뽑아 공정하게 분배받으려 하는데, 왜 자기들만 제비를 안 뽑고 땅에 대한 우선권을 달랜다. 별꼴이야. 굉장히 이기적이다' 생각하실지 모르겠으나, 그러나 이러한 갈렙의 요구를 자세히 살펴 보면 그의 요구가 단순히 옛 약속에 근거한 특권의식에서 나온 것이 아니라는 사실을 알 수가 있습니다.

여러분, 지금 그가 달라고 하는 곳이 어디입니까? 12절을 보면, 그가 달라고 하는 곳이 '아낙 자손들이 거주하는 산지(山地)'입니다.

'아낙 자손들'이 누구죠? 과거 이스라엘 백성들이 이 아낙 자손들의 강대함을 보고, 두려움 가운데 불신앙적인 보고를 하게 만들었던 족속 아닙니까? 이 아낙 족속은 헤브론을 중심으로 해 가나안 남부의 산간 지대에 주로 거주했던 가나안 족속들입니다. 키가 아주 크고 몸집이 거대한, 힘 또한 무척이나 센 거인족들입니다. 그중에서도 특별히 키가 가장 큰 사람들이었다고 표현하고 있다는 겁니다

(15절). 당연히 두려움의 대상으로 여겨질 만합니다. 그런데 갈렙이 이러한 아낙 자손의 땅을 요청했던 것이지요.

왜 그랬을까요?

거기 뭐 감춰 놓은 꿀단지라도 있는가? 왜 그랬는가?

갈렙은 젊었을 때부터 아주 훌륭한 신앙을 갖고 있었던 사람입니다. 그는 이스라엘이 광야에 있을 때부터, 하나님께 대한 남다른 신앙으로 가나안 족속들을 능히 물리쳐 이길 것이라고 확신하던 사람입니다. 지금은 백발이 성성한 85살의 할아버지가 되었지만, 그는 45년 전의 약속, 그 땅의 성읍 헤브론을 자기에게 주시겠다고 하는 하나님의 약속을 강하게 믿고 있었습니다. **강한 믿음이 없으면 도저히 감행할 수 없는 일이었습니다.**

더군다나 45년 전, 정탐꾼들을 공포에 떨게 했던 아낙 자손들이 여전히 살고 있습니다. 그들의 성읍들은 아주 크고 견고했습니다.

이러한 일을 자세히 알고 있으면서도 그 땅을 요구했던 것이죠. 뭔가 좀 이상하죠?!

결국 이런 말이 되겠죠. "서로 두려워하지 마십시오. 그 아낙 자손의 성읍인 헤브론을 제게 주시면, 과연 하나님의 약속대로 제가 그곳을 정복하여 개척하고 한 번 옥토를 만들어 보겠습니다."

12절입니다. "그 날에 여호와께서 말씀하신 이 산지를 내게 주소서. 당신도 그 날에 들으셨거니와 그곳에는 아낙 사람이 있고, 그 성읍들은 크고 견고할지라도 여호와께서 혹시 나와 함께 하시면 내가 필경 여호와의 말씀하신 대로 그들을 쫓아내리이다."

여기서 '**혹시**'라는 단어가 나옵니다. '만약에, 혹시'라는 가정과 의심의 뜻도 있지만, 원문는 '정녕, 필시'라고 하는 소망과 확신의 뜻도 지니고 있습니다. 여기서는 의미는 전자일까요, 후자일까요? 당연히 후자이지요.

정녕, 필시 말씀대로 정복해 보겠나이다. 갈렙의 확고한 신앙을 보여 주고 있습니다.

갈렙이 누굽니까?

가데스 바네아와 38년의 광야 생활들, 7년 동안의 긴 가나안 정복 전쟁들을 통해 '하나님께서 함께 하시면 그 어떤 일도 다 할 수 있다'고 하는 사실을 그 누구보다 뼈저리게 경험하고 확신했던 사람, 그가 갈렙 아닙니까?!

아마 믿음의 용사 갈렙은 아낙 자손의 땅을 정벌하는 것이 하나님이 자신에게 주신 위대한 사명, 마지막 임무라고 생각했었던 것 같습니다. 그래서 그는 헤브론의 아낙 자손들을 한시라도 빨리 격멸하고 그곳을 정복함으로, 과거 이스라엘 백성이 그들을 보고 떨었었는데, 그들로 하여금 빨리 믿음을 되찾게 하고 담대함을 심어 줄 필요가 있다고 생각했습니다.

'갈렙'에게는 백성들을 위한 희생의 정신이 있었습니다.

"내가 보다 힘든 싸움 상대를 택함으로 인해 내게 어려움은 있겠으나, 이로 인해서 백성들이 힘을 얻을 수만 있다면, 나는 자원하는 심령으로 기꺼이 감당하리라." 여호수아에게 자기가 그 일들을 맡겠노라고 자원하고 있다는 것입니다.

이 얼마나 멋진 신앙인입니까! 하나님의 뜻을 살피고, 타인의 유익을 위해, 교회의 구성원들·공동체의 유익을 위해서 기꺼이 내 자신을 내어 줄 수 있다는 것…. 갈렙의 이러한 믿음과 용기있는 결단은 참으로 '위대한 신앙인'의 모습이요 '멋진 삶'의 모습을 보여 주고 있는 겁니다.

여호수아도 갈렙의 이런 신실한 신앙에 대해 이미 잘 알고 있었기 때문에, 그의 요청에 어떠한 거부감이나 불쾌감 없이 흔쾌히 축복하고 응해 줍니다.

우리는 본문에서 갈렙의 그러한 철저한 신앙과 삶의 구체적인 혼적들을 발견할 수가 있는데…

갈렙의 희생 정신은 오늘날 이 땅 위에 하나님 나라를 확장시켜 나가야 할 막중한 사명을 걸머지고 있는 우리 모든 성도들에게 마땅히 요구되어지는 덕목들입니다.

정녕 한 알의 밀이 땅에 떨어져 자신을 썩혀야만 열매를 맺을 수가 있지요. 썩지 아니하고는 결코 열매를 맺을 수가 없습니다.

하나님 나라의 확장 역시, 우리 몫에 태워진 십자가를 눈물과 봉사·희생으로 섬기지 아니하고서는 결코 이룰 수가 없는거라. 복음 사역도 마찬가지고 ○○교회 일도 마찬가지입니다. 다만 '누가 감당할 것이냐?'가 문제지요.

사람이 젊었을 때나 늙었을 때를 한결같이 흔들리지 않는 신앙을 소유한다는 것이 결코 쉬운 일이 아닙니다.

초신자·처음 믿었을 때나 중직을 맡았을 때나, 그 믿음이 초지일관 변함없게 유지한다는 것은 결코 쉬운 일이 아닙니다.

본문에 나타난 갈렙의 이 짧은 말들 속에는 자신이 '여호와를 온전히 좇았다'라는 말이 두 번(8절, 9절), '여호와께서 말씀하신 대로'라는 말 또한 두 번이나 나타나고 있는 것을 볼 수 있습니다. 10절과 12절이죠.

갈렙의 신앙은 막연한 것·대충 믿은 것이 아니었습니다. 도리어 철저히 하나님의 말씀에 근거하고, 그 말씀 속에서 행할 길들을 발견하는 신본주의적인 신앙이었습니다. 그는 45년 동안이나 이 약속의 말씀을 가슴 속에 품으면서도, 설사 이 약속의 응답들이 비록 더디다고 할지라도 반드시 이루어질 것이라 그는 확신했습니다.

갈렙의 이러한 신앙은 그의 자손들에게도 이어져, 그의 자손들 역시 가나안의 남은 족속들을 쫓아내는데 가장 선두(先頭)에 서서 싸우는 것을 볼 수 있습니다. 사사기 1:1-10절 말씀이죠. 믿음은 이렇듯 대대로 이어지는 법입니다.

성실한 삶은 어느 날 갑자기, 하루 아침에 이루어지는 것이 아닙니다. 어려서부터 그 인격이 올바로 다져져야 그 삶이 성실한 신앙 양태로 나타나는 것입니다. 그런 면에서 "세 살 버릇 여든까지 간다"는 말이 일리가 있다 할 것입니다.

부지런한 사람은 어떤 일에도 부지런하지만, 게으른 사람은 그 어떤 일을 맡겨도 역시 게으르게 되어 있습니다.

책임감이 강한 사람은 무슨 일을 맡아도 자기 책임을 다하나, 책임감이 없고 소속감이 없는 사람은 언제 어떤 직책에 앉아도 자기 책임을 다하지 못하죠. 흔히 볼 수가 있습니다.

'성실'이란 단어를 히브리어로는 '에문'(emun)이라고 합니다.

'확립되었다', '신뢰성이 있다', '믿음이 있다', '진실하다'라는 뜻입니다. 그런데 이 '성실'이 진실과 믿음의 동의어로 취급되고 있다는 것에 주목하십시오.

성실하지 못한 것·불성실은, 비진실이며 불신앙인 것이라는 말입니다. 삶이 불성실할 때 그것은 곧 그 사람의 마음에 신앙이 없다는 것을 의미하는 것이고, 진실하지 못하기 때문에 불성실할 수밖에 없다는 것은 당연합니다.

갈렙의 나이 85세가 되도록 그는 '말씀을 따라 성실하게 살고자' 애를 썼던 사람입니다. 그래서 가나안 정탐을 마친 후 돌아와 보고할 때에도, 백성들이 그렇게 난리들을 떨었음에도 백성들을 의식하지 아니하고 오직 하나님께만 '마음에 성실한 대로'(7절) 다 보고를 했다고 고백하고 있습니다.

갈렙은 나름대로 그의 삶에 '최선을 다고자 한 것'입니다.

광야에서 피로하고 지루했던 40년 동안이나 그는 온전히 주님만을 따랐던 인물입니다. 전진할 때나 수많은 사람이 죽어갈 때, 백성들이 물과 식물로 불평하고 반역할 때에도 그는 오직 하나님의 뜻만을 행하고자 하였고, 오직 그분의 음성에만 귀를 기울였습니다.

갈렙처럼 오래 살든 짧게 살든 간에 길고 짧고를 떠나, 항상 성실하게 사는 사람이 바로 멋진 사람이 아닐까 생각합니다.

주어진 일과 환경·그 여건들에 최선을 다하는 것은 나의 책임이고, 최선 다음에 오는 그 결과들에 대하여는 다 하나님이 책임지시는거라. 뒷일까지 걱정할 필요가 없습니다. 다만 최선만 다하면 됩니다.

중요한 것은 그 이후의 일입니다. 갈렙의 그러한 용기가 과연 만용이었는지, 아니면 어떤 실제적인 그러한 결과들을 가져왔는지 성경은 그 결과들에 대해 다음과 같이 기록하고 있습니다.

14절을 보면, "헤브론이 그니스 사람 여분네의 아들 갈렙의 기업이 되어 오늘날까지 이르렀다." 15절에서는 "그 땅에 전쟁이 그쳤더라." 기록하고 있습니다.

갈렙이 헤브론을 정복하자마자 전쟁이 곧 거기서 끝나지는 않았을 것입니다. 아마 그 이후에도 그 땅 원주민들과의 계속적인 국지전(局地戰)들이 있었을 터인데, 그럼에도 불구하고 그 땅이 갈렙의 땅으로 오늘날까지 이르렀고 모든 원수들과의 전쟁이 끝이 나버렸다고 선포하고 있습니다.

왜 그랬을까요? **그것은 갈렙의 치룬 전쟁의 의미가 이스라엘에게 있어서는 아주 특별한 의미·전쟁의 승패를 가늠짓는 중요한 잣대가 되었다는 것을 의미합니다.** 이스라엘은 이 일로 인하여 완전한 전쟁, 하나님께 전적으로 의지하는 전쟁을 치뤘던 것입니다. 결국 갈렙의 신앙대로 된 것이지요.

본문은 세 차례나 이렇게 된 이유를 말하고 있는데…. 8절을 함께 보십시다. "나와 함께 올라갔던 내 형제들은 백성의 간담을 녹게 하

였으나, 나는 나의 하나님 여호와를 온전히 좇았으므로'

9절, "그 날에 모세가 맹세하여 가로되 네가 나의 하나님 여호와를 온전히 좇았으므로"

14절, "헤브론이 그니스 사람 여분네의 아들 갈렙의 기업이 되어 오늘날까지 이르렀으니, 이는 그가 이스라엘 하나님 여호와를 온전히 좇았음이라."

갈렙의 참다운 성실과 신앙의 용기가 어디에서 나오는 것이었다고요? '여호와를 온전히 좇는데서.' 누가 온전한 신앙인이며, 누가 불굴의 의지를 나타낼 수가 있는가? 그것은 여호와 하나님을 온전히 좇는 사람에게만이 나타낼 수 있는 것입니다.

적당히 믿는 사람·99%까지만 믿는 사람이 아니라, 하나님만을 온전히 믿고 따르는 사람, 하나님을 온전히 100% 신뢰하는 사람 그런 사람에게서만이 불굴의 용기가 나올 수 있다는 겁니다. 이것이 진정한 용기이며 신앙 아닐까요?!

비록 85살 난 노인네 갈렙이었지만, 젊은이 못지 않게 그토록 위대한 승리들을 이룰 수 있었던 그의 비결이었습니다. 이런 신앙인들이 되실 수 있기를 기도합니다.

저는 ○○교회에 있어 많은 사람들(성도들)을 바라지는 않습니다. 교회, 크지 않아도 좋습니다. 사택, 낡으면 어떻습니까? 그러나 꼭 하나 바라는 것이 하나 있다면, 이런 신앙의 사람·갈렙 같은 사람들 꼭 열 명만 만났으면 더 이상 소원이 없겠습니다. 아니, 여러분들 만난게 제 소원 이루어진 줄로 믿습니다.

여러분, 우리에게 인생 두 번 주어지는 것 아니잖아요. 단 한 번 밖에 없는 기회, 좀 멋지고 가치있게 살아봐야 하지 않겠습니까? 멋지게 산다는 것이 다만 세상의 온갖 재미들 만끽하며 산다는 것을 의미하지는 않습니다. 그것은 죄악이요 불행한 삶입니다.

멋진 삶이란, 좀 의미있고 가치있는 일들을 위해 힘쓰는 삶일 것입니다. 예수님을 위해서, 주님의 교회·○○교회 공동체를 위해서 '내가 좀 힘이 들더라도 이로 인해 교회가 힘을 얻을 수 있다면, 내가 좀 수고는 해야겠으나 이로 인하여 교회의 복음 역사가 더 왕성해질 수만 있다면, 나는 자원하는 심령으로 기꺼이 감당하겠노라.'고 하는 그러한 각오와 결심….

교회를 섬기고, 직분자로 충성하고, 복음을 위해 돈을 쓰고, 시간을 쓸 수 있는 기회, 늘 주어지지는 것이 아니잖아요. 이것을 '누가 감당할 것이냐?'가 문제지요. 우리가 감당해야 하지 않겠어요? 우리에게 힘이 있고, 물질이 있고, 희망이 있을 때에 갈렙과 같은 용기와 믿음이 있어지기를 기도합니다. 하나님 앞에서의 결단이 오늘 각 사람 마음 속에서 새롭게 용솟음쳐 일어날 수 있기를 주의 이름으로 축원합니다.

성탄절

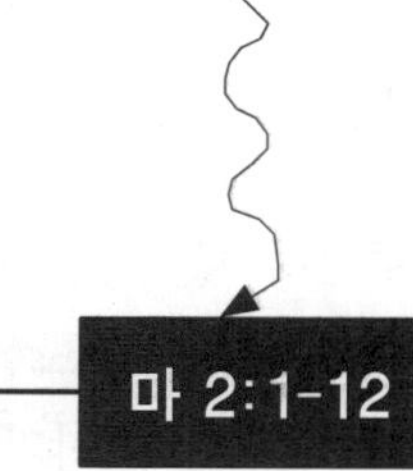

동방에서 그의 별을 보고

"헤롯왕 때에 예수께서 유대 베들레헴에서 나시매 동방으로부터 박사들이 예루살렘에 이르러 말하되 유대인의 왕으로 나신 이가 어디 계시뇨 우리가 동방에서 그의 별을 보고 그에게 경배하러 왔노라 하니 헤롯왕과 온 예루살렘이 듣고 소동한지라 왕이 모든 대제사장과 백성의 서기관들을 모아 그리스도가 어디서 나겠느뇨 물으니 가로되 유대 베들레헴이오니 이는 선지자로 이렇게 기록된 바 또 유대 땅 베들레헴아 너는 유대 고을 중에 가장 작지 아니하도다 네게서 한 다스리는 자가 나와서 내 백성 이스라엘의 목자가 되리라 하였음이니이다 이에 헤롯이 가만히 박사들을 불러 별이 나타난 때를 자세히 묻고 베들레헴으로 보내며 이르되 가서 아기에 대하여 자세히 알아 보고 찾거든 내게 고하여 나도 가서 그에게 경배하게 하라 박사들이 왕의 말을 듣고 갈째 동방에서 보던 그 별이 문득 앞서 인도하여 가다가 아기 있는 곳 위에 머물러 섰는지라 저희가 별을 보고 가장 크게 기뻐하고 기뻐하더라 집에 들어가 아기와 그 모친 마리아의 함께 있는 것을 보고 엎드려 아기께 경배하고 보배합을 열어 황금과 유향과 몰약을 예물로 드리니라 꿈에 헤롯에게로 돌아가지 말라 지시하심을 받아 다른 길로 고국에 돌아가니라"

(마 2:1-12)

민수기 22-24장은 보면, 출애굽한 이스라엘이 광야의 여정 중 모압 땅에 점차로 이를 때에, 동방의 한 유명한 선지자를 만나게 되어지는데 **'발람'**이라는 선지자입니다.

그는 이스라엘로부터 위협을 느끼고 있는 모압 왕 발락에게 매수되어 이스라엘을 대적해 저주하려 했지만, 하나님은 도리어 발람을 감동시키사 도리어 이스라엘을 축복케 만드십니다. 나귀가 막 말을 하고 그랬잖습니까? 성경에 잘 알려진 이야기입니다.

그 때 발람이 이런 예언을 하죠.

"내가 그를 보아도 이 때의 일이 아니며, 내가 그를 바라보아도 가까운 일이 아니로다. 한 별이 야곱에게서 나오며, 한 홀이 이스라엘에게 일어나리로라."(민 24:17)

이 예언은 이스라엘 민족이 앗수르와 바벨론의 포로가 되면서 동방의 각처로 퍼져 나갔고, 동방 사람들은 그들을 통해 선지자 발람의 예언을 듣게 됩니다. 하늘에서 큰 별이 뜰 때 유대에서 세계적인 대왕이 탄생할 것이다. 로마의 역사가 수에토니우스의 기록에 의하면, 당시 지중해 세계에서는 유대에서 한 왕이 나서 온 세계를 다스리게 될 것이라는 소문이 파다하게 퍼져 있었다고 합니다.

동방박사들의 이름과 출신에 대해서는 전설만 있을 뿐, 별로 알려진 바가 없습니다.

다만 추론 가능한 것은 그들이 구약의 예언들 특히 메시아에 관한 상당한 지식들을 소유하고 있었다는 것과 하늘의 별을 보고 찾아온 것으로 보아, 별들을 연구하는 천문학자 내지 점성술사들이었을 가능성이 높습니다.

어쨌든 그들은 하늘에 떠있는 수많은 별들을 관찰하는 가운데 아주 특별한 한 별을 목격하게 되었습니다. 그리고 그 유난히 반짝이는 그 별을 관찰하면서, 그 별이 유대인들 가운데에 예언되어졌던 위대한 왕의 탄생을 알리는 징조라고 확신했습니다.

그들은 자신의 모든 생업들을 뒤로 한 채, 유대인의 왕으로 태어난 아기를 직접 찾아 경배하기로 마음을 모았습니다.

당시 교통이나 통신망이 별로 발달하지 않은 시대에 여행을 한다는 것은 상당한 각오를 해야만 하는 일입니다. 오랜 시간과 노력들, 때로는 강도의 위험을 감수해야만 합니다. 더군다나 자기 나라도 아닌, 남의 나라에 찾아가 그 나라를 다스릴 새로운 왕을 찾아 경배한다?! 까딱 잘못 잡혀가면 안기부에 가서 쥐도 새도 모르게 제거될 수도 있습니다.

아마 주위의 사람들, 특별히 가족과 친척의 만류도 뿌리치고 떠날 때에는 주위 사람들이 다 그들을 조롱했을지도 모릅니다. "예수 믿더라도 곱게나 믿지, 뭐 그렇게까지 열심히 할 필요가 있냐?"

그들은 더 가치있고 큰 일을 위해 작은 일들을 기꺼이 포기할 줄 알았습니다. 이는 그들이 평소 진리의 별을 찾고자 하는 강한 열망을 가지고 있었기 때문입니다. 삶에 닥친 현실적인 문제들을 뛰어넘어 그들은 인생의 참된 진리를 찾는 구도자들이었습니다. 그들은 평소 밤하늘의 별들을 연구하면서 끊임없이 진리를 탐구하였습니다.

생각해 보십시오.

당시 수많은 사람들이 동방박사들을 이끌었던 그 별을 함께 보았을텐데, 그러나 그 별이 무엇인지 또 무슨 의미를 주는지 깨닫는 사람은 아무도 없었다는 것입니다.

무엇을 말합니까? 평소 하나님을 간절히 찾고 영적인 진리에 갈망하는 구도자만이 진리를 발견할 수 있다는 이 사실을 반증하는 것 아니겠습니까?

물론 그것은 하나님의 은혜입니다. 하늘에 떠있는 수많은 별들 중 하나를 보고 그 별이 메시아 탄생을 알리는 징조라고 생각했다는 것은, 분명 하나님께서 그들의 지각을 열어 주셨기 때문입니다. 하나님께서 그들을 경배할 수 있도록 이끌어 주셨던 것이죠. 그럼에도 불구하고 성경은 인간의 노력을 외면하지는 않습니다.

성경은 말합니다.

"나를 사랑하는 자들이 나의 사랑을 입으며 나를 간절히 찾는 자가 나를 만날 것이니라."(잠 8:17)

진리를 찾으려는 간절한 구도자의 자세도 없고, 말씀에 별 관심과 반응이 나타나지를 않는데, 영적인 진리가 거저 주어지는 것이 아닙니다. 우리는 흔히 교회만 다니면 신앙이 절로 늘어나는 줄로 착각을 하는데, 착각하지 마십시오. 신앙 20-30년 믿었어도 여전히 자기만 위해 줘야 하는 유아기적인 신앙인이 얼마나 많은데요. 집사·장로·권사가 되었어도 마찬가지입니다.

오직 하나님을 간절히 찾는 자가 그분이 주시는 진리를 경험할 수가 있습니다. 말씀을 들을 때에 그 앞에 순종하려고 애를 쓰고, 힘들지만 내 주장과 생각들을 말씀 앞에 다스려 나갈 때 그분을 만날 수가 있는 것입니다.

'신앙'이라는 것을 막연하게 생각하지 않으시기를 바랍니다.

말씀을 통해서 삶의 자세가 바로 잡혀지지 않을 때, 그 신앙은 곧 한계에 부딪쳐 형식화되어질 것이 분명합니다. 그리고는 직분과 권위만을 부르짖겠죠. "내가 누군데 말야." 그런 사람들 되어지지 않기를 기도합니다.

우리들의 신앙은 삶을 통하여 주님께 고백되어져야만 합니다.

여러분들에게 주님을 만나 뵙는 은혜가 있어지기를 바랍니다. 이에 그들은 당시 예루살렘을 다스리고 있던 헤롯을 찾아가 말합니다.

2절입니다. "유대인의 왕으로 나신 이가 어디 계시뇨. 우리가 동방에서 그의 별을 보고 그에게 경배(敬拜)하러 왔노라."

사실 당연한 줄 알았습니다. 자기들은 잘 몰라도 최소한 유대인들만큼은 맨날 예언을 말하고 메시아 도래를 얘기하니까, 최소한 그들만큼은 더 많은 준비로 기다릴 것이라 생각했습니다.

그러나 반응이 어떠했습니까? 3절입니다.

"헤롯왕과 온 예루살렘이 듣고 소동하였다."

왜 이렇게 소동할 수밖에 없는 것일까요? 그것은 마음에 준비들이 전혀 갖추어지지 않았기 때문입니다.

헤롯은 유대인이 아닙니다. 그는 에돔 사람입니다. 누구의 후예이죠? 야곱의 형 에서의 후예, 언약 백성이 아닙니다.

그의 아버지 '안티파테스'라는 인물은 유대의 마지막 왕조였던 마카비 왕조(하스몬 왕조)를 무너뜨리는데 있어 결정적인 역할을 한 인물입니다. 당연히 유대인들이 증오를 받고 있는 인물입니다.

그는 25세 때 아버지의 권력을 등에 업고 갈릴리의 지사를 거쳐서, B.C.(주전) 40년에 로마 황제 아구스도에 의해 유대의 왕으로 임명됩니다.

그는 정치적 역량을 발휘하여 공공사업을 일으키기도 하고, 유대인의 환심을 사기 위하여 조세를 감면하기도 하고, 예루살렘 성전을 다시 재건하는 등 나름대로 많은 노력들을 합니다.

동시에 그는 성격이 매우 난폭한 사람이었습니다. 그는 자신의 아내와 두 아들이 자신의 왕권에 위협이 된다고 하여 정적으로 몰아서 죽이기까지 하였습니다.

이런 헤롯의 난폭한 성격을 아는 백성들은 두려웠습니다. 헤롯은 자신의 왕권을 위협할지도 모를 새로운 왕의 태어났다는 소식에 영 마음이 불안하였고, 백성은 백성들대로 불안했습니다.

'저거 그나마 미친 거, 아주 미치는 것 아닌가' 헤롯을 보다 더 광폭하게 만들지도 모른다는 불안감 때문이었습니다.

헤롯은 자신의 악한 통치와 메시아의 의롭고 공의로운 통치가 서로 양립할 수 없음을 잘 알고 있었습니다.

그에게 있어서 메시아의 탄생은 결코 기쁨의 소식이 아니었습니다. 그것은 두려움의 소식이요 자신의 죄악된 삶에 대한 심판만을 의미할 뿐이었습니다.

따라서 헤롯과 온 예루살렘이 듣고 소동하였다…

여기서 '소동했다'는 말은 '뒤흔들린다, 당황케 하다, 무섭게 한다'는 뜻입니다.

헤롯은 자기 왕권에 대한 위기의식과 악한 통치 때문에 떨었고, 백성들은 백성들대로 메시아의 오심을 마음에 준비하지 못했기 때문에 당황할 수밖에 없었습니다.

예전에 우리나라에서도 재림소동이 일어났던 적이 있죠. 언제죠?

1992년 10월 28일. 얼마나 사회적으로 난리를 폈습니까? 흰옷 입고 기도원마다, 교회마다 사람들이 가득했었잖습니까?

그때 여기 앉아 계신 성도님들은 뭘 하고 계셨는지 모르겠습니다. 평소 그리스도의 재림을 별로 바라거나 소망하지 않고 있다가 당장 재림하신다니까 겁이 나는거라.

지금 당장 이 자리에 예수님께서 천사장의 나팔 소리로 재림을 하신다면?! '아이고. 어디 의자 밑 숨을 데 없나?' 하지 마시고, 기쁨으로 맞으실 수 있는 여러분들 되시기를 바랍니다.

헤롯은 무슨 방법이든 강구해야만 했습니다.

그는 모든 대제사장과 백성의 서기관들을 불러 모아 "그리스도가 어디서 나겠느냐?" 물었습니다. 그러자 율법학자들이 성경을 뒤적거리며 말합니다.

여기 미가 5:2절에 나와 있구만요. 한 번 보십시다.

"베들레헴 에브라다야, 너는 유대 족속 중에 작을지라도 이스라엘을 다스릴 자가 네게서 내게로 나올 것이라."

이에 헤롯이 박사들을 은밀히 불러서 별의 나타난 때와 장소를 자세히 묻고, 아기를 찾거든 자신에게 알려 주어 경배할 수 있게 해 달라고 부탁합니다. 실제로는 그가 예수님께 경배 드리고자 할 마음이 있었던 것이 아니라, 그 아기 예수가 발견되면 즉시 죽이려고 하는 무서운 음모를 계획하면서 말입니다.

그러자 박사들은 공부만 해서 그러는지, 헤롯의 악한 말을 순진하게 고지곧대로 믿어 버립니다. 그리고 '꼭 가르쳐 주마' 약속하고, 서기관들이 가르쳐 준대로 베들레헴으로 갑니다. 하나님이 그 길을 막으셨으니까 망정이지, 여차하면 큰일 날뻔 했습니다.

그런데 이상한 것이 있습니다. 성경을 한 번 자세히 살펴 보십시오.

온 예루살렘이 온통 소동을 했으면서도, 예수님이 과연 태어나셨는지 보기 위해 박사들과 함께 베들레헴으로 간 사람이 아무도 없었다는 사실입니다. 그토록 메시아를 학수고대(鶴首苦待)하며 열망하던 사람들이 말입니다.

평소 유대인들의 태도로 보아 도저히 이해할 수 없는 행동들입니다. 그들은 하나님께 대한 지식만 있었을 뿐이지, 막상 메시아가 베들레헴에 태어나셔도 그들 중 아무도 찾는 이가 없었습니다. 아니, 애초에 찾아가려고 하지 않았다는 말이 더 정확한 표현일 것입니다. 하나님과의 인격적이 교제가 전혀 없었다는 말입니다.

마찬가지입니다. 성도들이 신앙적인 삶 가운데 하나님과의 이런 인격적인 관계를 이루어 나가지 못한다면 다 이와 같이 변질될 수밖에 없을 것입니다. 말씀을 들을 때에 그 말씀을 내게 주시는 말씀으로, 그 말씀이 내게 순종을 요구하는 말씀으로 받아들여야 한다는 말입니다. 그렇지 아니하면 말씀이 내게 아무런 유익을 주지 못할 것입니다.

말씀이 주시는 은혜나 말씀 안에서 주어지는 새로운 변화들, 그러한 경험들, 전혀 체험할 수 없을지도 모릅니다.

어쨌든 동방의 박사들은 예루살렘에 도착해서 그들과 이야기를 나누면서 비로소 메시아에 대한 정확한 정보를 얻게 되어집니다.

그들은 메시아가 유다 지파의 혈통을 타고 태어날 것이라는 사실, 그분이 베들레헴에서 태어날 것, 그분이 어떻게 태어날 것인지, 그분의 죽음이 어떠한 의미를 주는지….

처음에는 자기들의 지식과 생각을 의지하므로 베들레헴으로 가지 않고 예루살렘으로 갔었습니다. 새로운 왕은 당연히 예루살렘의 부유한 왕궁에서 탄생했을 것이라고 생각하였기 때문입니다.

예전에는 동방의 이방 지식으로 별의 의미를 생각했었는지 모릅니다. 그러나 이제 영안이 열려지자 이제 그들은 '어떤 새로운 왕이 태어날 것'이라는 막연한 생각을 멈추고, 그들의 앞서 인도하시는 하나님의 별을 바라봅니다.

예전과 똑같은 별이었지만, 그 별이 이제 그들에게 새로운 의미로 다가오기 시작한 것입니다. 아마 이들은 이 일을 계기로 신앙의 새로운 눈이 열렸음이 분명합니다.

결국 그들은 별의 인도함을 받아 베들레헴으로 와서 예수님을 경배하고 황금과 유향, 몰약을 예물로 드릴 수 있었습니다.

황금은 예나 지금이나 최고의 물질적 가치를 나타내며, 부(富)를 상징하죠. 언제나 왕께 드리는 값진 예물로 간주되어 왔습니다. 이는 예수님께서 절대적 왕권을 지니신 분으로, 그분을 인정한다는 표시입니다. 변함없는 충성과 헌신의 뜻이 그 속에 들어 있습니다.

유향은 아라비아 지방의 관목에서 채취한 향기로운 송진으로, 성전 제사의 헌물이나 바쳐지는 예물들에 사용되어졌습니다. 이는 예수님의 제사장적인 권위와 하나님과 인간 사이의 중보자로서 그분의 신성을 인정한다는 의미를 지닙니다. 우리는 거룩한 대제사장 예수 그리스도께서 열어 놓으신 새롭고 산길을 따라 하나님의 은총의 보좌로 들어갈 수 있습니다.

몰약은 시체를 염(殮)할 때 방부제로 사용되는 것이죠. 매우 귀하기 때문에, 신분이 높은 자의 시체에만 바를 정도로 고가품이었습니다.

이는 예수님의 수난과 죽음을 미리 예비하는 예물이었습니다. 실로 그분은 자신의 생명을 저와 여러분들의 구원을 위해서 기꺼이 죽음의 제단에 다 내어놓으셨던 것입니다.

박사들은 지금 예수님께 가장 고귀한 예물들을 드리고 있는 것입니다. 그들이 드린 예물은 예수님이 최고의 왕이시요, 최상의 대제사장, 유일한 구세주가 되신다고 하는 아주 상징적인 의미들을 지니는 예물입니다.

박사들이 지금 이 고백을 하고 있는 것입니다. 그들은 그 예물을 드리면서 자신들의 신앙을 고백하고 있는 것입니다. 예수님은 우리의 왕이시고, 우리의 구원자이시며, 우리를 구원을 위한 중보자가 되십니다.

박사들처럼 참된 신앙의 고백을 담아드릴 수 있기를 소원합니다. 값지고 비싼 예물을 드려서, 성탄 감사헌금을 많이 드려서가 아닙니다. 준비되어진 심령으로, 예배하는 삶의 모습으로 아주 중요합니다.

우리가 성경 지식을 단순히 아는 것만으로 만족해서는 안됩니다. 하나님의 말씀을 알고, 그리스도께 대한 산 이상을 가져야만 합니다. 다시 말해, 말씀의 가르침을 받고 그리스도를 만나고자 하는 뜨거운 열망들을 가져야만 합니다. 이렇게 할 때, 우리들도 그리스도를 뵈옵고 영원히 경배하는 자리에 나아갈 수 있는 것입니다.

여러분, **'경배한다'**라는 말이 무슨 뜻인지 아십니까?

영어로는 'Worship'이라고 합니다. '예배한다' '엎드린다' '다스림을 받는다'라는 뜻입니다. 이스라엘 백성들이 하나님을 경배할 때 땅에 엎드려 무릎과 무릎 사이에 얼굴을 푹 파묻고 기도하는 것, 머리 끝에서 발 끝까지 코가 땅에 완전히 닿도록 쭉 엎으려 경배를 하는 것, 이것을 '워싶'이라고 합니다. 완전한 복종, 헌신을 뜻하는 행동들입니다.

이러한 완전한 통치와 다스림을 통해서 하나님을 경배하는 자리에 나아가야지요. 통치를 받는 백성들, 말씀의 다스리심을 받는 백성들….

말씀을 맺습니다.

매년 성탄절을 맞지만, 우리가 흔히 간과할 수 있는 중요한 부분이 하나 있습니다. 그것은 예수님의 탄생 사건을 너무 기정사실화한 나머지, 자칫 그 중요성을 망각할 수 있다는 것입니다.

'아, 2000년 전에 오신 분, 그분이 오셔서 죄인들을 구원하셨다더라.' 아주 막연하게, 내 삶과는 전혀 별개라는 식으로 생각하는 경향들입니다.

그러나 이 사건은 그리 단순한 사건이 아닙니다.

이 사건으로 인해 먼 이국 땅에서 천문학자들이 초자연적 별을 따라 찾아오고, 천사가 나타나고, 한 마을이 학살로 온통 쑥대밭이 되었던 아주 심각한 사건이었습니다. 따라서 그 어느 누구도 이 엄청난 사실을 감히 언급하려고 하지를 않았습니다.

이런 상황에서 누가 감히 하나님의 영광을 그들 가운데 나타났다고 자랑하며 논할 수 있겠습니까? 안 그렇겠어요. 남들은 다 자식들이 죽어서 가정마다 통곡이 넘쳐나는데, 어느 누가 예수님 나신 날을 기쁜 날이라고 말하겠습니까? 슬픈 날이죠.

그러나 믿음의 통찰력을 가진 사람들은 말할 수 있습니다.

예수님이 누구신지, 그분이 내게 어떠한 의미가 되는지, 왜 그러한 통곡의 일이 일어날 수밖에 없었는지, 하나님이 계획하셨던 놀라운 출애굽의 현장을 볼 줄 아는 사람은 자신의 신앙을 고백할 것입니다. '그럼에도 불구하고 이 날은 복된 날입니다.' '예수님은 나의 삶에 있어 절대적인 왕권(王權)을 지니신 분이요. 나를 다스리시는 분, 나의 구세주입니다.'

예수님은 탄생은 분명 복된 소식입니다.
이 복된 날, 박사들처럼 우리의 참된 신앙을 담아 드리실 수 있기를 소원합니다. 준비되어진 심령과 예배하는 삶의 모습으로, 단순한 지식 차원을 넘어서 아는 것만으로 만족하는 것이 아니라 실제 삶 속에 고백되어지고 경배되어지는 모습으로 통치를 받아야죠.

왕(王)의 통치를 받는 백성들, 그분의 말씀 앞에서 말씀의 다스리심을 받는 백성들, 그러한 백성들 다 되어져서 참된 경배를 이룰 수 있기를 소원합니다.

오늘날 예수님의 나심을 찬양하며 경배하고자 하는 당신의 백성들을 성령님을 통해서 기쁨과 감격의 자리로, 진리에의 자리로 이끌어 주시는 놀라운 축복들이 있으시기를 주의 이름으로 축원합니다.

*
하나님의 성전
*
초판1쇄 — 2002년 12월 20일

*

지은이 — 이 충 식
펴낸이 — 이 규 종
펴낸곳 — 엘맨출판사
*
서울시 마포구 합정동 433 - 62
출판등록 — 제10 - 1562호(1985. 10. 29.)
*
TEL. — (02) 323-4060
FAX. — (02) 323-6416
e-mail — elman1985@hanmail.net
*
잘못된 책은 바꾸어 드립니다.
*
값 10,000원